Christoph Martin Wieland

Geschichte des Agathon

Christoph Martin Wieland

Geschichte des Agathon

ISBN/EAN: 9783742893321

Hergestellt in Europa, USA, Kanada, Australien, Japan

Cover: Foto ©ninafisch / pixelio.de

Manufactured and distributed by brebook publishing software (www.brebook.com)

Christoph Martin Wieland

Geschichte des Agathon

Geschichte des Agathon.

—— quid Virtus & quid Sapientia possit
Utile proposuit nobis exemplum ——

Zweyter Theil.

Frankfurt und Leipzig, 1767.

Agathon.
Zweyter Theil.

Agathon.
Achtes Buch.

Erstes Capitel.

Vorbereitung zum Folgenden.

Die Laune eines Dichters, die Treue einer Buhlerin, und die Freundschaft eines Hippias, sind vielleicht die drey unzuverläßigsten Dinge unter allen in der Welt; es wäre denn, daß man die Gunst der Grossen für das Vierte halten wollte, welche gemeiniglich eben so leicht verlohren als gewonnen wird, und mit den Gunstbezeugungen gewisser Nymfen noch diese Aehnlichkeit hat, daß derjenige, welcher unvorsichtig genug gewesen ist davon zu kosten, einen kurzen Traum von Vergnügen gemeiniglich mit langwierigen Schmerzen bezahlen muß.

Hippias nannte sich einen Freund der schönen Danae, und wurde von ihr dafür gehalten; eine Bekanntschaft von mehr als zwölf Jahren hatte dieses beyden zur Gewohnheit gemacht. Hiezu kam noch die natürliche Verwandtschaft, welche unter Leuten von Witz und feiner Lebens-Art obwaltet, die Uebereinstimmung ihrer Denkungs-Art, und Neigungen; vielleicht auch die besondere Vorrechte, die er, der gemeinen Meynung nach, eine Zeit lang bey ihr genossen. Alles dieses hatte diese Art von Vertraulichkeit unter ihnen hervorgebracht, welche von den Weltleuten, aus einem Mißverstande dessen sie sich nur nicht vermuthen, für Freundschaft gehalten wird, und auch in der That alle Freundschaft, deren sie fähig sind, ausmacht; ob es gleich gemeiniglich eine bloß mechanische Folge zufälliger Umstände, und im Grunde nichts bessers als eine stillschweigende Uebereinkommniß ist, einander so lange gewogen zu seyn, als es einem oder dem andern Theil gelegen seyn werde; und daher auch ordentlicher Weise keinen Augenblik länger daurt, als bis sie auf irgend eine Probe, wobey sich die Eigenliebe einige Gewalt anthun müßte, gesezt werden wollte.

Die schöne Danae, deren Herz unendlich mal besser war als des Sophisten seines, gieng inzwischen ganz aufrichtig zu Werke, indem sie in die vermeynte Freundschaft dieses Mannes nicht den mindesten Zweifel sezte. Es ist wahr, er hatte einen guten Theil von ihrer Hochachtung, und also zugleich von ihrem Vertrauen verlohren, seitdem die Liebe so sonderbare Veränderungen in ihrem

ihrem Character gewürkt hatte. Je mehr Agathon gewann, je mehr mußte Hippias verliehren. Allein das war so natürlich und kam so unvermerkt, daß sie sich dessen kaum, oder nur sehr undeutlich bewußt war; und vielleicht so wenig, daß sie, ohne die mindeste Besorgniß, er werde tiefer in ihr Herz hineinschauen als sie selbst, an nichts weniger dachte, als einige Vorsichtigkeit gegen ihn zu gebrauchen. Ein Beweis hievon ist, daß sie, anstatt ihm bey ihrem Liebhaber schlimme Dienste zu thun, sich vielmehr bey jedem Anlas bemühete, ihn bey demselben in bessere Achtung zu sezen. Und dieses war ihr auch, bey der besondern Sorgfalt, womit der Sophist seit einiger Zeit ihre Bemühung beförderte, so wol gelungen, daß Agathon anfieng eine bessere Meynung von seinem Character zu fassen, und sich unvermerkt so viel Vertrauen von ihm abgewinnen ließ, daß er kein Bedenken mehr trug, sich so gar über die Angelegenheiten seines Herzens in vertrauliche Unterredungen mit ihm einzulassen.

Unsre Liebende verliefen sich also mit der sorglosesten Unvorsichtigkeit, welche sich Hippias nur wünschen konnte, in die Fallstrike die er ihnen legte; und liessen sich nicht einfallen, daß er Absichten haben könne, eine Verbindung wieder zu vernichten, die gewissermassen sein eigenes Werk war. Diese Sorglosigkeit könnte vielleicht desto tadelhafter scheinen, da beyden so wol bekannt war, nach was für Grundsäzen er lebte. Allein es ist eine Beobachtung, die man alle Tage zu machen Gelegenheit hat, daß edle Gemüther mit Leuten von dem Character unsers Sophisten betrogen werden müssen, sie mögen es angehen, wie sie wollen. Sie mögen die Denkens-Art dieser Leute noch so gut kennen, noch so viele Proben davon haben, daß derjenige, dessen Neigungen und Handlungen allein durch das Interesse seiner eigennüzigen Leidenschaften bestimmt wird, keines rechtschaffenen Betragens fähig ist; es wird ihnen doch immer unmöglich bleiben, alle Krümmen und Falten seines Herzens so genau auszuforschen, daß nicht in irgend einer derselben noch eine geheime Schalkheit lauren sollte, deren man sich nicht versehen hatte, wenn sie endlich zum Vorschein kömmt. Agathon und Danae, zum Exempel, kannten den Hippias gut genug, um überzeugt zu seyn, daß er sich, sobald sein Interesse dem Vortheil ihrer Liebe entgegenstunde, nicht einen Augenblik bedenken würde, die Pflichten der Freundschaft seinem Eigennuzen aufzuopfern. Denn was sind Pflichten für einen Hippias? Hingegen konnten sie nicht begreiffen, was für einen Vortheil er darunter haben könnte, ihre Herzen zu trennen; und dieses machte sie sicher. In der That hatte er keinen; auch hatte er eigentlich die Absicht nicht sie zu trennen. Aber er hatte ein Interesse, ihnen einen Streich zu spielen, welcher, dem Character des Agathon nach, nothwendig diese Würkung thun mußte. Und das war es, woran sie nicht dachten.

Wie

Achtes Buch, erstes Capitel.

Wir haben im vierten Buche dieser Geschichte die Absichten entdekt, welche den Sophisten bewogen hatten, unsern Helden mit der schönen Danae bekannt zu machen. Der Entwurf war wol ausgesonnen, und hätte, nach den Voraussezungen, die dabey zum Grunde lagen, ohnmöglich mißlingen können, wenn man auf irgend eine Voraussezung Rechnung machen dürfte, so bald sich die Liebe ins Spiel mischt. Dieses mal war es ihm gegangen, wie es gemeiniglich den Projectmachern geht; er hatte an alles gedacht, nur nicht an den einzigen Fall, der ihm seine Absichten vereitelte. Wie hätte er auch glauben können, daß eine Danae fähig seyn sollte, ihr Herz an einen Platonischen Liebhaber zu verliehren? Ein gleichgültiger Philosoph würde darüber betroffen gewesen seyn, ohne böse zu werden; aber es giebt sehr wenig gleichgültige Philosophen. Hippias fand sich in seinen Erwartungen betrogen; seine Erwartungen gründeten sich auf Schlüsse; seine Schlüsse auf seine Grundsäze, und auf diese das ganze System seiner Ideen, welches (wie man weiß) bey einem Philosophen wenigstens die Hälfte seines geliebten Selbsts ausmacht. Wie hätte er nicht böse werden sollen? Seine Eitelkeit fühlte sich beleidiget. Agathon und Danae hatten die Gelegenheit dazu gegeben. Er wußte zwar wol, daß sie keine Absicht ihn zu beleidigen dabey gehabt haben konnten; allein darum bekümmert sich kein Hippias. Genug, daß sein Unwille gegründet war; daß er einen Gegenstand haben mußte; und daß ihm nicht zu zu-

muthen

muthen war, sich über sich selbst zu erzürnen. Leute von seiner Art würden eher die halbe Welt untergehen sehen, eh sie sich nur gestehen würden, daß sie gefehlt hätten. Es war also natürlich, daß er darauf bedacht war, sich durch das Vergnügen der Rache für den Abgang desjenigen zu entschädigen, welches er sich von der vermeynten und verhofften Belehrung unsers Helden versprochen hatte.

Agathon liebte die schöne Danae, weil sie, selbst nachdem der äusserste Grad der Bezauberung aufgehört hatte, in seinen Augen noch immer das vollkommenste Geschöpfe war, das er kannte. Was für ein Geist! was für ein Herz! was für seltene Talente! welche Anmuth in ihrem Umgang! was für eine Manchfaltigkeit von Vorzügen und Reizungen! wie hochachtungswerth mußte sie das alles ihm machen! wie vortheilhaft war ihr die Erinnerung an jeden Augenblik, von dem ersten an, da er sie gesehen, bis zu demjenigen, da sie von sympathetischer Liebe überwältiget die seinige glüklich gemacht hatte! Kurz alles was er von ihr wußte, war zu ihrem Vortheil, und von allem was seine Hochschäzung hätte schwächen können, wußte er nichts.

Man kan sich leicht vorstellen, daß sie so unvorsichtig nicht gewesen seyn werde, sich selbst zu verrathen. Es ist wahr, sie hatte sich nicht entbrechen können, die vertraute Erzählung, welche er ihr von seinem Lebens-
Lauf

Lauf gemacht, mit Erzählung des ihrigen zu erwiedern; aber wir zweifeln sehr, daß sie sich zu einer eben so gewissenhaften Vertraulichkeit verbunden gehalten habe. Und woher wissen wir auch, daß Agathon selbst, mit aller seiner Offenherzigkeit, keinen Umstand zurük gehalten habe, von dem er vielleicht, wie ein guter Mahler oder Dichter, vorausgesehen, daß er der schönen Würkung des Ganzen hinderlich seyn könnte. Wer ist uns Bürge dafür, daß die verführische Priesterin nicht mehr über ihn erhalten habe, als er eingestanden? Wenigstens hat einigen von unsern Lesern, (welche vielleicht vergessen haben, daß sie keine Agathons sind) die tiefe Gleichgültigkeit etwas verdächtig geschienen, worinn ihn, bey einer gewissen Gelegenheit, Reizungen, die, ihrer Meynung nach, in seiner blossen Beschreibung schon verführen könnten, gelassen haben sollen. In der That; man mag so schüchtern oder so Platonisch seyn als man will; eine schöne Frau, welche sich vorgenommen hat, die Macht ihrer Reizungen an uns zu prüfen, selbst von dem Gott der Liebe begeistert, und was noch schlimmer ist, eine Priesterin ―― in einer so belaurenden Stellung, mit so schwarzen Augen, mit einem so schönen Busen ― ist ganz unstreitig ein gefährlicher Anblik für einen jeden, der (wie Phryne sagte) keine Statue ist: Und die Poesie müßte die magischen Kräfte nicht haben, welche ihr von jeher zugeschrieben worden sind, wenn in einer solchen Situation das Lesen einer Scene, wie die Verführung Jupiters durch den Gürtel der Venus in der Iliade ist, den natürlichen Würkungen eines damit so übereinstimmenden Gegenstands, nicht eine verdoppelte Stärke hätte geben sollen. Allein dem sey nun wie ihm wolle, so ist gewiß, daß Danae, in der Erzählung ihrer Geschichte mehr die Geseze des Schönen und Anständigen als die Pflichten einer genauen historischen Treue zu ihrem Augenmerk genommen, und sich kein Bedenken gemacht, bald einen Umstand zu verschönern, bald einen andern gar wegzulassen, so oft es die besondere Absicht auf ihren Zuhörer erfodern mochte. Denn für diesen allein, nicht für die Welt, erzählte sie; und sie konnte sich also durch die strengen Forderungen, welche die Leztere (wiewol vergebens) an die Geschichtschreiber macht, nicht so sehr gebunden halten. Nicht, als ob sie ihm irgend eine hauptsächliche Begebenheit ihres Lebens gänzlich verschwiegen, oder ihn statt der würklichen durch erdichtete hintergangen hätte. Sie sagte ihm alles. Allein es giebt eine gewisse Kunst, dasjenige was einen widrigen Eindruk machen könnte, aus den Augen zu entfernen; es kömmt soviel auf die Wendung an; ein einziger kleiner Umstand giebt einer Begebenheit eine so verschiedene Gestalt von demjenigen, was sie ohne diesen kleinen Umstand gewesen wäre; daß man ohne eine merkliche Veränderung dessen was den Stoff der Erzählung ausmacht, tausend sehr bedeutende Treulosigkeiten an der historischen Wahrheit begehen kan. Eine Betrachtung, die uns (im Vorbeygehen zu sagen) die Geschichtschreiber ihres eignen wer-

then

then Selbsts, keinen Xenophon noch Marcus Antoninus, ja selbst den offenherzigen Montaigne nicht ausgenommen, noch verdächtiger macht, als irgend eine andre Classe von Geschichtschreibern.

Die schöne und kluge Danae hatte also ihrem Liebhaber weder ihre Erziehung in Aspasiens Hause, noch ihre Bekanntschaft mit dem Alcibiades, noch die glorreiche Liebe, welche sie dem Prinzen Cyrus eingeflößt hatte, verhalten. Alle diese, und viele andre nicht so schimernde Stellen ihrer Geschichte machten ihr entweder Ehre, oder konnten doch mit der Geschiklichkeit, worinn sie die zweyte Aspasia war, auf eine solche Art erzählt werden, daß sie ihr Ehre machten. Allein was diejenigen Stellen betraf, an denen sie alle Kunst, die man auf ihre Verschönerung wenden möchte, für verlohren hielt; es sey nun, weil sie an sich selbst, oder in Beziehung auf den eigenen Geschmak unsers Helden, in keiner Art von Einkleidung, Wendung oder Licht gefallen konnten: über diese hatte sie klüglich beschlossen, sie mit gänzlichem Stillschweigen zu bedeken; und daher kam es dann, daß unser Held noch immer in der Meynung stund, er selbst sey der erste gewesen, welchem sie sich durch Gunst-Bezeugungen von derjenigen Art, womit er von ihr überhäuft worden war, verbindlich gemacht hätte. Ein Irrtum, der nach seiner spizfündigen Denkens-Art zu seinem Glüke so nothwendig war, daß ohne denselben alle Vollkommenheiten seiner Dame zu schwach gewesen wären, ihn nur einen Augenblik in ihren Fesseln zu behalten. Ihm diesen Irthum zu benehmen, war der schlimmste Streich, den man seiner Liebe und der schönen Danae spielen konnte; und dieses zu thun, war das Mittel, wodurch der Sophist an beyden auf einmal eine Rache zu nehmen hofte, deren blosse Vorstellung sein boßhaftes Herz in Ertükung sezte. Er laurte dazu nur auf eine bequeme Gelegenheit, und diese pflegt zu einem bösen Vorhaben selten zu entgehen.

Ob dieses leztere der Geschäftigkeit irgend eines bösen Dämons zu zuschreiben sey, oder ob es daher komme, daß die Boßheit ihrer Natur nach eine lebhaftere Würksamkeit hervorbringt als die Güte; ist eine Frage, welche wir andern zu untersuchen überlassen. Es sey das eine oder das andere, so würde eine ganz natürliche Folge dieser fast alltäglichen Erfahrungs-Wahrheit seyn, daß das Böse in einer immer wachsenden Progression zunehmen, und, wenigstens in dieser sublunarischen Welt, das Gute zulezt gänzlich verschlingen würde; wenn nicht aus einer eben so gemeinen Erfahrung richtig wäre, daß die Bemühungen der Bösen, so glüklich sie auch in der Ausführung seyn mögen, doch gemeiniglich ihren eigentlichen Zwek verfehlen, und das Gute durch eben die Maßregeln und Ränke, wodurch es hätte gehindert werden sollen, weit besser befördern, als wenn sie sich ganz gleichgültig dabey verhalten hätten.

Zweytes

Zweytes Capitel.

Verrätherey des Hippias.

Unter andern Eigenschaften, welche den Character der Danae schäzbar machten, war auch diese, daß sie eine vortrefliche Freundin war. So gleichgültig sie, bis auf die Zeit da sich Agathon ihres Herzens bemeisterte, gegen den Vorwurf der Unbeständigkeit in der Liebe auch immer gewesen war: so zuverläßig und standhaft war sie jederzeit in der Freundschaft gewesen. Sie liebte ihre Freunde mit einer Zärtlichkeit, welche von Leuten, die bloß nach dem äusserlichen Ansdruk urtheilen, leicht einem eigennüzigern Affect beygemessen werden konnte; denn diese Zärtlichkeit stieg bis zum würksamsten Grade der Leidenschaft, sobald es darauf ankam, einem unglüklichen Freunde Dienste zu leisten. Es war kein Vergnügen, welches sie nicht in einem solchen Falle den Pflichten der Freundschaft aufgeopfert hätte.

Eine Veranlassung von dieser Art (wovon die Umstände mit unsrer Geschichte in keiner Beziehung stehen) hatte sie auf einige Tage von Smyrna abgeruffen. Agathon mußte zurükbleiben, und die gutherzige Danae, mit dem Beweise zufrieden, den ihr sein Schmerz bey ihrem Abschied von seiner Liebe gab, versüßte sich ihren eigenen durch die Vorstellung, daß die kurze Trennung ihm den Werth seiner Glükseligkeit weit lebhafter zu fühlen

len geben werde, als eine ununterbrochene Gegenwart. Ruhig über den Besiz seines Herzens empfahl sie ihm desto eyfriger, sich während ihrer Abwesenheit den Freuden, welche das reiche und wollüstige Smyrna verschaffen konnte, zu überlassen, je gewisser sie war, daß sie von dergleichen Zerstreuungen nichts zu besorgen habe.

Allein Agathon hatte bereits angefangen, den Geschmak an diesen Lustbarkeiten zu verliehren. So lebhaft, so manchfaltig, so berauschend sie seyn mögen, so sind sie doch nicht fähig einen Geist wie der seinige war, lange einzunehmen. Als eine Beschäftigung betrachtet, können sie es nur für Leute seyn, die sonst zu nichts taugen; und Vergnügungen bleiben sie nur so lange als sie neu sind. Je lebhafter sie sind, desto bälder folgen Sättigung und Ermüdung; und alle ihre anscheinende Manchfaltigkeit kan bey einem fortgesezten Gebrauch das Einförmige nicht verbergen, wodurch sie endlich selbst der verdienstlosesten Classe der Weltleute ekelhaft werden. Die Abwesenheit der Danae benahm ihnen vollends noch den einzigen Reiz, den sie noch für ihn gehabt hätten, das Vergnügen sie daran Antheil nehmen zu sehen. Er brachte also bey nahe die ganze Zeit ihrer Abwesenheit in einer Einsamkeit zu, von welcher ihn das beschäftigte Leben zu Athen und die wollüstige Musse zu Smyrna schon etliche Jahre entwöhnet hatten. Hier gieng es ihm anfangs wie denen welche aus einem stark erleuchteten Ort auf einmal ins Dunkle kommen. Seine Seele fühlte
sich

sich leer, weil sie allzuvoll war; er schrieb dieses der Abwesenheit seiner Freundin zu; er fühlte daß sie ihm mangelte, und dachte nicht daran, daß er sie weniger vermißt haben würde, wenn die Nerven seines Geistes durch die Gewohnheit einer wollüstigen Passivität nicht eingeschläfert worden wären. Die ersten Tage schlichen für ihn in einer Art von zärtlicher Melancholie vorbey, welche nicht ohne Anmuth war. Danae war beynahe der einzige Gegenstand, womit seine in sich selbst zurükgezogene Seele sich beschäftigte; oder wenn seine Erinnerung in vorhergehende Zeiten zurük gieng, wenn sie ihm das Bild seiner Psyche, oder die schimmernden Auftritte seines Republicanischen Lebens vorhielt, so war es nur, um den Werth der unvergleichlichen Danae und die ruhige Glükseligkeit eines allein der Liebe, der Freundschaft, den Musen, und den Göttinnen der Freude geweyhten Privatlebens in ein höheres Licht zu sezen. Seine Liebe belebte sich aufs neue. Sie verbreitete wieder diese begeisternde Wärme durch sein Wesen, welche die Triebfedern des Herzens und der Einbildungs-Kraft so harmonisch zusammenspielen macht. Er entwarf sich die Idee einer Lebens-Art, welche (Dank seiner dichterischen Phantasie!) mehr das Leben eines Gottes, als eines Sterblichen schien. Danae glänzte darinn aus einem Himmel von lachenden Bildern der Freude und Glükseligkeit hervor. Entzükt von diesen angenehmen Träumen, beschloß er bey sich selbst, sein Schiksal auf immer mit dem ihrigen zu vereinigen. Er hielt

sie

sie für würdig, diesen Agathon glüklich zu machen, welcher zu stolz gewesen wäre, das schimmerndste Glük aus der Hand eines Königs anzunehmen. Dieser Entschluß, welcher bey tausend andern eine nur sehr zweydeutige Probe der Liebe seyn würde, war in der That, nach seiner Art zu denken, der Beweis, daß die seinige auf den höchsten Grad gestiegen war.

In einem für die Absichten der Danae so günstigen Gemüths-Zustand befand er sich, als Hippias ihm einen Besuch machte, um sich auf eine Freundschaftliche Art über die Einsamkeit zu beklagen, worinn er seit der Entfernung der schönen Danae lebte. Danae sollte zu frieden seyn, sagte er in scherzhaftem Ton, den liebenswürdigen Callias für sich allein zu behalten, wenn sie gegenwärtig sey; aber ihn auch in ihrer Abwesenheit der Welt zu entziehen, das sey zuviel, und müsse endlich die Folge haben, die Schönen zu Smyrna in eine allgemeine Zusammenverschwörung gegen sie zu ziehen. Agathon beantwortete diesen Scherz in dem nehmlichen Ton; unvermerkt wurde das Gespräch interessant, ohne daß der Sophist eine besondere Absicht dabey zu haben schien. Er bemühte sich seinem Freunde zu beweisen, daß er Unrecht habe, der Gesellschaft zu entsagen, um sich mit den Dryaden von seiner Liebe zu besprechen, und die Zephyrs mit Seufzern und Bottschaften an seine Abwesende zu beladen. Er mahlte ihm mit verführischen Farben die Vergnügungen vor, deren er sich beraube,

raube, und vergaß auch das Lächerliche nicht, welches er sich durch eine so seltsame Laune in den Augen der Schönen gebe. Seiner Meynung nach sollte ein Callias sich an einer einzigen Eroberung, so glänzend sie auch immer seyn möchte, nicht begnügen lassen; er, dem seine Vorzüge das Recht geben, seinem Ehrgeiz in dieser Sphäre keine Grenzen zu sezen, und der nur zu erscheinen brauche um zu siegen. Er bewies die Wahrheit dieser Schmeicheley mit den besondern Ansprüchen, welche einige von den berühmtesten Schönheiten zu Smyrna auf ihn machten; seinem Vorgeben nach, lag es nur an Agathon, seine Eitelkeit, seine Neubegier und seinen Hang zum Vergnügen zu gleicher Zeit zu befriedigen, und auf eine so mannichfaltige Art glücklich zu seyn, als sich die verzärteltste Einbildung nur immer wünschen könne.

Agathon hatte auf alle diese schöne Vorspieglungen nur Eine Antwort — seine Liebe zu Danae. Der Sophist fand sie unzulänglich. Eben diese Ursachen, welche seine Liebe zu Danae hervorgebracht hatten, sollten ihn auch für die Reizungen andrer Schönen empfindlich machen. Seiner Meynung nach machte die Abwechselung der Gegenstände das grösseste Glük der Liebe aus. Er behauptete diesen Saz durch eine sehr lebhafte Ausführung der besondern Vergnügungen, welche mit der Besiegung einer jeden besondern Classe der Schönen verbunden sey. Die Unwissende und die Erfahrne,

[Agath. II. Th.] B die

die Geistreiche und die Blöde, die Schöne und die Häßliche, die Cokette, die Spröde, die Tugendhafte, die Andächtige —— kurz jeder besondere Character beschäftige den Geschmak, die Einbildung, und so gar die Sinnen (denn von dem Herzen war bey ihm die Rede nicht) auf eine eigene Weise —— erfordre einen andern Plan, seze andre Schwierigkeiten entgegen, und mache auf eine andre Art glüklich. Das Ende dieser schönen Ausführung war, daß es unbegreiflich sey, wie man so viel Vergnügen in seiner Gewalt haben, und es sich nur darum versagen könne, um die einförmigen Freuden einer einzigen, mit romanhafter Treue in gerader Linie sich fortschleppenden Leidenschaft bis auf die Hefen zu erschöpfen.

Agathon gab zu, daß die Abwechselung, wozu ihn Hippias aufmuntre, für einen müssigen Wollüstling ganz angenehm seyn möge, der aus dieser Art von Zeitvertreib das einzige Geschäfte seines Lebens mache. Er behauptete aber, daß diese Art von Leuten niemalen erfahren haben müßte, was die wahre Liebe sey. Er überließ sich hierauf der ganzen Schwärmerey seines Herzens, um dem Hippias eine Abschilderung von demjenigen zu machen, was er von dem ersten Anblik an bis auf diese Stunde für die schöne Danae empfunden; er beschrieb eine so wahre, so delicate, so vollkommene Liebe, breitete sich mit einer so begeisterten Entzükung über die Vollkommenheiten seiner Freundin, über die

Sym-

Sympathie ihrer Seelen, und die fast vergötternde Wonne, welche er in ihrer Liebe geniesse, aus, daß man entweder die Bosheit eines Hippias oder die freundschaftliche Hartherzigkeit eines Mentors haben mußte, um fähig zu seyn, ihn einem so beglükenden Irrthum zu entreissen.

Die Reizungen der schönen Danae sind zu bekannt, versezte der Sophist, und ihre Vorzüge in diesem Stüke werden sogar von ihrem eigenen Geschlecht so allgemein eingestanden, daß Lais selbst, welche den Ruhm hat, daß die Edelsten der Griechen und die Fürsten ausländischer Nationen den Preiß ihrer Nächte in die Wette steigern, lächerlich seyn würde, wenn sie sich einfallen lassen wollte, mit ihr um den Preiß der Liebenswürdigkeit zu streiten. Aber daß sie jemals die Ehre haben würde, eine so ehrwürdige, so metaphysische, so über alles was sich denken läßt erhabene Liebe einzuflössen —— daß der Macht ihrer Reizungen noch dieses Wunder aufbehalten sey, das einzige welches ihr noch abgieng —— das hätte sich in der That niemand träumen lassen können, ohne sich selbst über einen solchen Einfall zu belachen.

Hier gieng unserm Helden, welcher die boßhafte Vergleichung mit der Corinthischen Lais schon auf die befremdlichste Art ärgerlich gefunden hatte, die Geduld gänzlich aus. Er sezte den Sophisten mit aller Hize eines in dem Gegenstande seiner Anbetung beleidigten Liebhabers wegen des zweydeutigen Tons zu Rede, womit er sich anmasse, von einer Person wie Danae zu sprechen; und sein Unwille sowohl als seine Verwirrung stieg auf den äussersten Grad, da ein Satyr-mässiges Gelächter die ganze Antwort des Hippias war.

Es ist so leicht voraus zu sehen, was für einen Ausgang diese Scene nehmen mußte, daß wir nach allem was von den Absichten des Sophisten bereits gesagt worden ist, den Leser seiner eignen Einbildung überlassen können. Ungeduldige Fragen auf der einen ——— Ausflüchte und schalkhafte Wendungen auf der andern Seite; bis sich Hippias auf vieles Zureden endlich das Geheimniß des wahren Standes der schönen Danae, und derjenigen Anecdoten, welche wir (wiewol aus unschuldigern Absichten) unsern Lesern schon im dritten Capitel des vierten Buches verrathen haben, mit einer Gewalt, welcher seine vorgebliche Freundschaft für Agathon nicht widerstehen konnte, abnöthigen ließ.

Wir haben schon bemerkt, wie viel es bey Erzählung einer Begebenheit auf die Absicht des Erzählers ankomme, und wie verschieden die Wendungen seyen, welche sie durch die Verschiedenheit derselben erhält. Danae erzählte ihre Geschichte mit der unschuldigen Absicht zu gefallen. Sie sah natürlicher Weise ihre Aufführung, ihre Schwachheiten, ihre Fehltritte selbst in

einem

Achtes Buch, zweytes Capitel.

einem mildern, und (lasset uns die Wahrheit sagen) in einem wahrern Licht als die Welt; welche auf der einen Seite von allen den kleinen Umständen, die uns rechtfertigen oder wenigstens unsre Schuld vermindern könnten, nicht unterrichtet, und auf der andern Seite boßhaft genug ist, um ihres grössern Vergnügens willen das Gemählde unsrer Thorheiten mit tausend Zügen zu überladen, um welche es zwar weniger wahr aber desto comischer wird. Unglüklicher Weise für sie erforderte die Absicht des Hippias, daß er diese schalkhafte Kunst, eine Begebenheit ins Häßliche zu mahlen, so weit treiben mußte, als es die Geseze der Wahrscheinlichkeit nur immer erlauben konnten.

Unser Held glich während dieser Entdekungen mehr einer Bild-Säule oder einem Todten als sich selbst. Kalte Schauer und fliegende Glut fuhren wechselsweise durch seine Adern. Seine von den widerwärtigsten Leidenschaften auf einmal bestürmte Brust athmete so langsam, daß er in Ohnmacht gefallen wäre, wenn nicht Eine davon plözlich die Oberhand behalten, und durch den heftigsten Ausbruch dem gepreßten Herzen Luft gemacht hätte. Das Licht, worinn ihm Hippias seine Göttin zeigte, machte mit demjenigen, worinn er sie zu sehen gewohnt war, einen so beleidigenden Contrast; der Gedanke, sich so sehr betrogen zu haben, war so unerträglich, daß es ihm unmöglich fallen mußte, dem Sophisten Glauben beyzumessen. Der ganze Sturm, der seine Seele schwellte, brach also über den Verräther aus. Er nannte ihn einen falschen Freund, einen Verläumder, einen Nichtswürdigen ――― rief alle rächende Gottheiten gegen ihn auf ――― schwur, wofern er die Beschuldigungen, womit er die Tugend der schönen Danae zu beschmizen sich erfrechete, nicht bis zur unbetrüglichsten Evidenz erweisen werde, ihn als ein das Sonnenlicht beflekendes Ungeheuer zu vertilgen, und seinen verfluchten Rumpf unbegraben den Vögeln des Himmels preiß zu geben.

Der Sophist sah diesem Sturm mit der Gelassenheit eines Menschen zu, der die Natur der Leidenschaften kennt; so ruhig, wie einer der vom sichern Ufer dem wilden Aufruhr der Wellen zusieht, dem er glüklich entgangen ist. Ein mitleidiger Blik, dem ein schalkhaftes Lächeln seinen zweydeutigen Werth vollends benahm, war alles, was er dem Zorn des aufgebrachten Liebhabers entgegensezte. Agathon stuzte darüber. Ein schrellicher Zweifel warf ihn auf einmal auf die entgegengesezte Seite. Rede, Grausamer, rief er aus, rede! Beweise deine hassenswürdigen Anklagen so klar als Sonnenschein; oder bekenne, daß du ein verräthrischer Elender bist, und vergeh vor Schaam! ――― Bist du bey Sinnen, Callias, antwortete der Sophist mit dieser verruchten Gelassenheit, welche in solchen Umständen der triumphierenden Boßheit eigen ist ――― komm erst zu dir selbst; sobald du fähig seyn wirst, Vernunft anzuhören, will ich reden.

Achtes Buch, zweytes Capitel.

Agathon schwieg; denn was kan derjenige sagen, der nicht weiß was er denken soll?

Wahrhaftig, fuhr der Sophist fort, ich begreiffe nicht, was für eine Ursache du zu haben glaubst, den rasenden Ajax mit mir zu spielen. Wer redet von Beschuldigungen? Wer klagt die schöne Danae an? Ist sie vielleicht weniger liebenswürdig, weil du weder der erste bist der sie gesehen, noch der erste, der sie empfindlich gefunden hat? Was für Launen das sind! Glaube mir, jeder andrer als du hätte nichts weiter nöthig gehabt als sie zu sehen, um meine Nachrichten glaubwürdig zu finden; Ihr blosser Anblik ist ein Beweis. Aber du forderst einen stärkern; du sollst ihn haben, Callias. Was sagtest du, wenn ich selbst einer von denen gewesen wäre, welche sich rühmen können, die schöne Danae empfindlich gesehen zu haben? —— Du? rief Agathon mit einem unglaubigen Erstaunen, welches eben nicht schmeichelhaft für die Eitelkeit des Sophisten war. Ja, Callias; ich; erwiederte jener; ich, wie du mich hier siehest, zehn oder zwölf Jahre abgerechnet, um welche ich damals geschikter seyn mochte, den Beyfall einer schönen Dame zu erhalten. Du glaubest vielleicht ich scherze; aber ich bin überzeugt, daß deine Göttin selbst zu edel denkt, um dir wenn du sie mit guter Art fragen wirst, eine Wahrheit verhalten zu wollen, von welcher ganz Smyrna zeugen könnte.

Hier fuhr der barbarische Mensch fort, ohne das geringste Mitleiden mit dem Zustande, worein er den armen Agathon durch seine Pralereyen sezte, die Glükseligkeiten, welche er in den Armen der schönen Danae (der Himmel weiß mit welchem Grunde) genossen zu haben vorgab, von Stük zu Stük mit einem Ton von Wahrheit, und mit einer Munterkeit zu beschreiben, welche seinen Zuhörer beynahe zur Verzweiflung brachte. Es ist vorbey, fiel er endlich dem Sophisten mit einer so heftigen Bewegung in die Rede, daß er in diesem Augenblik mehr als ein Mensch zu seyn schien ——— Es ist vorbey! O Tugend, du bist gerochen! ——— Hippias, du hast mich unter der lächelnden Maske der Freundschaft mit einem giftigen Dolch durchboret ——— aber ich danke dir ——— deine Boßheit leistet mir einen wichtigern Dienst als alles was deine Freundschaft für mich hätte thun können. Sie eröfnet mir die Augen ——— zeigt mir auf einmal in den Gegenständen meiner Hochachtung und meines Zutrauens, in dem Abgott meines Herzens und in meinem vermeynten Freunde, die zwey verächtlichsten Gegenstände, womit jemals meine Augen sich besudelt haben. Götter! die Buhlerin eines Hippias! Kan etwas unter diesem untersten Grade der Entehrung seyn? Mit dieser Apostrophe warf er den verachtungs vollesten Blik, der jemals aus einem Menschlichen Auge geblizt hat, auf den betroffenen Sophisten, und begab sich hinweg.

Drittes

Drittes Capitel.

Folgen des Vorhergehenden.

Die menschliche Seele ist vielleicht keines heftigern Schmerzens fähig, als derjenige ist, wenn wir uns genöthiget sehen, den Gegenstand unsrer zärtlichsten Gesinnungen zu verachten. Alles was man davon sagen kan ist zu schwach, die Pein auszudrüken, die durch eine so gewaltsame Zerreissung in einem gefühlvollen Herzen verursacht wird. Wir wollen also lieber gestehen, daß wir uns unvermögend finden, den Tumult der Leidenschaften, welche in den ersten Stunden nach einer so grausamen Unterredung in dem Gemüthe Agathons wüteten, abzuschildern, als durch eine frostige Beschreibung zu gleicher Zeit unsre Vermessenheit und unser Unvermögen zu verrathen.

Das erste was er that, sobald er seiner selbst wieder mächtiger wurde, war, daß er alle seine Kräfte anstrengte, sich zu überreden, daß ihn Hippias betrogen habe. War es zuviel, das Schlimmste von einem so ungeheuern Bösewicht zu denken, als dieser Sophist nunmehr in seinen Augen war? Was für eine Gültigkeit konnte ein solcher Zeuge gegen eine Danae haben?——— Oder vielmehr, was für einen mächtigen Apologisten hattest du, schöne Danae, in dem Herzen deines Agathon! Was hätte Hyperides selbst, ob er gleich beredt genug war,

war, die Athenienser von der Unschuld einer Phryne zu überzeugen, stärkers und scheinbarers zu deiner Vertheidigung sagen können, als was er sich selbst sagte?

——— Vermuthlich würde die Vernunft allein von dieser sophistischen Beredsamkeit der Liebe überwältiget worden seyn: Aber die Eyfersucht, welche ihr zu Hülfe kam, gab den Ausschlag. Unter allen Leidenschaften ist keine, welcher die Verwandlung des Möglichen ins Würkliche weniger kostet als diese. In dem zweifelhaften Lichte, welches sie über seine Seele ausbreitete, wurde Vermuthung zu Wahrscheinlichkeit und Wahrscheinlichkeit zu Gewißheit; nicht anders als wenn er mit der spizfündigen Delicatesse eines Julius Cäsars die schöne Danae schon darum schuldig gefunden hätte, weil sie bezüchtiget wurde. Er verglich ihre eigene Erzählung mit des Hippias seiner, und glaubte nun, da das Mißtrauen sich seines Geistes einmal bemächtiget hatte, hundert Spuren in der ersten wahrzunehmen, welche die Wahrheit der leztern bekräftigten. Hier hatte sie einem Umstand eine gekünstelte Wendung geben müssen; dort war sie, (wie er sich zu erinnern glaubte) verlegen gewesen, was sie aus einem andern machen sollte, der ihr unversehens entschlüpft war.

Mit einem eben so schielenden Auge durchgieng er ihr ganzes Betragen gegen ihn. Wie deutlich glaubte er izt zu sehen, daß sie von dem ersten Augenblik an Absichten auf ihn gehabt habe! Tausend kleine Umstände, welche

welche ihm damals ganz gleichgültig gewesen waren, schienen ihm izt eine geheime Bedeutung gehabt zu haben. Er besann sich, er verglich und combinierte so lange, bis es ihm ganz glaublich vorkam, daß alles was bey dem ersten Besuche, den er ihr mit Hippias gemacht, bis zu seinem Uebergang in ihre Dienste vorgegangen, die Folgen eines zwischen ihr und dem Sophisten abgeredeten Plans gewesen seyen. Wie sehr vergiftete dieser Gedanke alles was sie für ihn gethan hatte! wie gänzlich benahm er ihren Handlungen diese Schönheit und Grazie, die ihn so sehr bezaubert hatte! Er sah nun in diesem vermeynten Urbild einer jeden idealen Vollkommenheit nichts mehr als eine schlaue Buhlerin, welche von einer grossen Fertigkeit in der Kunst die Herzen zu bestriken den Vortheil über seine Unschuld erhalten hatte! Wie verächtlich kamen ihm izt diese Gunstbezeugungen vor, welche ihm so kostbar gewesen waren, so lang er sie für Ergiessungen eines für ihn allein empfindlichen Herzens angesehen hatte! Wie verächtlich diese Freuden, die ihn in jenem glüklichen Stande der Bezauberung den Göttern gleich gemacht! Wie zürnte er izt über sich selbst, daß er thöricht genug hatte seyn können, in ein so sichtbares, so handgreifliches Netz sich verwikeln zu lassen!

Das Bild der liebenswürdigen Psyche konnte sich ihm zu keiner ungelegnern Zeit für Danae darstellen als izt. Aber es war natürlich, daß es sich darstellte; und wie blendend war das Licht, worinn sie ihm izt erschien!

Wie

Wie wurde sie durch die verdunkelte Vorzüge ihrer unglüklichen Nebenbuhlerin herausgehoben! Himmel! wie war es möglich, daß die Beyschläferin eines Alcibiades, eines Hippias ——— eines jeden andern, der ihr gefiel, fähig seyn konnte, diese liebenswürdige Unschuld auszulöschen, deren keusche Umarmungen, anstatt seine Tugend in Gefahr zu sezen, ihr neues Leben, neue Stärke gegeben hatten? ——— Er trieb die Vergleichung so weit sie gehen konnte. Beyde hatten ihn geliebt; aber, welch ein Unterschied in der Art zu lieben! welch ein Unterschied zwischen jener Nacht ——— an die er sich izt mit Abscheu erinnerte ——— wo Danae, nachdem sie alle ihre Reizungen, alles was die schlaueste Verführungs-Kunst erfinden kan; zugleich mit dem magischen Kräften der Musik aufgebotten, seine Sinnen zu berauschen und sein ganzes Wesen in wollüstige Begierden aufzulösen, sich selbst mit zuvorkommender Güte in seine Arme geworfen hatte ——— und den elysischen Nächten, die ihm an Psychens Seite in der reinen Wonne entkörperter Geister, wie ein einziger himmlischer Augenblik, vorübergeflossen waren! ——— Arme Danae! So gar die Reizungen ihrer Figur verlohren bey dieser Vergleichung einen Vorzug, den ihnen nur das partheylichste Vorurtheil absprechen konnte. Diese Gestalt der Liebes-Göttin, bey deren Anschauen seine entzükte Seele in Wollust zerflossen war, sank izt, mit der jungfräulichen Geschmeidigkeit der jungen Psyche verglichen, in seiner gramsüchtigen Einbildung

zu der üppigen Schönheit einer Bacchantin herab ――――
der Wuth eines Wein-trieffenden Satyrs würdiger als der
zärtlichen Entzükungen, welcher er sich ist schämte; in
einer unverzeyhlichen Bethörung seiner Seele an sie verschwendet zu haben.

Ohne Zweifel werden unsre tugendhafte Leserinnen,
welche den Fall unsers Helden nicht ohne gerechten Unwillen gegen die feine Bubler-Künste der schönen Danae
betraurt haben, von Herzen erfreut seyn, die Ehre der
Tugend, und gewisser massen das Interesse ihres ganzen
Geschlechts an dieser Verführerin gerochen zu sehen.
Wir nehmen selbst vielen Antheil an dieser ihrer Freude;
aber wir können uns doch, mit ihrer Erlaubniß nicht
entbrechen zu sagen, daß Agathon in der Vergleichung
zwischen Danae und Psyche eine Strenge bewies, welche
wir nicht allerdings billigen können, so gerne wir ihn
auch von einer Leidenschaft zurükkommen sehen, deren
längere Dauer uns in die Unmöglichkeit gesezt hätte,
diesen zweyten Theil seiner Geschichte zu liefern.

Danae mag wegen ihrer Schwachheit gegen unsern
Helden so tadelnswürdig seyn, als man will, so war
es doch offenbar unbillig, sie zu verurtheilen, weil sie
keine Psyche war; oder, um bestimmter zu reden, weil
sie in ähnlichen Umständen sich nicht vollkommen so wie
Psyche betragen hatte. Wenn Psyche unschuldiger gewesen war, so war es weniger ein Verdienst, als ein

physi-

physicalischer Vorzug, eine natürliche Folge ihrer Jugend und ihrer Umstände: Danae war es vermuthlich auch, da sie, unter der Aufsicht ihres edeln Bruders, mit aller Naivität eines Landmädchens vor vierzehen Jahren bey den Gastmälern zu Athen, nach der Flöte tanzte, oder den Alcamenen, für die Gebühr, das Model zu dem halbaufgeblühten Busen einer Hebe vorhielt. War es ihre Schuld, daß sie nicht zu Delphi erzogen worden? Oder, daß sich die ersten Empfindungen ihres jugendlichen Herzens für einen Alcibiades, und nicht für einen Agathon entfalteten? —— Psyche liebte unschuldiger; wir geben's zu; aber die Liebe bleibt doch in ihren Würkungen allezeit sich selbst ähnlich. Sie erweitert ihre Foderungen so lange bis sie im Besitz aller ihrer Rechte ist; und die treuherzige Unerfahrenheit ist am wenigsten im Stande, ihr diese Forderungen streitig zu machen. Es war glücklich für die Unschuld der zärtlichen Psyche, daß ihre nächtliche Zusammenkünfte unterbrochen wurden, eh diese auf eine so geistige Art sinnliche Schwärmerey, worinn sie beyde so schöne Progressen zu machen angefangen hatten, ihren höchsten Grad erreichte. Vielleicht noch wenige Tage, oder auch später, wenn ihr wollt; aber desto gewisser würden die guten Kinder, von einer unschuldigen Ergiessung des Herzens zur andern, von einem immer noch zu schwachen Ausdruk ihrer unaussprechlichen Empfindungen zum andern, sich endlich, zu ihrer eignen grossen Verwunderung, da gefunden haben, wo die Natur sie erwartet hätte; und wo

würde

würde da der wesentlichste Vorzug der Unschuld geblieben seyn? —— Ein andrer Umstand, worinn Psyche glüklicher Weise den Vortheil über Danae hatte, war dieser, daß ihr Liebhaber eben so unschuldig war als sie selbst, und bey aller seiner Zärtlichkeit nur nicht den Schatten eines Gedankens hatte, ihrer Tugend nachzustellen. Wissen wir, wie sie sich verhalten hätte, wenn sie auf die Probe gestellt worden wäre? Sie würde widerstanden haben; daran ist kein Zweifel; aber, sezet hinzu; so lang es ihr möglich gewesen wäre. Denn daß sie stark genug gewesen wäre ihn zu fliehen, ihn gar nicht mehr zu sehen, das ist nicht zu vermuthen. Sie würde also endlich doch von den süssen Verführungen der Liebe überschlichen worden seyn, so weit sie auch den Augenblik ihrer Niderlage hätte zurükstellen mögen. Man könnte sagen: Gesezt auch, sie würde die Probe nicht ausgehalten haben, so hätte sie doch widerstanden; Danae hingegen habe ihren Fall nicht nur vorausgesehen, und beschleunigt, sondern er sey sogar das Werk ihrer eignen Maßnehmungen gewesen; und wenn sie ihn aufgezogen habe, so sey es allein des Vortheils ihrer Liebe und ihres Vergnügens wegen, nicht aus Tugend, geschehen. Alles das ist nicht zu läugnen; allein vorausgesezt, daß sie sich endlich doch ergeben haben würde, (welches auf eine oder die andere Art doch allemal der stillschweigende Vorsaz einer jeden ist, die sich in eine Liebes-Angelegenheit waget) wozu würde ein langwieriger eigensinniger Widerstand gedient haben, als sich

selbst

selbst und ihrem Liebhaber unnöthige Quaalen zu verursachen? Genung, daß der strengeste Wohlstand der heutigen Welt nicht halb soviel Zeit fodert, als sie anwandte, dem Agathon seinen Sieg zu erschwehren. Und glauben wir etwan, daß sie sich keine Gewalt habe anthun müssen, einen so vollkommenen Liebhaber, einen Liebhaber dessen ausserordentlicher Werth die Heftigkeit ihrer Neigung so gut rechtfertigte, so lange schmachten zu lassen? oder daß die Selbstverläugnung, welche dazu erfordert wurde, eine Person, deren Einbildungs-Kraft mit den lebhaftesten Vergnügungen der Liebe schon so bekannt war, nicht zum wenigsten eben soviel gekostet habe, als einer noch unerfahrenen Person der ernstlichste Widerstand kosten kan?

Wir sagen dieses alles nicht, um die schöne Danae zu rechtfertigen; sondern nur zu zeigen, daß Agathon in der Hize des Affects zu strenge über sie geurtheilt habe. Es war unbillig, ihr eine Gütigkeit zum Verbrechen zu machen, welche ihn so glücklich gemacht hatte, als er elend gewesen seyn würde, wenn sie schlechterdings darauf beharret wäre, die heftige Leidenschaft, von der er verzehrt wurde, bloß allein durch die ruhigen Gesinnungen der Freundschaft erwiedern zu wollen. Allein das Vorurtheil, von welchem er nun eingenommen war, machte ihn unfähig ihr Gerechtigkeit wiederfahren zu lassen. Der Gedanke, daß sie einen Hippias eben so begünstiget habe als ihn, machte ihm alles verdächtig,

was

was ihn hätte überzeugen können, daß, wenn ihm gleich andere in dem Genuß ihrer Gunstbezeugungen zuvorgekommen, er doch der erste gewesen sey, der ihr Herz wahrhaftig gerührt habe. Kurz, er sah nun nichts in ihr als eine Buhlerin, welche in dem Gesichtspunct, worinn sie ihm izt erschien, vor den übrigen ihrer Classe keinen andern Vorzug hatte, als das sie gefährlicher war.

Indessen konnte sein Unwille gegen sie nicht so heftig seyn als er war, ohne sich gegen sich selbst zu kehren. Die Vorstellung, daß er die Stelle eines Hippias, eines Hyacinths, bey ihr vertreten habe, machte ihn in seinen eigenen Augen zum verächtlichsten Sclaven; er schämte sich vor seinem ehmaligen bessern Selbst, wenn er an die Rechenschaft dachte, welche er sich von seinem Auffenthalt zu Smyrna schuldig sey. Würde er so gar, wenn Danae würklich diejenige gewesen wäre, wofür er sie in der Trunkenheit der Leidenschaft gehalten hatte, vor dem Gerichtstuhl der Tugend haben bestehen können? Was wollte er dann nun antworten, da er sich selbst anklagen mußte, eine so lange Zeit ohne irgend eine lobenswürdige That, verlohren für seinen Geist, verlohren für die Tugend, verlohren für sein eigenes und das allgemeine Beste, in unthätigem Müssiggang, und, was noch schlimmer war, in der verächtlichen Bestrebung den wollüstigen Geschmak einer Danae zu belustigen, ihre Begierden, ihre von dem Rest des üppigen Feuers ihrer Jugend noch erhizte Einbildung

[Agath. II. Th.]   C   zu

zu befriedigen, unrühmlich verschwendet zu haben? Er trieb die Vorwürffe, welche er bey diesen gelbsüchtigen Vorstellungen sich selbst machte, so weit als sie der Affect einer allzufeurigen, aber mit angebohrner Liebe zur Tugend durchdrungenen Seele treiben kan. Die Schmerzen wovon sein Gemüth dadurch zerrissen wurde, waren so heftig, daß er die ganze Nacht, welche auf diesen traurigen Tag folgte, in einer fiebrischen Hize zubrachte, welche, mit dem Zustande, worinn sich seine Seele befand, zusammengenommen, ein sehr fügliches Bild derjenigen Pein hätte abgeben können, worinn, nach dem allgemeinen Glauben aller Völker, die Lasterhaften in einem andern Leben die Verbrechen des gegenwärtigen büssen.

Wir haben schon einmal angemerkt, daß das Mißvergnügen über uns selbst ein allzuschmerzhafter Zustand sey, als daß ihn unsre Seele lange ausdauern könnte. Es ist natürlich, daß die Selbstliebe allen ihren Kräften aufbeut, um sich Linderung zu verschaffen; und wenn wir betrachten, wie wenig Gutes ein anhaltendes Gefühl von Schaam und Verachtung seiner selbst würken kan, und wie nachtheilig im Gegentheil Gram und Nidergeschlagenheit, ihre natürliche Folgen, der wiederkehrenden Tugend seyn müssen: so haben wir vielleicht Ursache, die Geschäftigkeit der Eigenliebe, uns bey uns selbst zu entschuldigen, für eine von den nöthigsten Springfedern unsrer Seele, in diesem Stande des
Irthums

Achtes Buch, drittes Capitel.

Irthums und der Leidenschaften, worinn sie sich befindet, anzusehen. Die Reue ist zu nichts gut, als uns einen tiefen Eindruk von der Häßlichkeit eines thörichten oder unsittlichen Verhaltens, dessen wir uns schuldig fühlen, zu geben. Sobald sie diese Würkung gethan hat, sol sie aufhören; ihre Dauer würde uns nur die Kräfte benehmen, uns in einen bessern Zustand emporzuarbeiten, und dadurch eben so schädlich werden als eine allzugrosse Furcht, die zu nichts dient, als uns dem Uebel desto gewisser auszuliefern, welchem wir behutsam entfliehen oder muthig widerstehen sollten.

Agathon hatte desto mehr Ursache, diesen wohlthätigen Eingebungen der Eigenliebe Gehör zu geben, da ihm seine allezeit zu warme Einbildungs-Kraft seine Vergehungen und den Gegenstand derselbigen würklich in einem weit häßlichern Lichte gezeigt hatte, als die gelassene und unparteyische Vernunft gethan haben würde. Die seltsamen Abwechselung dieser launischen Zauberin, und wie wenig ihr der plözliche Uebergang von dem äussersten Grad eines Affects zum entgegen gesezten kostet, wird vermuthlich einem guten Theil unsrer Leser aus eigner Erfahrung so wol bekannt seyn, daß sie sich nicht verwundern werden, zu vernehmen, daß die Begierde sich selbst in seinen eignen Augen zu rechtfertigen, oder doch wenigstens, soviel möglich zu entschuldigen, unsern Helden unvermerkt dahin gebracht habe, auch der schönen Danae einen Theil der Gerechtigkeit wieder angedeyhen zu laffen, der ihr von den ſtrengeſten Verehrern der Tugend nicht verſagt werden kan. Es war ſchwer, ſehr ſchwer, würde ein Socrates geſagt haben, den Reizungen eines ſo ſchönen Gegenſtandes, den Verführungen ſo vieler vereinigter Zauberkräfte zu widerſtehen; die Flucht war das einzige ſichere Rettungs-Mittel; es war freylich faſt eben ſo ſchwer; aber das Vermögen dazu war wenigſtens anfangs in eurer Gewalt; und es war unvorſichtig an euch, nicht zu denken, daß eine Zeit kommen würde, da ihr keine Kräfte mehr zum fliehen haben würdet. So ungefehr möchte derjenige geſagt haben, der den Critobulus, weil er den ſchönen Knaben des Alcibiades geküßt hatte, einen Wagehals nannte; und dem jungen Xenophon rieth, vor einem ſchönen Geſichte ſo behende wie vor einem Baſilisken davon zu lauffen. Allein ſo beſcheiden und ſo wahr klang die Sprache der Eigenliebe nicht. Es war unmöglich, ſagte ſie unſerm Helden, ſo mächtigen Reizungen zu widerſtehen; es war unmöglich zu entfliehen. Sie nahm die ganze Lebhaftigkeit ſeiner Einbildungs-Kraft zu hülfe, ihm die Wahrheit dieſer tröſtlichen Verſicherungen zu beweiſen; und wenn ſie es nicht ſo weit brachte, ein gewiſſes innerliches Gefühl, welches ihr widerſprach, und welches vielleicht das gewiſſeſte Merkmal der Freyheit unſers Willens iſt, gänzlich zu betäuben, ſo gelang es ihr doch unvermerkt, den Gram aus ſeinem Gemüthe zu verbannen, und dieſes ſanfte Licht wieder darinn auszubreiten, worinn wir ordentlicher

Achtes Buch, drittes Capitel.

Weise alles, was zu uns selbst gehört, zu sehen gewohnt sind.

Allein Danae gewann wenig bey dieser ruhigern Verfassung seines Herzens. Ihre Vollkommenheiten rechtfertigten zwar die hohe Meynung die er von ihrem Character gefasset hatte, und beydes, die Grösse seiner Leidenschaft; er vergab sich selbst, sie so sehr geliebet zu haben, so lang er Ursache gehabt hatte, die Schönheit ihrer Seele für eben so ungemein zu halten als es die Reizungen ihrer Person waren: Aber sie verlohr mit dem Recht an seine Hochachtung alle Gewalt über sein Herz. Der Entschluß sie zu verlassen war die natürliche Folge davon, und dieser kostete ihn, da er ihn faßte, nur nicht einen Seufzer; so tief war die Verachtung, wovon er sich gegen sie durchdrungen fühlte. Die Erinnerung dessen was er gewesen war, das Gefühl dessen was er wieder seyn könne, sobald er wolle, machte ihm den Gedanken unerträglich, nur einen Augenblick länger der Sclave einer andern Circe zu seyn, die durch eine schändlichere Verwandlung als irgend eine von denen welche die Gefährten des Ulysses erdulden mußten, den Helden der Tugend in einen müssigen Wollüstling verwandelt hatte.

Bey so bewandten Umständen war es nicht rathsam, ihre Wiederkunft zu erwarten, welche, nach ihrem Bericht, längstens in dreyen Tagen erfolgen sollte. Denn sie hatte

hatte keinen Tag vorbeygehen lassen, ohne ihm zu schreiben; und die Nothwendigkeit, ihr eben so regelmässig zu antworten, sezte ihn, nach der grossen Revolution die in seinem Herzen vorgegangen war, in eine desto grössere Verlegenheit, da er zu aufrichtig und zu lebhaft war, Empfindungen vorzugeben, die sein Herz verläugnete. Seine Briefchen wurden dadurch so kurz, und verriethen so vielen Zwang, daß Danae auf einen Gedanken kam, der zwar nicht sehr wahrscheinlich, aber doch der natürlichste war, der ihr einfallen konnte. Sie vermuthete, ihre Abwesenheit könnte eine von den Schönen zu Smyrna verwegen genug gemacht haben, ihr einen so beneidenswürdigen Liebhaber entführen zu wollen. Wenn ihr Stolz zu einem so vermessenen Vorhaben lächelte; so liebte sie doch zu zärtlich, um so ruhig dabey zu seyn, als man aus der muntern Art, womit sie über seine Erkältung scherzte, hätte schliessen sollen. Indessen behielt doch das Bewußtseyn ihrer Vorzüge die Oberhand, und ließ ihr keinen Zweifel, daß es nur ihre Gegenwart brauche, um alle Eindrüke, welche eine Nebenbulerin auf der Oberfläche seines Herzens gemacht haben können, wieder auszulöschen. Und wenn sie dessen auch weniger gewiß gewesen wäre, so war sie doch zu klug, ihn merken zu lassen, daß sie ein Mißtrauen in sein Herz seze, oder fähig seyn könnte, sich ihm jemals durch eine grillenhafte Eifersucht beschwehrlich zu machen. Bey allem dem beschleunigte dieser Umstand ihre Zurükkunft; und der Gedanke, daß es ihr vielleicht

leicht einfallen könnte, ihn durch eine frühere Ankunft, als sie in ihrem lezten Briefe versprochen hatte, überraschen zu wollen, (ein Gedanke, den wir sehr geneigt sind der Eingebung des Schuzgeistes seiner Tugend zu zuschreiben, so prophetisch war er) stellte ihm die Nothwendigkeit der schleunigsten Flucht so dringend vor, daß er sich, sobald er den Boten der Danae abgefertiget hatte, nach dem Hafen begab, sich um ein Schiff um zu sehen, welches ihn noch in dieser Nacht von Smyrna entfernen möchte.

Viertes Capitel.
Eine kleine Abschweiffung.

Unsere Leser werden, wenn sie diese Geschichte mit etwas weniger Flüchtigkeit als einen Französischen Roman du jour zu lesen würdigen, bemerkt haben, daß die Wiederherstellung unsers Helden aus einem Zustande, in welchem er diesen Nahmen allerdings nicht verdient hat, eigentlich weder seiner Vernunft noch seiner Liebe zur Tugend zu zuschreiben sey ; so angenehm es uns auch gewesen wäre, der einen oder der andern die Ehre einer so schönen Cur allein zu zuwenden. Mit aller der aufrichtigen Hochachtung, welche wir für beyde hegen, müssen wir gestehen, daß wenn es auf sie allein angekommen wäre, Agathon noch lange in den Fesseln der schönen Danae hätte liegen können; ja wir haben Ursache zu glauben, daß die erste gefällig genug gewesen wäre, durch tausend schöne Vorspiegelungen und Schlüsse die andre nach und nach gänzlich einzuschläfern, oder vielleicht gar zu einem gütlichen Vergleich mit der Wolluft, ihrer natürlichen und gefährlichsten Feindin, zu bewegen. Wir läugnen hiemit nicht, daß sie das ihrige zur Befreyung unsers Freundes beygetragen; indessen ist doch gewiß, daß Eifersucht und beleidigte Eigenliebe das meiste gethan haben, und daß also, ohne die wohlthätigen Einflüsse zwoer so verschreyter Leidenschaften, der ehmals so weise, so tugendhafte Agathon ein glorreich angefangenes Leben, allem Anscheinen nach, zu Smyrna unter den Rosen der Venus unrühmlich hinweggescherzet haben würde.

Wir wollen durch diese Bemerkung dem grossen Haufen der Moralisten eben nicht zugemuthet haben, gewisse Vorurtheile fahren zu lassen, welche sie von ihrem Vorgängern, und diese, wenn wir um einige Jahrhunderte bis zur Quelle hinaufsteigen wollen, von den Mönchen und Einsamen, womit die Morgenländer von jeher unter allen Religionen angefüllt gewesen sind, durch eine den Progressen der gesunden Vernunft nicht sehr günstige Ueberlieferung geerbt zu haben scheinen. Hingegen würde uns sehr erfreulich seyn, wenn diese gegenwärtige Geschichte die glückliche Veranlassung geben könnte, irgend einen von den ächten Weisen unsrer Zeit

auf-

aufzumuntern, mit der Fakel des Genie in gewisse dunkle Gegenden der Moral-Philosophie einzudringen, welche zu beträchtlichem Abbruch des allgemeinen Besten, noch manches Jahr-Tausend unbekanntes Land bleiben werden, wenn es auf die vortreflichen Leute ankommen sollte, durch deren unermüdeten Eifer seit geraumen Jahren die deutschen Pressen unter einem in alle mögliche Formen gegossenen Mischmasch unbestimmter und nicht selten willkührlicher Begriffe, schwärmerischer Empfindungen, andächtiger Wortspiele, grotesker Charactern, und schwülstiger Declamationen zu seufzen gezwungen werden. Für diejenigen, welche unsern frommen Wunsch zu erfüllen geschikt sind, uns darüber deutlicher zu erklären, oder ihnen den Weg zur Entdekung dieser moralischen Terra incognita genauer andeuten zu wollen, als es hie und da in dieser Geschichte geschehen seyn mag, würde einer Vermessenheit gleich sehen, wozu uns die Empfindung unsrer eignen Schwäche oder vielleicht unsre Trägheit wenig innerliche Versuchung läßt. Wir lassen es also bey diesem kleinen Winke bewenden, und begnügen uns, da wir nunmehr, allem Ansehen nach, unsern Helden aus der grössesten der Gefahren, worinn seine Tugend jemals geschwebt hat, oder künftig gerathen mag, glüklich herausgeführt haben, einige Betrachtungen darüber anzustellen ——— doch nein; wir bedenken uns besser ——— was für Betrachtungen könnten wir anstellen, daß nicht diejenige welche Agathon selbst, sobald er Musse dazu hatte, über sein

Abentheur machte, um soviel natürlicher und interessanter seyn sollten, als er sich würklich in dem Falle befand, worein wir uns erst durch Hülfe der Einbildungs-Kraft sezen müßten, und die Gedanken sich ihm freywillig darboten, ja wol wider Willen aufdrangen, welche wir erst auffuchen müßten. Wir wollen also warten, bis er sich in der ruhigern Gemüthsverfaffung befinden wird, worinn die sich selbst wiedergegebene Seele aufgelegt ist, das Vergangene mit prüfendem Auge zu übersehen. Nur mög' es uus erlaubt seyn, eh wir unsre Erzählung fortsezen, zum besten unsrer jungen Leser, zu welchen wir uns nicht entbrechen können eine vorzügliche Zuneigung zu tragen, einige Anmerkungen zu machen, für welche wir keinen schicklichern Plaz wissen, und welche diejenigen, die wie Shah Baham keine Liebhaber vom moralifieren sind, füglich überschlagen, oder, bis wir damit fertig sind, sich indessen, wenn es ihnen beliebt, die Zeit damit vertreiben können, die Spize ihrer Nase anzuschauen.

Was würdet ihr also dazu sagen, meine jungen Freunde, wenn ich euch mit der Amts-Mine eines Sittenlehrers auf der Catheder, in geometrischer Methode beweisen würde, daß ihr zu einer vollkommnen Unempfindlichkeit gegen diese liebenswürdige Geschöpfe verbunden seyt, für welche eure Augen, euer Herz, und eure Einbildungs-Kraft sich vereinigen, each einen Hang einzuflössen, der, so lang er in einem unbestimmten

ten Gefühl besteht, euch immer beunruhiget, und so bald er einen besondern Gegenstand bekömmt, die Seele aller eurer übrigen Triebe wird?

Daß wir einen solchen Beweis führen, und was noch ein wenig grausamer ist, daß wir euch die Verbindlichkeit aufdringen könnten, keines dieser anmuthsvollen Geschöpfe, so vollkommer es immer in euern bezauberten Augen seyn möchte, eher zu lieben, bis es euch befohlen wird, daß ihr sie lieben sollt —— ist eine Sache, die euch nicht unbekannt seyn kan. Aber eben deßwegen, weil es so oft bewiesen wird, können wir es als etwas ausgemachtes voraussezen; und uns däucht, die Frage ist nun allein, wie es anzufangen sey, um euer widerstrebendes Herz für Pflichten gelehrig zu machen, gegen welche ihr tausend scheinbare Einwendungen zu machen glaubt, wenn ihr uns am Ende doch nichts anders gesagt habt, als ihr habet keine Lust, sie auszuüben.

Die Auflösung dieser Frage däucht uns die grosse Schwierigkeit, worinn uns die gemeinen Moralisten mit einer Gleichgültigkeit steken lassen, die desto unmenschlicher ist, da wenige unter ihnen sind, welche nicht auf eine oder die andere Art erfahren hätten, daß es nicht so leicht sey einen Feind zu schlagen, als zu beweisen, daß er geschlagen werden solle.

Indessen

Indessen nun, bis irgend ein wohlthätiger Genius ein sicheres, kräftiges und allgemeines Mittel ausfündig gemacht haben wird, diese Schwierigkeiten zu heben, erkühnen wir uns, euch einen Rath zu geben, der zwar weder allgemein noch ohne alle Ungelegenheiten ist, aber doch, alles wol überlegt, euch bis zu Erfindung jenes unfehlbaren moralischen Laudanums, in mehr als einer Absicht von beträchtlichem Nuzen seyn könnte.

Wir sezen hiebey zwey gleich gewisse Wahrheiten voraus: die eine; daß die meisten jungen Leute, und vielleicht auch ein guter Theil der Alten, entweder zur Zärtlichkeit oder doch zur Liebe im popularen Sinn dieses Wortes, einen stärkern Hang als zu irgend einer andern natürlichen Leidenschaft haben. Die andere: daß Socrates, in der Stelle, deren in dem vorigen Capitel erwähnt worden, die schädlichen Folgen der Liebe, in so ferne sie eine heftige Leidenschaft für irgend einen einzelnen Gegenstand ist; (denn von dieser Art von Liebe ist hier allein die Rede) nicht höher getrieben habe, als die tägliche Erfahrung beweiset. Du Unglükseliger! (sagt er zu dem jungen Xenophon, welcher nicht begreiffen konnte, daß es eine so gefährliche Sache sey, einen schönen Knaben, oder nach unsern Sitten zu sprechen, ein schönes Mädchen zu küssen; und leichtsinnig genug war zu gestehen, daß er sich alle Augenblike getraute, dieses halsbrechende Abentheuer zu unternehmen) was meynst du daß die Folgen eines solchen Kusses

ses seyn würden? Glaubst du, du würdest deine Freyheit behalten, oder nicht vielmehr ein Sclave dessen werden, was du liebest? wirst du nicht vielen Aufwand auf schädliche Wollüste machen? Meynst du, es werde dir viel Musse übrig bleiben, dich um irgend etwas grosses und Nüzliches zu bekümmern, oder du werdest nicht vielmehr gezwungen seyn, deine Zeit auf Beschäftigungen zu wenden, deren sich so gar ein Unsinniger schämen würde? ——— Man kan die Folgen dieser Art von Liebe, in so wenigen Worten nicht vollständiger beschreiben ——— Was hälf' es uns, meine Freunde, wenn wir uns selbst betrügen wollten? Selbst die unschuldigste Liebe, selbst diejenige, welche in jungen enthusiastischen Seelen so schön mit der Tugend zusammen zustimmen scheint, führt ein schleichendes Gift bey sich, dessen Würkungen nur desto gefährlicher sind, weil es langsam und durch unmerkliche Grade würkt ——— Was ist also zu thun? ——— Der Rath des alten Cato, oder der, welchen Lucrez nach den Grundsäzen seiner Secte giebt, ist, seinen Folgen nach, noch schlimmer als das Uebel selbst. So gar die Grundsäze und das eigne Beyspiel des weisen Socrates sind in diesem Stüke nur unter gewissen Umständen thunlich ——— und (wenn wir nach unsrer Ueberzeugung reden sollen) wir wünschten, aus wahrer Wohlmeynenheit gegen das allgemeine System, nichts weniger als daß es jemals einem Socrates gelingen möchte, den Amor völlig zu entgöttern, seiner Schwingen und seiner Pfeile zu berauben,

rauben, und aus der Liebe eine blosse regelmässige Stillung eines physischen Bedürfnisses zu machen. Der Dienst, welcher der Welt dadurch geleistet würde, müßte nothwendig einen Theil der schlimmen Würkung thun, welche auf eine allgemeine Unterdrükung der Leidenschaften in der menschlichen Gesellschaft erfolgen müßte.

Hier ist also unser Rath ——— die Tartüffen, und die armen Köpfe, welche die Welt bereden wollen, die Excremente ihres milzsüchtigen Gehirns für Reliquien zu küssen, mögen ihre Köpfe schütteln so stark sie können! ——— Meine jungen Freunde, beschäftiget euch mit den Vorbereitungen zu eurer Bestimmung ——— oder mit ihrer würklichen Erfüllung. Bewerbet euch um die Verdienste, von denen die Hochachtung der Vernünftigen und der Nachwelt die Belohnung ist; und um die Tugend, welche allein den innerlichen Wohlstand unsers Wesens ausmacht ——— Haltet ein, Herr Sittenlehrer, ruffet ihr; das ist nicht was wir von euch hören wollten, alles das hat uns Claville besser gesagt, als ihr es könntet, und Abbt besser als Claville ——— euer Mittel gegen die Liebe? ——— Mittel gegen die Liebe? dafür behüte uns der Himmel! ——— oder wenn ihr dergleichen wollt, so findet ihr sie bey allen moralischen Quaksalbern, und ——— in allen Apotheken. Unser Rath geht gerade auf das Gegentheil. Wenn ihr ja lieben wollt oder müßt ——— nun, so kommt alles, glaubet mir, auf den Gegenstand

Achtes Buch, viertes Capitel.

an ——— Findet ihr eine Aspasia, eine Leontium, eine Ninon ——— so bewerbet euch um ihre Gunst, und, wenn ihr könnt, um ihre Freundschaft. Die Vortheile, die ihr daraus für euern Kopf, für euern Geschmak, für eure Sitten ——— ja, meine Herren, für eure Sitten, und selbst für die Pflichten eurer Bestimmung, von einer solchen Verbindung ziehen werdet, werden euch für die Mühe belohnen ——— Gut! Aspasien! Ninons! die müßten wir im ganzen Europa aufsuchen ——— Das rathen wir euch nicht; die Rede ist nur von dem Falle, wenn ihr sie findet ——— Aber, wenn wir keine finden? ——— So suchet die vernünftigste, tugendhafteste und liebenswürdigste Frau auf, die ihr finden könnet ——— Hier erlauben wir euch zu suchen, nur nicht (um euch einen Umweg zu ersparen) unter den Schönsten; ist sie liebenswürdig, so wird sie euch desto stärker einnehmen; ist sie tugendhaft, so wird sie euch nicht verführen; ist sie klug, so wird sie sich von euch nicht verführen lassen. Ihr könnet sie also ohne Gefahr lieben ——— Aber dabey finden wir unsre Rechnung nicht; die Frage ist, wie wir uns von ihr lieben machen ——— Allerdings, das wird die Kunst seyn; der Versuch ist euch wenigstens erlaubt; und wir stehen euch dafür, wenn sie und ihr jedes das seinige thut, so werdet ihr euern Roman zehen Jahre durch in einer immer nähernden Linie fort führen, ohne daß ihr dem Mittelpunct näher seyn werdet als anfangs ——— Und das ist alles, was wir euch sagen wollten.

Fünftes

Fünftes Capitel.

Schwachheit des Agathon; unverhofter Zufall, der seine Entschliessungen bestimmt.

Wir kommen zu unserm Agathon zurük, den wir zu Ende des vierten Capitels auf dem Wege nach dem Haven von Smyrna verlassen haben.

Man konnte nicht entschlossener seyn, als er es beym Ausgehen war; das erste Fahrzeug, das er zum Auslauffen fertig antreffen würde, zu besteigen, und hätte es ihn auch zu den Antipoden führen sollen. Allein — so groß ist die Schwäche des menschlichen Herzens! — da er angelangt war, und eine Menge von Schiffen vor den Augen hatte, welche nur auf das Zeichen den Anker zu heben wartete: So hätte wenig gefehlt, daß er wieder umgekehrt wäre, um, anstatt vor der schönen Danae zu fliehen, ihr mit aller Sehnsucht eines entflammten Liebhabers in die Arme zu fliegen.

Doch, wir wollen billig seyn; eine Dame verdiente wol, daß ihn der Entschluß sie zu verlassen, mehr als einen flüchtigen Seufzer kostete; und es war sehr natürlich, daß er, im Begriff seinen tugendhaften Vorsaz ins Werk zu sezen, einen Blik ins Vergangene zurükwarf, und sich diese Glükseligkeiten lebhafter vorstellte, denen er nun freywillig entsagen wollte, um sich von neuem,

Achtes Buch, fünftes Capitel.

neuem, als ein im Ocean der Welt herumtreibender Verbanuter, den Zufällen einer ungewissen Zukunft auszusezen. Dieser lezte Gedanke machte ihn stuzen; aber er wurde bald von andern Vorstellungen verdrängt, die sein gefühlvolles Herz weit stärker rührten als alles was ihn allein und unmittelbar angieng. Er sezte sich an die Stelle der Danae. Er mahlte sich ihren Schmerz vor, wenn sie bey ihrer Wiederkunft seine Flucht erfahren würde. Sie hatte ihn so zärtlich geliebt! ⸺ Alles Böse, was ihm Hippias von ihr gesagt, alles was er selbst hinzugedacht hatte, konnte in diesem Augenblik die Stimme des Gefühls nicht übertäuben, welches ihn überzeugte, daß er wahrhaftig geliebt worden war. Wenn die Grösse unsrer Liebe das natürliche Maß unsrer Schmerzen über den Verlust des Geliebten ist, wie unglüklich mußte sie werden! Das Mitleiden, welches diese Vorstellung in ihm erregte, machte sie wieder zu einem interessanten Gegenstand für sein Herz. Ihr Bild stellte sich ihm wieder mit allen den Reizungen dar, deren zauberische Gewalt er so oft erfahren hatte. Was für Erinnerungen! Er konnte sich nicht erwehren, ihnen etliche Augenblike nachzuhängen; und fühlte immer weniger Kraft, sich wieder von ihnen loßzureissen. Seine schon halb überwundene Seele widerstand noch, aber immer schwächer. Amor, um desto gewisser zu siegen, verbarg sich unter die rührende Gestalt des Mitleidens, der Großmuth, der Dankbarkeit ⸺ Wie? er sollte eine so inbrünstige Liebe

[Agath. II. Th.]   D   mit

mit so schnödem Undank erwiedern? Einer Geliebten, in dem Augenblik, da sie in die getreue Arme eines Freundes zurük zu eilen glaubt, einen Dolch in diesen Busen stossen, welcher sich von Zärtlichkeit überwallend an den seinigen drüken will? —— in der That, eine rührende Vorstellung; und wie viel mehr wurde sie es noch durch die unvermerkt sich einschleichende Erinnerung, was für ein Busen das war! —— Sie verlassen; sich heimlich von ihr hinweg stehlen —— würde sie den Tod von seiner Hand, in Vergleichung mit einer solchen Grausamkeit, nicht als eine Wohlthat angenommen haben? So würde es ihm gewesen seyn, wenn er sich an ihren Plaz sezte; und das thut die Leidenschaft allezeit, wenn sie ihren Vortheil dabey findet.

Allen diesen zärtlichen Bildern stellte sein gefaßter Entschluß zwar die Gründe, welche wir kennen, entgegen: Aber diese Gründe hatten von dem Augenblik an, da sich sein Herz wieder auf die Seite der schönen Feindin seiner Tugend neigte, die Hälfte von ihrer Stärke verlohren. Die Gefahr war dringend: jede Minute war, so zu sagen, entscheidend. Denn die Wiederkunft der Danae war ungewiß; und es ist nicht zu zweifeln, daß sie, wofern sie noch zu rechter Zeit angelangt wäre, Mittel gefunden hätte, alle die widrigen Eindrüke der Verrätherey des Sophisten aus einem Herzen, welches so viel Vortheil dabey hatte sie unschuldig zu finden, auszulöschen.

Ein glücklicher Zufall —— doch, warum wollen wir dem Zufall zuschreiben, was uns beweisen sollte, daß eine unsichtbare Macht ist, welche sich immer bereit zeigt, der sinkenden Tugend die Hand zu reichen —— fügte es daß Agathon, in diesem zweifelhaften Augenblik unter dem Gedränge der Fremden, welche die Handelschaft von allen Welt-Gegenden her nach Smyrna führte, einen Mann erblikte, den er zu Athen vertraulich gekannt, und durch beträchliche Dienstleistungen sich zu verbinden Gelegenheit gehabt hatte. Es war ein Kaufmann von Syracus, der mit den Geschiklichkeiten seiner Profession, einen rechtschaffenen Character, und, was bey uns, in der einen Hälfte des deutschen Reichs wenigstens, eine grosse Seltenheit ist, mit beyden die Liebe der Musen verband; Eigenschaften, welche ihn dem Agathon desto angenehmer, so wie sie ihn desto fähiger gemacht hatten, den Werth Agathons zu schäzen. Der Syracusaner bezeugte die lebhafteste Freude über eine so angenehm überraschende Zusammenkunft, und bot unserm Helden seine Dienste mit derjenigen Art an, welche beweißt, daß man begierig ist, sie angenommen zu sehen; denn Agathons Verbannung von Athen war eine zu bekannte Sache, als daß sie in irgend einem Theil von Griechenlande hätte unbekant seyn können.

Nach einigen Fragen, und Gegenfragen, wie sie unter Freunden gewöhnlich sind, die sich nach einer geraumen Trennung unvermuthet zusammenfinden, berichtete

tete ihm der Kaufmann als eine Neuigkeit, welche würklich die Aufmerksamkeit aller Europäischen Griechen beschäftigte, die ausserordentliche Gunst, worinn Plato bey dem jüngern Dionysius zu Syracus stehe; die philosophische Belehrung dieses Prinzen; und die grossen Erwartungen, mit welchen Sicilien den glükseligen Zeiten entgegensehe, die eine so wundervolle Veränderung verspreche. Er endigte damit, daß er den Agathon einlud, wofern ihn keine andre Angelegenheit in Smyrna zurükhielte, ihm nach Syracus zu folgen, welches nunmehr im Begriff sey, der Sammelplaz der Weisesten und Tugendhaftesten zu werden. Er meldete ihm dabey, daß sein Schiff, welches er mit Asiatischen Waaren beladen hatte, bereit sey, noch diesen Abend abzusegeln.

Ein Funke, der in eine Pulvermine fällt, richtet keine plözlichere Entzündung an, als die Revolution war, die bey dieser Nachricht in unserm Helden vorgieng. Seine ganze Seele loderte, wenn wir so sagen können, in einen einzigen Gedanken auf ——— Aber was für ein Gedanke war das! ——— Plato, ein Freund des Dionysius ——— Dionysius, berüchtiget durch die ausschweiffendeste Lebens-Art, in welcher sich eine durch unumschränkte Gewalt übermüthig gemachte Jugend dahin stürzen kan ——— der Tyrann Dionysius, ein Liebhaber der Philosophie, ein Lehrling der Tugend ——— und Agathon, sollte die Blühte seines Lebens

bens in müßiger Wollust verderben lassen? Sollte nicht eilen, dem Göttlichen Weisen, dessen erhabene Lehren er zu Athen so rühmlich auszuüben angefangen hatte, ein so glorreiches Werk vollenden zu helfen, als die Verwandlung eines zügellosen Tyrannen in einen guten Fürsten, und die Befestigung der allgemeinen Glükseligkeit einer ganzen Nation? ––––––– was für Arbeiten! was für Aussichten für eine Seele wie die seinige! Sein ganzes Herz wallte ihnen entgegen; er fühlte wieder, daß er Agathon war ––––––– fühlte diese moralische Lebens-Kraft wieder, die uns Muth und Begierden giebt, uns zu einer edeln Bestimmung gebohren zu glauben; und diese Achtung für sich selbst, welche eine von den stärksten Schwingfedern der Tugend ist. Nun brauchte es keinen Kampf, keine Bestrebung mehr, sich von Danae loßzureissen, um mit dem Feuer eines Liebhabers, der nach einer langen Trennung zu seiner Geliebten zurükkehrt, sich wieder in die Arme der Tugend zu werfen. Sein Freund von Syracus hatte keine Ueberredungen nöthig; Agathon nahm sein Anerbieten mit der lebhaftesten Freude an. Da er von allen Geschenken, womit ihn die freygebige Danae überhäuft hatte, nichts mit sich nehmen wollte, als das wenige, was zu den Bedürfnissen seiner Reise unentbehrlich war, so brauchte er wenig Zeit, um reisefertig zu seyn. Die günstigsten Winde schwellten die Segel, welche ihn aus dem verderblichen Smyrna entfernen sollten; und so herrlich war der Triumph, den die Tugend in dieser glüklichen

Stunde über ihre Gegnerin erhielt, daß er die anmuthsvollen Asiatischen Ufer aus seinen Augen verschwinden sah, ohne den Abschied, den er auf ewig von ihnen nahm, nur mit einer einzigen Thräne zu zieren.

So? ――― Und was wurde nun (so däucht mich hör' ich irgend eine junge Schöne fragen, der ihr Herz sagt, daß sie es der Tugend nicht verzeihen würde, wenn sie ihr ihren Liebhaber so unbarmherzig entführen wollte) ――― was wurde nun aus der armen Danae? Von dieser war nun die Rede nicht mehr? Und der tugendhafte Agathon bekümmerte sich wenig darum, ob seine Untreue, ein Herz welches ihn glüklich gemacht hatte, in Stüken brechen werde oder nicht? ――― Aber, meine schöne Dame, was hätte er thun sollen, nachdem er nun einmal entschlossen war? Um nach Syracus zu gehen mußte er Smyrna verlassen; und nach Syracus mußte er doch gehen, wenn sie alle Umstände unpartheyisch in Betrachtung ziehen; denn sie werden doch nicht wollen, daß ein Agathon sein ganzes Leben wie ein Veneris passerculus (lassen Sie Sich das von Ihrem Liebhaber verdeutschen) am Busen der zärtlichen Danae hätte hinweg buhlen sollen? Und sie nach Syracus mit zunehmen, war aus mehr als einer Betrachtung auch nicht rathsam; gesezt auch, daß sie um seinetwillen Smyrna hätte verlassen wollen. Oder meynen Sie vielleicht er hätte warten, und die Einwilligung seiner Freundin zu erhalten suchen sollen? ―

Das wäre alles gewesen, was er hätte thun können, wenn er eine geheime Absicht gehabt hätte, da zu bleiben. Alles wol überlegt, konnte er also, däucht uns, nichts mehr thun als was er that. Er hinterließ ein Briefchen, worinn er ihr sein Vorhaben mit einer Aufrichtigkeit entdekte, welche zugleich die Rechtfertigung desselben ausmacht. Er spottete ihrer nicht durch Liebes-Versicherungen, welche der Widerspruch mit seinem Betragen beleidigend gemacht hätte; hingegen erinnerte er sich dessen, was sie um ihn verdient hatte zu wol, um sie durch Vorwürfe zu kränken. Und dennoch entwischte ihm beym Schluß ein Ausdruk, den er vermuthlich großmüthig genug gewesen wäre, wieder auszulöschen, wenn er Zeit gehabt hätte, sich zu bedenken; denn er endigte sein Briefchen damit, daß er ihr sagte; er hoffe, die Hälfte der Stärke des Gemüths, womit sie den Verlust eines Alcibiades ertragen, und den Armen eines Hyacinths sich entrissen habe, werde mehr als hinlänglich seyn, ihr seine Entfernung in kurzem gleichgültig zu machen. Wie leicht, sezte er hinzu, kan Danae einen Liebhaber missen, da es nur von ihr abhängt, mit einem einzigen Blike so viele Sclaven zu machen, als sie haben will! ——— das war ein wenig grausam ——— Aber die Gemüths-Verfassung, worinn er sich damals befand, war nicht ruhig genug, um ihn fühlen zu lassen, wie viel er damit sagte.

Und so endigte sich also die Liebes-Geschichte des Agathon und der schönen Danae; und so, meine schöne Leserinnen, so haben sich noch alle Liebes-Geschichten geendigt, und so werden sich auch künftig alle endigen, welche so angefangen haben.

Sechstes Capitel.

Betrachtungen, Schlüsse und Vorsäze.

Wer aus den Fehlern, welche von andern vor ihm gemacht worden, oder noch täglich um ihn her gemacht werden, die Kunst lernte selbst keine zu machen; würde unstreitig den Namen des Weisesten unter den Menschen mit grösserm Recht verdienen als Confucius, Socrates oder König Salomon, welcher lezte, wider den gewöhnlichen Lauff der Natur, seine grössesten Thorheiten in dem Alter begieng, wo die meisten von den ihrigen zurückkommen. Unterdessen bis diese Kunst erfunden seyn wird, däucht uns, man könne denjenigen immer für weise gelten lassen, der die wenigsten Fehler macht, am bäldesten davon zurückkommt, und sich gewisse Cautelen für zukünftige Fälle darauszieht, mittelst deren er hoffen kan, künftig weniger zu fehlen.

Ob und in wie fern Agathon dieses Prädicat verdiene, mögen unsre Leser zu seiner Zeit selbst entscheiden;

den; wir unsers Orts haben in keinerley Absicht einiges Interesse ihn besser zu machen, als er in der That war; wir geben ihn für das was er ist; wir werden mit der bisher beobachteten historischen Treue fortfahren, seine Geschichte zu erzählen; und versichern ein für allemal, daß wir nicht dafür können, wenn er nicht allemal' so handelt, wie wir vielleicht selbst hätten wünschen mögen, daß er gehandelt hätte.

Er hatte während seiner Farth nach Sicilien, welche durch keinen widrigen Zufall beunruhiget wurde, Zeit genung, Betrachtungen über das, was zu Smyrna mit ihm vorgegangen war anzustellen. Wie? ruffen hier einige Leser, schon wieder Betrachtungen? Allerdings, meine Herren; und in seiner Situation würde es ihm nicht zu vergeben gewesen seyn, wenn er keine angestellt hätte. Desto schlimmer für euch, wenn ihr, bey gewissen Gelegenheiten, nicht so gerne mit euch selbst redet als Agathon; vielleicht würdet ihr sehr wol thun, ihm diese kleine Gewohnheit abzulernen.

Es ist für einen Agathon nicht so leicht, als für einen jeden andern, die Erinnerung einer begangenen Thorheit von sich abzuschütteln. Braucht es mehr als einen einzigen Fehler, um den Glanz des schönsten Lebens zu verdunkeln? Wie verdrießlich, wenn wir an einem Meisterstüke der Kunst, an einem Gemählde oder Gedichte zum Exempel, Fehler finden, welche sich nicht verbessern lassen, ohne das Ganze zu vernichten? Wie viel verdrießlicher, wenn es nur ein einziger Fehler ist, der dem schönen Ganzen die Ehre der Vollkommenheit raubt? Ein Gefühl von dieser Art war schmerzhaft genug, um unsern Mann zu vermögen, über die Ursachen seines Falles schärfer nachzudenken. Wie erröthete er itzt vor sich selbst, da er sich der allzutrozigen Herausforderung erinnerte, wodurch er ehmals den Hippias gereizt, und gewissermaßen berechtiget hatte, den Versuch an ihm zu machen, ob es eine Tugend gebe, welche die Probe der stärksten und schlauesten Verführung aushalte ——— Was machte ihn damals so zuversichtlich? ——— die Erinnerung des Sieges, den er über die Priesterinn zu Delphi erhalten hatte? Oder das gegenwärtige Bewußtseyn der Gleichgültigkeit, worinn er bey den Reizungen der jungen Cyane geblieben war? Die Erfahrung, daß die Versuchungen, welche seiner Unschuld im Hause des Sophisten auf allen Seiten nachstellten, ihn weniger versucht als empört hatten? ——— der Abscheu vor den Grundsäzen des Hippias ——— und das Vertrauen auf die eigentümliche Stärke der seinigen? ——— Aber, war es eine Folge, daß derjenige, der etliche mal gesiegt hatte, niemals überwunden werden könne? War nicht eine Danae möglich, welche das auszuführen geschikt war, was die Pythia, was die Thrazischen Bacchantinnen, was Cyane, und vielleicht alle Schönen im Serail des Königs von Persien nicht vermochten, oder vermocht hätten? ———

Und

Und was für Ursache hatte er, sich auf die Stärke seiner Grundsäze zu verlassen? ——— Auch in diesem Stüke schwebte er in einem subtilen Selbstbetrug, den ihm vielleicht nur die Erfahrung sichtbar machen konnte. Entzükt von der Idee der Tugend, ließ er sich nicht träumen, daß das Gegentheil dieser intellectualischen Schönheit jemals Reize für seine Seele haben könnte. Die Erfahrung mußte ihn belehren, wie betrüglich unsere Ideen sind, wenn wir sie unvorsichtig realisiren'——— Betrachtet die Tugend in sich selbst, in ihrer höchsten Vollkommenheit ——— so ist sie göttlich, ja (nach dem kühnen aber richtigen Ausdruk eines vortreflichen Schrift-Stellers) die Gottheit selbst. ——— Aber welcher Sterbliche ist berechtigt, auf die allmächtige Stärke dieser idealen Tugend zu trozen? Es kömmt bey einem jeden darauf an, wie viel die seinige vermag. ——— Was ist häßlicher als die Idee des Lasters? Agathon glaubte sich also auf die Unmöglichkeit, es jemals liebenswürdig zu finden, verlassen zu können, und betrog sich, ——— weil er nicht daran dachte, daß es ein zweifelhaftes Licht giebt, worinn die Grenzen der Tugend und der Untugend schwimmen; worinn Schönheit und Grazien dem Laster einen Glanz mittheilen, der seine Häßlichkeit übergüldet, der ihm sogar die Farbe und Anmuth der Tugend giebt? und daß es allzuleicht ist, in dieser verführischen Dämmerung sich aus dem Bezirk der leztern in eine unmerkliche Spiral-Linie zu verliehren, deren Mittel-Punct

Punct ein süſſes Vergeſſen unſrer ſelbſt und unſrer Pflichten iſt.

Von dieſer Betrachtung, welche unſern Helden die Nothwendigkeit eines behutſamen Mißtrauens in die Stärke guter Grundſäze lehrte; und wie gefährlich es ſey, ſie für das Maß unſrer Kräfte zu halten; gieng er zu einer andern über, die ihn von der wenigen Sicherheit überzeugte, welche ſich unſre Seele in dieſem Zuſtand eines immerwährenden moraliſchen Enthuſiasmus verſprechen kan, wie derjenige, worinn die ſeinige zu eben der Zeit war, als ſie in dem feingewebten Neze der ſchönen Danae gefangen wurde. Er rief alle Umſtände in ſein Gemüthe zurük, welche zuſammen gekommen waren, ihm dieſe reizungsvolle Schwärmerey ſo natürlich zu machen; und erinnerte ſich der verſchiednen Gefahren, denen er ſich dadurch ausgeſezt geſehen hatte. Zu Delphi fehlte es wenig, daß ſie ihn den Nachſtellungen eines verkappten Apollo preiß gegeben hätte ——————— zu Athen hatte ſie ihn ſeinen argliſtigen Feinden würklich in die Hände geliefert. Doch, aus dieſen beyden Gefahren hatte er ſeine Tugend davon gebracht; ein unſchäzbares Kleinod, deſſen Beſiz ihn gegen den Verluſt alles andern, was ein Günſtling des Glükes verliehren kan, unempfindlich machte. Aber durch eben dieſen Enthuſiasmus unterlag ſie endlich den Verführungen ſeines eignen Herzens eben ſo wol als den Kunſtgriffen der ſchönen Danae. War nicht dieſes zauberiſche

zauberische Licht, welches seine Einbildungs-Kraft gewohnt war, über alles, was mit seinen Ideen übereinstimmte, auszubreiten; war nicht diese unvermerkte Unterschiebung des Idealen an die Stelle des Würklichen, die wahre Ursache, warum Danae einen so ausserordentlichen Eindruk auf sein Herz machte? War es nicht diese begeisterte Liebe zum Schönen, unter deren schimmernden Flügeln verborgen, die Leidenschaft mit sanftschleichenden Progressen sich endlich durch seine ganze Seele ausbreitete? War es nicht die lange Gewohnheit sich mit süssen Empfindungen zu nähren, was sie unvermerkt erweichte, um desto schneller an einer so schönen Flamme dahinzuschmelzen? Mußte nicht der Hang zu phantasierten Entzükungen, so geistig auch immer ihre Gegenstände seyn mochten, endlich nach denenjenigen lüstern machen, vor welchen ihm ein unbekanntes, verworrenes, aber desto lebhafteres innerliches Gefühl den würklichen Genuß dieser vollkommensten Wonne versprach, wovon bisher nur vorüberblizende Ahnungen seine Einbildung berührt, und durch diese leichte Berührung schon ausser sich selbst gesezt hatten? Hier erinnerte sich Agathon der Einwürfe, welche ihm Hippias gegen diesen Enthusiasmus, und diejenige Art von Philosophie, die ihn hervorbringt und unterhält, gemacht hatte; und befand sie izt mit seiner Erfahrung so übereinstimmend, als sie ihm damals falsch und ungereimt vorgekommen waren. Er fand sich desto geneigter, die Meynung des Sophisten, von dem Ursprung und der wahren Beschaffenheit

heit dieser hochfliegenden Begeisterung Beyfall zu geben; da es ihm, seitdem er sie in den Armen der schönen Danae verlohren hatte, unmöglich geblieben war, sich wieder in sie hineinzusezen; und da selbst das lebhaftere Gefühl für die Tugend, wovon sein Herz wieder erhizt war, weder seinen sittlichen Ideen diesen Firniß, den sie ehemals hatten, wiedergeben, noch die dichterische Metaphysik der Orphischen Secte wieder in die vorige Achtung bey ihm sezen konnte. Er glaubte durch die Erfahrung überwiesen zu seyn, daß dieses innerliche Gefühl, durch dessen Zeugniß er die Schlüsse des Sophisten zu entkräften vermeynt hatte, nur ein sehr zweydeutiges Kennzeichen der Wahrheit sey; daß Hippias eben soviel Recht habe, seinen thierischen Materialismus und seine verderbliche Moral, als die Theosophen ihre geheimnißvolle Geister-Lehre durch die Stimme innerlicher Gefühle und Erfahrungen zu autorisiren; und daß es vermuthlich allein dem verschiednen Schwung unsrer Einbildungs-Kraft beyzumessen sey, wenn wir uns zu einer Zeit geneigter fühlen, uns mit den Göttern, zu einer andern mit den Thieren verwandt zu glauben; wenn uns zu einer Zeit alles sich in einem ernsthaften, und schwärzlichten, zu einer andern alles in einem fröhlichen Lichte darstellt; wenn wir izt kein wahres und gründliches Vergnügen kennen, als uns mit stolzer Verschmähung der irdischen Dinge in melancholische Betrachtungen ihres Nichts, in die unbekannten Gegenden jenseits des Grabes, und die grundlosen Tieffen der Ewig-

keit

keit hineinzusenken; ein andermal kein reizenderes Ge-mählde einer beneidenswürdigen Wonne, als den jungen Bacchus, wie er, sein Epheu-bekränztes Haupt in den Schoos der schönsten Nymphe zurükgelehnt, und mit dem einen Arm ihre blendenden Hüften umfassend, den andern nach der düftenden Trinkschaale ausstrekt, die sie ihm lächelnd voll Nectars schenkt, von ihren eignen schönen Händen aus strozenden Trauben frisch ausgepreßt; indeß die Faunen und die fröhlichen Nymphen mit den Liebes-Göttern muthwillig um ihn her hüpfen, oder durch Rosengebüsche sich jagen, oder müde von ihren Scherzen, in stillen Grotten zu neuen Scherzen ausruhen.

Der Schluß, den er aus allen diesen Betrachtungen, und einer Menge andrer, womit wir unsre Leser verschonen wollen, zog, war dieser: Daß die erhabnen Lehrsäze der Zoroastrischen und Orphischen Theosophie, wahrscheinlicher Weise (denn gewiß getraute er sich über diesen Punct noch nichts zu behaubten) nicht viel mehr Realität haben könnten, als die lachenden Bilder, unter welchen die Mahler und Dichter die Wollüste der Sinnen vergöttert hatten; daß die ersten zwar der Tugend günstiger, und das Gemüthe zu einer mehr als menschlichen Hoheit, Reinigkeit und Stärke zu erheben schienen, in der That aber der wahren Bestimmung des Menschen wol eben so nachtheilig seyn durften, als die leztern; theils, weil es ein widersinniges und vergebliches

Unter-

Unternehmen scheine, sich besser machen zu wollen, als uns die Natur haben will, oder auf Unkosten des halben Theils unsers Wesens nach einer Art von Vollkommenheit zu trachten, die mit der Anlage desselben im Widerspruch steht; theils weil solche Menschen, wenn es ihnen auch gelänge, sich selbst zu Halbgöttern und Intelligenzen umzuschaffen, eben dadurch zu jeder gewöhnlichen Bestimmung des geselligen Menschen desto untauglicher würden. Aus diesem Gesichtspunct däuchte ihn der Enthusiasmus des Theosophen zwar unschädlicher als das System des Wollüstlings; aber der menschlichen Gesellschaft eben so unnützlich: indem der erste sich dem gesellschaftlichen Leben entweder gänzlich entzieht (welches würklich das Beste ist, was er thun kan) oder wenn er von dem beschaulichen Leben ins würksame übergeht, durch Mangel an Kenntniß einer ihm ganz fremden Welt, durch abgezogene Begriffe, welche nirgends zu den Gegenständen, die er vor sich hat, passen wollen, durch übertrieben moralische Zärtlichkeit, und tausend andre Ursachen, die ihren Grund in seiner vormaligen Lebens-Art haben, andern wider seine Absicht öfters, sich selbst aber allezeit schädlich wird.

In wie fern diese Säze richtig seyen, oder in besondern Fällen einige Ausnahmen zulassen, zu untersuchen, würde zu weit von unserm Vorhaben abführen, genug für uns, daß sie dem Agathon begründet genug schienen, um sich selbst desto leichter zu vergeben, daß er, wie

der

der Homerische Ulyß in der Insel der Calypso, sich in dem bezauberten Grunde der Wollust hatte aufhalten lassen, sein erstes Vorhaben, die Schüler des Zoroasters und die Priester zu Sais zu besuchen, sobald als ihm Danae seine Freyheit wieder geschenkt hatte, ins Werk zu sezen. Kurz, seine Erfahrungen machten ihm die Wahrheit seiner ehemaligen Denkungs-Art verdächtig, ohne ihm einen gewissen geheimen Hang zu seinen alten Lieblings-Ideen benehmen zu können. Seine Vernunft konnte in diesem Stüke mit seinem Herzen und sein Herz mit sich selbst nicht recht einig werden; und er war nicht ruhig genug, oder vielleicht auch zu träge, seine nunmehrige Begriffe in ein System zu bringen, wodurch beyde hatten befriedigt werden können. In der That ist ein Schiff eben nicht der bequemste Ort, ein solches Werk, wozu die Stille eines dunkeln Hayns kaum stille genug ist, zu Stande zu bringen; und Agathon mag daher zu entschuldigen seyn, daß er diese Arbeit verschob, ob es gleich eine von denen ist, welche sich so wenig aufschieben lassen, als die Ausbesserung eines baufälligen Gebäudes; denn so wie dieses mit jedem Tage, um den seine Wiederherstellung aufgeschoben wird, dem gänzlichen Einsturz näher kommt; so pflegen auch die Lüken in unsern moralischen Begriffen und die Mißhelligkeiten zwischen dem Kopf und dem Herzen immer grösser und gefährlicher zu werden, je länger wir es aufschieben sie mit der erforderlichen Aufmerksamkeit zu untersuchen, und eine richtige Verbindung

bindung und Harmonie zwischen den Theilen und dem Ganzen herzustellen.

Doch dieser Aufschub war in dem besondern Falle, worinn sich Agathon befand, desto weniger schädlich, da er, von der Schönheit der Tugend und der unauflöslichen Verbindlichkeit ihrer Geseze mehr als jemals überzeugt, eine auf das wahre allgemeine Beste gerichtete Würksamkeit für die Bestimmung aller Menschen, oder wofern ja einige Ausnahme zu Gunsten der bloß contemplativen Geister zu machen wäre, doch gewiß für die seinige hielt. Vormals war er nur zufälliger Weise, und gegen seine Neigung in das active Leben verflochten worden: izo war es eine Folge seiner nunmehrigen, und wie er glaubte geläuterten Denkungs-Art, daß er sich dazu entschloß. Ein sanftes Entzüken, welches ihm in diesen Augenbliken den süssesten Berauschungen der Wollust unendlich vorzuziehen schien, ergoß sich durch sein ganzes Wesen bey dem Gedanken, der Mitarbeiter an der Wiedereinsezung Siciliens in die unendlichen Vortheile der wahren Freyheit und einer durch weise Geseze und Anstalten verewigten Verfassung zu seyn — Seine immer verschönernde Phantasie mahlte ihm die Folgen seiner Bemühungen in tausend reizende Bilder von öffentlicher Glükseligkeit aus — er fühlte mit Entzüken die Kräfte zu einer so edeln Arbeit in sich; und sein Vergnügen war desto vollkommener, da er zugleich empfand, daß Herrschsucht und eitle Ruhm-Begierde keinen Antheil daran hatten; daß es die tu-

gendhafte

gendhafte Begierde, in einem weiten Umfang gutes zu thun, war, deren gehoffete Befriedigung ihm diesen Vorschmak des göttlichsten Vergnügens gab, dessen die menschliche Natur fähig ist. Seine Erfahrungen, so viel sie ihn auch gekostet hatten, schienen ihm izt nicht zu theuer erkauft, da er dadurch desto tüchtiger zu seyn hofte, die Klippen zu vermeiden, an denen die Klugheit oder die Tugend derjenigen zu scheitern pflegt, welche sich den öffentlichen Angelegenheiten unterziehen. Er sezte sich fest vor, sich durch keine zweyte Danae mehr irre machen zu lassen. Er glaubte sich in diesem Stüke desto besser auf sich selbst verlassen zu können, da er stark genug gewesen war, sich von der ersten loszureissen, und es mit gutem Fug für unmöglich halten konnte, jemals auf eine noch gefährlichere Probe gesezt zu werden. Ohne Ehrgeiz, ohne Habsucht, immer wachsam auf die schwache Seite seines Herzens, die er kennen gelernt hatte, dachte er nicht, daß er von andern Leidenschaften, welche vielleicht noch in seinem Busen schlummerten, etwas zu besorgen haben könne. Keine übelweissagende Besorgnisse störten ihn in dem unvermischten Genusse seiner Hoffnungen; sie beschäftigten ihn wachend und selbst in Träumen; sie waren der vornehmste Inhalt seiner Gespräche mit dem Syracusischen Kaufmanne, sie machten ihm die Beschwerden der Reise unmerklich, und entschädigten ihn überflüssig für den Verlust der ehemals geliebten Danae; einen Verlust der mit jedem neuen Morgen kleiner in seinen Augen wurde; und so führten ihn günstige Winde und ein geſchikter Steuermann nach einer kurzen Verweilung in einigen griechiſchen See-Städten, wo er ſich nirgends zu erkennen gab, glüklich nach Syracus, um an dem Hof eines Fürſten zu lernen, daß auf dieſer ſchlüpfrigen Höhe die Tugend entweder der Klugheit aufgeopfert werden muß, oder die behutſamſte Klugheit nicht hinreichend iſt, den Fall des Tugendhaften zu verhindern.

Siebentes Capitel.

Eine oder zwoo Digreſſionen.

Wir wünſchen uns Leſerinnen zu haben; (denn dieſe Geſchichte, wenn ſie auch weniger wahr wäre, als ſie iſt, gehört nicht unter die gefährlichen Romanen, von welchen der Verfaſſer des gefährlichſten und lehrreichſten Romans in der Welt die Jungfrauen zurükſchrekt) und wir ſehen es alſo nicht gerne, daß einige unter ihnen, welche noch Geduld genug gehabt, dieſes achte Buch bis zum Schluß zu durchblättern --- in der Meynung, daß nun nichts intereſſantes mehr zu erwarten ſey, nachdem Agathon durch einen Streich von der verhaßteſten Art, durch eine heimliche Flucht der Liebe den Dienſt aufgeſagt habe --- den zweyten Theil ſeiner Geſchichte ganz kaltſinnig aus ihren ſchönen Händen entſchlüpfen laſſen, und --- vielleicht den Sopha, oder die allerliebſte kleine Puppe des Hrn. Bibiena ergreifen,

um

Achtes Buch, siebentes Capitel.

um die Vapeurs zu zerstreuen, die ihnen die Untreue und die Betrachtungen unsers Helden verursachet haben.

Woher es wol kommen mag, meine schönen Damen, daß die meisten unter Ihnen so viel geneigter sind, uns alle Thorheiten, welche die Liebe nur immer begehen machen kann, zu verzeihen, als die Wiederherstellung in den natürlichen Stand unsrer gesunden Vernunft? Gestehen Sie, daß wir Ihnen desto lieber sind, je besser wir durch die Schwachheiten, wozu Sie uns bringen können, die Obermacht Ihrer Reizungen über die Stärke der männlichen Weisheit beweisen --- Was für ein interessantes Gemählde ist nicht eine Deanira mit der Löwen-Haut ihres nervichten Liebhabers umgeben, und mit seiner Keule auf der Schulter, wie sie einen triumphierend-lächelnden Seitenblick auf den Bezwinger der Riesen und Drachen wirft, der, in ihre langen Kleider vermummt, mitten unter ihren Mädchen mit ungeschikter Hand die weibische Spindel dreht? --- Wir kennen eine oder zwo, auf welche diese kleine Exclamation nicht paßt; aber wenn wir ohne Schmeicheley reden sollen, (welches wir freylich nicht thun sollten, wenn wir die Klugheit zu Rathe zögen,) so zweifeln wir, ob die Weiseste unter allen, zu eben der Zeit, da sie sich bemüht, den Thorheiten ihres Liebhabers Schranken zu sezen, sich erwehren kan, eine solche kleine still-triumphierende Freude darüber zu fühlen, daß sie liebenswürdig genug ist, einen Mann von Verdiensten seines eignen Werths vergessen zu machen.

Eine alltägliche Anmerkung werden Kenner denken, welche weder mehr noch weniger sagt, als was Gay in einer seiner Fabeln tausend mal schöner gesagt hat, und was wir alle längst wissen --- daß die Eitelkeit die wahre Triebfeder aller Bewegungen des weiblichen Herzens ist --- Wir erkennen unsern Fehler, ohne gleichwohl den Kennern einzugestehn, daß unsre Anmerkung so viel sage. Aber nichts mehr hievon!

Hingegen können wir unsern besagten Leserinnen, um sie wieder gut zu machen, eine kleine Anecdote aus dem Herzen unsers Helden nicht verhalten, und wenn er auch gleich dadurch in Gefahr kommen sollte, die Hochachtung wieder zu verlieren, in die er sich bey den ehrwürdigen Damen, welche nie geliebt haben, und, Dank sey dem Himmel! nie geliebt worden sind, wieder zu sezen angefangen hat. Hier ist sie ---

So vergnügt Agathon über seine Entweichung aus seiner angenehmen Gefangenschaft in Smyrna, und in diesem Stüke mit sich selbst war; so wenig die Bezauberung, unter welcher wir ihn gesehen haben, die characteristische Leidenschaft schöner Seelen, die Liebe der Tugend, in ihm zu erstiken vermocht hatte; so aufrichtig die Gelübde waren, die er that, ihr künftig nicht wieder ungetreu zu werden; so groß und wichtig

die

die Gedanken waren, welche seine Seele schwellten; so sehr er, um alles mit einem Wort zu sagen, wider Agathon war: So hatte er doch Stunden, wo er sich selbst gestehen mußte, daß er mitten in der Schwärmerey der Liebe und in den Armen der schönen Danae --- glücklich gewesen sey. Es mag immer viel Verblendung, viel Ueberspanntes und Schimärisches in der Liebe seyn, sagte er zu sich selbst, so sind doch gewiß ihre Freuden keine Einbildung --- ich fühlte es, und fühl' es noch, so wie ich mein Daseyn fühle, daß es wahre Freuden sind, so wahr in ihrer Art, als die Freuden der Tugend --- und warum sollt' es unmöglich seyn, Liebe und Tugend mit einander zu verbinden? Sie beyde zu geniessen, das würde erst eine vollkommne Glückseligkeit seyn.

Hier müssen wir zu Verhütung eines besorglichen Mißverstandes eine kleine Parenthese machen, um denen, die keine andre Sitten kennen, als die Sitten des Landes oder Ortes, worinn sie gebohren sind, zu sagen, daß ein vertrauter Umgang mit Frauenzimmern von einer gewissen Classe, oder (nicht so französisch, aber weniger zweydeutig zu reden) welche mit dem was man etwas uneigentlich Liebe zu nennen pflegt, ein Gewerbe treiben, bey den Griechen eine so erlaubte Sache war, daß die strengesten Väter sich lächerlich gemacht haben würden, wenn sie ihren Söhnen, so lange sie unter ihrer Gewalt stunden, eine Liebste aus der bemeldten Classe hätten verwehren wollen. Frauen und Jungfrauen genossen gen übersehen haben; aber man vergab ihm nicht, daß er damit prahlte; daß er sich seinem Hang zur Fröhlichkeit und Wollust, biß zu den unbändigsten Ausgelassenheiten überließ. Daß er, von Wein und Salben triefend, mit dem vernachläßigten und abgematteten Ansehen eines Menschen, der eine Winternacht durchschwelgt hatte, noch warm von den Umarmungen einer Tänzerin, in die Raths-Versammlungen hüpfte, und sich, so übel vorbereitet, doch überflüßig tauglich hielt, (und vielleicht war ers würklich) die Angelegenheiten Griechenlands zu besorgen, und den grauen Vätern der Republik zu sagen, was sie zu thun hätten: Das war es, was sie ihm nicht vergeben konnten, und was ihm die schlimmen Händel zuzog, von denen der Wolstand Athens und er selbst endlich die Opfer wurden.

Ueberhaubt ist es eine längst ausgemachte Sache, daß die Griechen von der Liebe ganz andere Begriffe hatten als die heutigen Europäer --- denn die Rede ist hier nicht von den metaphysischen Spielwerken oder Träumen des göttlichen Platons --- Ihre Begriffe scheinen der Natur, und also der gesunden Vernunft näher zu kommen, als die unsrigen, in welchen Scythische Barbarey und Maurische Galanterie auf die seltsamste Art mit einander contrastieren. Sie ehrten die ehliche Freundschaft; aber von dieser romantischen Leidenschaft, welche wir im eigentlichen Verstande Liebe nennen, und welche eine ganze Folge von Romanschreibern bey unsern Nachbaren jenseits des Rheins und bey den Engländern be-

mühet

mühet gewesen ist, zu einer heroischen Tugend zu erheben; von dieser wußten sie eben so wenig als von der weinerlich-comischen, der abentheurlichen Hirngeburt einiger Neuerer, meistens weiblicher, Scribenten, welche noch über die Begriffe der ritterlichen Zeiten rafinirt, und uns durch ganze Bände eine Liebe gemahlt haben, die sich von stillschweigendem Anschauen, von Seufzern und Thränen nährt, immer unglüklich und doch selbst ohne einen Schimmer von Hofnung immer gleich standhaft ist. Von einer so abgeschmakten, so unmännlichen, und mit dem Heldenthum, womit man sie verbinden will, so lächerlich abstechenden Liebe wußte diese geistreiche Nation nichts, aus deren schöner und lachender Einbildungskraft die Göttin der Liebe, die Grazien, und so viele andre Götter der Fröhlichkeit hervorgegangen waren. Sie kannten nur die Liebe, welche scherzt, küßt und glüklich ist; oder, richtiger zu reden, diese allein schien ihnen, unter gehörigen Einschränkungen, der Natur gemäß, anständig und unschuldig. Diejenige, welche sich mit allen Symptomen eines fiebrischen Paroxysmus der ganzen Seele bemächtiget, war in ihren Augen eine von den gefährlichsten Leidenschaften, eine Feindin der Tugend, die Störerin der häuslichen Ordnung, die Mutter der verderblichsten Ausschweiffungen und der häßlichsten Laster. Wir finden wenige Beyspiele davon in ihrer Geschichte; und diese Beyspiele sehen wir auf ihrem tragischen Theater mit Farben geschildert, welche den allgemeinen Abscheu erwecken mußten; so wie hingegen ihre Comödie keine

andre

andre Liebe kennt, als diesen natürlichen Justinct, welchen Geschmak, Gelegenheit und Zufall für einen gewissen Gegenstand bestimmen, der, von den Grazien und nicht selten auch von den Musen verschönert, das Vergnügen zum Zwek hat, nicht besser noch erhabener seyn will als er ist, und wenn er auch in Ausschweiffungen ausbrechend, sich gegen den Zwang der Pflichten aufbäumt, doch immer weniger Schaden thut, und leichter zu bändigen ist, als jene tragische Art zu lieben, welche ihnen vielmehr von der Fakel der Furien als des Liebesgottes entzündet, eher die Würkung der Rache einer erzürnten Gottheit als dieser süssen Bethörung gleich zu seyn schien, welche sie, wie den Schlaf und die Gaben des Bacchus, des Gebers der Freude, für ein Geschenke der wolthätigen Natur, ansahen, uns die Beschwerden des Lebens zu versüssen, und zu den Arbeiten desselben munter zu machen.

Ohne Zweifel würden wir diesen Theil der Griechischen Sitten noch besser kennen, wenn nicht durch ein Unglük, welches die Musen immer beweinen werden, die Comödien eines Alexis, Menander, Diphilus, Philemon, Apollodorus, und andrer berühmter Dichter aus dem schönsten Zeit-Alter der attischen Musen ein Raub der mönchischen und Saracenischen Barbarey geworden wären. Allein es bedarf dieser Urkunden nicht, um das was wir gesagt haben zu rechtfertigen. Sehen wir nicht den ehrwürdigen Solon noch in seinem hohen Alter, in Versen welche des Alters eines Voltaire würdig

dig sind, von sich selbst gestehen, „daß er sich aller an-
„ dern Beschäftigungen begeben habe, um den Rest
„ seines Lebens in Gesellschaft der Venus, des Bacchus
„ und der Musen auszuleben, der einzigen Quellen der
„ Freuden der Sterblichen?„ Sehen wir nicht den
weisen Socrates kein Bedenken tragen, in Gesellschaft
seiner jungen Freunde, der schönen und gefälligen Theodota einen Besuch zu machen, um über ihre von einem
aus der Gesellschaft für unbeschreiblich angepriesene
Schönheit den Augenschein einzunehmen? Sehen wir
nicht, daß er seiner Weisheit nichts zu vergeben glaubt,
indem er diese Theodota, auf eine scherzhafte Art in
der Kunst Liebhaber zu fangen unterrichtet? War er
nicht ein Freund und Bewunderer, ja, wenn Plato
nicht zuviel gesagt hat, ein Schüler der berühmten
Aspasia, deren Haus, ungeachtet der Vorwürfe, welche
ihr von der zaumlosen Frechheit der damaligen Comödie gemacht wurden, der Sammelplaz der schönsten
Geister von Athen war? So enthaltsam er selbst, bey
seinen beyden Weibern, in Absicht der Vergnügen der
Paphischen Göttin immer seyn mochte; so finden wir
doch seine Grundsäze über die Liebe mit der allgemeinen
Denkungsart seiner Nation ganz übereinstimmend. Er
unterschied das Bedürfniß von der Leidenschaft; das
Werk der Natur, von dem Werk der Phantasie; er
warnte vor dem Leztern, wie wir im vierten Capitel
schon im Vorbeygehen bemerkt haben; und rieth zu Befriedigung der ersten (nach Xenophons Bericht) eine
solche Art von Liebe, (das Wort dessen sich die Grie-

chen

chen bedienten, drükt die Sache bestimmter aus) an welcher die Seele so wenig als möglich Antheil nehme. Ein Rath, welcher zwar seine Einschränkungen leidet; aber doch auf die Erfahrungs-Wahrheit gegründet ist; daß die Liebe, welche sich der Seele bemächtiget, sie gemeiniglich der Meisterschaft über sich selbst beraube, entnerve, und zu edeln Anstrengungen untüchtig mache.

„Und wozu, (hören wir den scheinheiligen Theogiton mit einem tiefen Seufzer, in welchem ein halbunterdrüktes Anathema murmelt, fragen) — wozu diese ganze schöne Digression? Ist vielleicht ihre Absicht, die ärgerlichen Begriffe und Sitten blinder, verdorbener Heiden unsrer ohnehin zum Bösen so gelehrigen Jugend zum Muster vorzulegen?„ Nein, mein Herr; das wäre unnöthig; der grösseste Theil dieser Jugend, welche unser Buch lesen wird (es müßte dann in die Gewürzbuden kommen) hat schon den Horaz, den Ovid, den Martial, den Petron, den Apulejus, vielleicht auch den Aristophanes gelesen; und was noch sonderbarer scheinen könnte, hat seine Bekanntschaft mit diesen Schriftstellern, welche nach Dero Grundsäzen lauter Seelengift sind, in den Schulen gemacht. Wir haben also dieser Jugend nicht viel neues gesagt; und gesezt, wir hätten? Alle Welt weiß, daß andre Verfassungen, andre Geseze, eine andre Art des Gottesdiensts, auch andre Sitten hervorbringen und erfodern. Aber das verhindert nicht, daß es nicht gut seyn sollte, auch zu wissen, nach was für Begriffen man ausserhalb unserm

serm kleinen Horizont, unter andern Himmelsstrichen und zu andern Zeiten gedacht und gelebt hat — „Und wozu sollte das gut sein können?„ — Vergebung, Herr Theogiton! das sollten Sie wissen, da Sie davon Profession machen, die Menschen zu verbessern; und das hätten Sie, nehmen Sie's nicht übel, vorher lernen sollen, ehe Sie Sich unterfangen hätten, einen Beruf zu übernehmen, worinn es so leicht ist, ein Pfuscher zu seyn — Doch genug; Sie sollen hören, warum diese kleine Abschweiffung nothwendig war. Es ist hier darum zu thun, den Agathon zu schildern; ein wenig genauer und richtiger zu schildern, als es ordentlicher Weise in den Personalien einer Leichenpredigt geschieht --- Sie schütteln den Kopf, Herr Theogiton --- beruhigen Sie Sich; man mahlt solche Schilderenen weder für Sie, noch für die guten Seelen, welche sich unter Ihre Direction begeben haben; Sie müssen ja den Agathon nicht lesen; und, die Wahrheit zu sagen, Sie würden wol thun gar nicht zu lesen, was Sie nicht zu verstehen fähig sind — Aber Sie sollen glauben daß es sehr viele ehrliche Leute giebt, die nicht unter Ihrer Direction stehen, und einige von diesen werden den Agathon lesen, werden alles in dem natürlichen, wahren Lichte sehen, worinn ungefälschte, gesunde Augen zu sehen pflegen, und werden sich --- seufzen Sie immer soviel Sie wollen --- daraus erbauen. Für diese also haben wir uns anheischig gemacht, den Agathon, als eine moralische Person betrachtet, zu schildern. Es ist hier um eine Seelen-Mahlerey zu thun -- Sie lächeln, mein Herr? —

Nicht

Nicht wahr, ich errathe es, daß ihnen bey diesem Worte die punctirte Seele in *Comenii* Orbe picto einfällt? Aber das ist nicht was ich meyne; es ist darum zu thun, daß uns das Innerste seiner Seele aufgeschlossen werde; daß wir die geheimern Bewegungen seines Herzens, die verborgenern Triebfedern seiner Handlungen kennen lernen --- „Eine schöne Kenntniß! und „ die etwan viel Kopfzerbrechens braucht? --- Ein Herz „ zu kennen, von dem ich Ihnen, kraft meines Sy„ stems, gleich bey der ersten Ziele Ihres Buchs hätte „ vorhersagen können, daß es durch und durch nichts „ taugt„ --- Ich bitte Sie, Herr Theogiton, nichts mehr; Sie mögen wol Ihr System nicht recht gelernt haben, oder --- das muß ein System seyn! Aber; in unserm Leben nichts mehr, wenn ich bitten darf. Ich sehe, die Natur hat Ihnen das Werkzeug versagt, wodurch wir uns gegen einander erklären könnten. Ich hatte Unrecht, Ihnen von geheimen Triebfedern zu sprechen --- Sie kennen nur eine einzige Gattung derselben, die in der Classe der guten Seelen liegt, die sich Ihrer Führung überlassen haben; und diese rechtfertiget freylich Ihr System besser als alles was Sie zu seinem Behuf sagen könnten --- Also zu unserm Agathon zurük!

Nach den gewöhnlichen Begriffen seiner Zeit wäre es so schwer nicht gewesen, Liebe und Tugend mit einander zu verbinden; auch unsre jungen Moralisten hätten hierzu gleich ein Recipe fertig, oder es wimmelt vielmehr

mehr würklich von dergleichen in allen Buchläden. Aber Agathon hatte gröſſere und feinere Begriffe von der Tugend — Die Begriffe einer gewiſſen idealiſchen Vollkommenheit waren zu ſehr mit den Grundzügen ſeiner Seele verwebt, als daß er ſie ſobald verliehren konnte, oder vielleicht jemals verliehren wird. Was iſt für eine delicate Seele Liebe ohne Schwärmerey? Ohne dieſe Zärtlichkeit der Empfindungen, dieſe Sympathie welche ihre Freuden vervielfältiget, verfeinert, veredelt? Was ſind die Wollüſte der Sinnen, ohne Grazien und Muſen? — Das Socratiſche Syſtem über die Liebe mag für viele gut ſeyn; aber es taugt nicht für die Agathons. Agathon hätte dieſe Art zu lieben, wie er die ſchöne Danae geliebt hatte, und wie er von ihr geliebt worden war, gerne mit der Tugend verbinden mögen; und von dieſem Wunſch ſah er alle Schwierigkeiten ein. Endlich däuchte ihn, es komme alles auf den Gegenſtand an; und hier erinnerte ihn ſein Herz wieder an ſeine geliebte Pſyche. Ihr Bild ſtellte ſich ihm mit einer Wahrheit und Lebhaftigkeit dar, wie es ihm ſeit langer Zeit, ſeinen Traum ausgenommen, niemals vorgekommen war. Er erröthete vor dieſem Bilde, wie er vor der gegenwärtigen Pſyche ſelbſt erröthet haben würde; aber er empfand mit einem Vergnügen, wovon das überlegte Bewuſtſeyn ein neues Vergnügen war, daß ſein Herz, ohne nur mit einem einzigen Faden an Danae zu hangen, wieder zu ſeiner erſten Liebe zurückkehrte. Seine wieder ruhige Phantaſie ſpiegelte ihm, wie ein klarer tiefer Brunnen die Erinnerungen

[Agath. II. Th.]   F   der

der reinen, tugendhaften, und mit keiner andern Luſt zu vergleichenden Freuden vor, die er durch die zärtliche Vereinigung ihrer Seelen in jenen elyſiſchen Nächten erfahren hatte. Er empfand izt alles wieder für ſie was er ehemals empfunden, und dieſe neuen Empfindungen noch dazu, welche ihm Danae eingeflößt hatte; aber ſo ſanft, ſo geläutert durch die moraliſche Schönheit des veränderten Gegenſtandes, daß es nicht mehr eben dieſelben ſchienen. Er ſtellte ſich vor, wie glüklich ihn eine unzertrennliche Verbindung mit dieſer Pſyche machen würde, welche ihm eine Liebe eingehaucht, die ſeiner Tugend ſo wenig gefährlich geweſen war, daß ſie ihr vielmehr Schwingen angeſezt hatte --- er verſezte ſich in Gedanken mit Pſyche in den Ruheplaz der Diana zu Delphi --- und ließ den Gott der Liebe, den Sohn der himmliſchen Venus, das überirdiſche Gemählde ausmahlen. Eine ſüſſe weiſſagende Hofnung breitete ſich durch ſeine Seele aus; es war ihm, als ob eine geheime Stimme ihm zuliſple, daß er ſie in Sicilien finden werde. Pſyche ſchikte ſich vortreflich in den Plan, den er ſich von ſeinem bevorſtehenden Leben gemacht hatte --- was für eine Perſpective ſtellte ihm die Verbindung ſeiner Privat-Glükſeligkeit mit der öffentlichen vor, welcher er alle ſeine Kräfte zu widmen entſchloſſen war! Aber er wollte erſt verdienen glüklich zu ſeyn --- Und nun, ſagen ſie mir, meine ſchönen Leſerinnen, verdient nicht ein Mann, der ſo edel denkt glüklich zu ſeyn? --- verdient er nicht die beſte Frau? --- Seyn Sie ruhig; er ſoll ſie haben, ſobald wir ſie finden werden.

Agathon.

Agathon.

Neuntes Buch.

Erstes Capitel.

Veränderung der Scene. Character der Syracusaner, des Dionysius und seines Hofes.

Da wir im Begrif sind, unserm Helden auf einen neuen Schauplaz zu folgen, wird es nicht überflüssig seyn, denenjenigen, welche in der alten Geschichte nicht so gut bewandert sind, als vielleicht im Feen-Lande, einige vorläuffige Nachrichten von den Personen zu geben, mit welchen man ihn in diesem und dem folgenden Buche verwikelt sehen wird.

Syracus, die Hauptstadt Siciliens, verdiente in vielerley Betrachtungen den Namen des zweyten Athen. Nichts kann ähnlicher seyn, als der Character ihrer Einwohner. Beyde waren im höchsten Grad eifersüchtig über eine Freyheit, in welcher sie sich niemals lange zu erhalten wußten, weil sie Müßiggang und Lustbarkeiten noch mehr liebten, als diese Freyheit; und man muß gestehen, daß sie ihnen durch den schlechten Gebrauch, den sie von ihr zu machen wußten, mehr Schaden gethan hat, als ihre Tyrannen zusammengenommen. Die Syracusaner hatten den Genie der Künste und der Musen; sie waren lebhaft, sinnreich und zum spottenden Scherze aufgelegt; heftig und ungestüm in ihren Bewegungen, aber so unbeständig, daß sie in einem Zeitmaß von wenigen Tagen von dem äussersten Grade der Liebe zum äussersten Haß, und von dem würksamsten Enthusiasmus zur unthätigsten Gleichgültigkeit übergehen konnten; lauter Züge, durch welche sich, wie man weiß, die Athenienser vor allen andern griechischen Völkern ausnahmen. Beyde empörten sich mit eben so viel Leichtsinn gegen die gute Regieruug eines einzigen Gewalthabers, als sie fähig waren mit der niederträchtigsten Feigheit sich an das Joch des schlimmesten Tyrannen gewöhnen zu lassen: Beyde kannten niemals ihr wahres Intereße, und kehrten ihre Stärke immer gegen sich selbst: Muthig und heroisch in der Widerwärtigkeit, allezeit übermüthig im Glük, und gleich dem äsopischen Hund im Nil, immer durch schimmernde Entwürfe verhindert, von ihren gegenwärtigen Vortheilen den rechten Gebrauch zu machen: durch ihre Lage, Verfassung, und den Geist der Handelschaft, der Spartanischen Gleichheit unfähig, aber eben so ungeduldig, an einem Mitbürger große Vorzüge

an

an Verdiensten, Ansehen oder Reichthum zu ertragen; daher immer mit sich selbst im Streit, immer von Parteyen und Factionen zerrissen; bis, nach einem langwierigen umwechslenden Uebergang von Freyheit zu Sclaverey und von Sclaverey zu Freyheit, beyde zulezt die Fesseln der Römer geduldig tragen lernten; und sich weislich mit der Ehre begnügten, Athen die Schule, und Syracus die Korn-Kammer dieser Majestätischen Gebieterin des Erdbodens zu seyn.

Nach einer Reyhe von so genannten Tyrannen, das ist, von Beherrschern, welche sich der einzelnen und willkührlichen Gewalt über den Staat bemächtiget hatten, ohne auf einen Beruf von den Bürgern zu warten, war Syracus und ein grosser Theil Siciliens mit ihr endlich in die Hände des Dionysius gefallen; und von diesem, nach einer langwierigen Regierung, unter welcher die Syracusaner gewiesen hatten, was sie zu leiden fähig seyen, seinem Sohne, dem jüngern Dionysius erblich angefallen. Das Recht dieses jungen Menschen an die königliche Gewalt, deren er sich nach seines Vaters Tod (den er selbst durch einen Schlaftrunk beschleuniget hatte) anmaßte, war noch weniger als zweydeutig; denn sein Vater konnte ihm kein Recht hinterlassen, das er selbst nicht hatte. Aber eine starke Leibwache, eine wohlbefestigte Citadelle, und eine durch die Beraubung der reichesten Sicilianer angefüllte Schazkammer ersezte den Abgang eines Rechts, welches ohnehin alle seine Stärke von der Macht zieht, die es gelten

machen

machen muß, und aus eben diesem Grunde dessen leicht entbehren kan. Hiezu kam noch, daß in einem Staat, worinn der Geist der politischen Tugend schon erloschen ist, und grenzenlose Begierden nach Reichthümern, und der schmeichelhaften Freyheit alles zu thun, was die Sinne gelüsten (der einzigen Art von Freyheit, welche von der Tyrannie eben so sehr begünstiget als sie von der ächten bürgerlichen Freyheit ausgeschlossen wird) die Oberhand gewonnen haben; daß, sage ich, in einem solchen Staat, eine ausgelassene und allein auf Befriedigung ihrer Leidenschaften erpichte Jugend sich mit gutem Grunde von der unumschränkten Regierung eines Einzigen ihrer Art, unendlich mehr Vortheile versprach als von der Aristocratie, deren sich die ältesten und Verdienstvollesten bemächtigen; oder von der Democratie, worinn man ein abhängiges und ungewisses Ansehen mit soviel Beschwehrlichkeiten, Cabbalen, Unruh und Gefahr, oft auch mit Aufopferung seines Vermögens theurer erkauffen muß, als es sich der Mühe zu verlohnen scheint.

Der junge Dionysius sezte sich also durch einen Zusammenfluß günstiger Umstände, in den ruhigen Besiz der höchsten Gewalt zu Syracus; und es ist leicht zu erachten, wie ein übelgezogner, und vom Feuer seines Temperaments zu allen Ausschweiffungen der Jugend hingerissener Prinz, unter einem Schwarme von Parasiten, dieser Macht sich bedient haben werde. Ergözungen, Gastmähler, Liebeshändel, Feste welche ganze Monate dauerten,

Neuntes Buch, erstes Capitel.

dauerten, kurz eine stete Berauschung von Schwelgerey, machten die Beschäftigungen eines Hofes von thörichten Jünglingen aus, welche nichts angelegeners hatten, als durch Erfindung neuer Wollüste sich in der Zuneigung des Prinzen fest zu sezen, und ihn zu gleicher Zeit zu verhindern, jemals zu sich selbst zu kommen, und den Abgrund gewahr zu werden, an dessen blumichtem Rand er in unsinniger Sorglosigkeit herumtanzte.

Man kennt die Staatsverwaltung wollüstiger Prinzen aus ältern und neuern Beyspielen zu gut, als daß wir nöthig hätten, uns darüber auszubreiten. Was für eine Regierung ist von einem jungen Unbesonnenen zu erwarten, dessen Leben ein immerwährendes Bacchanal ist? Der keine von den grossen Pflichten seines Berufs kennt, und die Kräfte, die er zu ihrer Erfüllung anstrengen sollte, bey nächtlichen Schmäusen und in den feilen Armen üppiger Buhlerinnen verzettelt? Der, unbekümmert um das Beste des Staats, seine Privat-Vortheile selbst so wenig einsieht, daß er das wahre Verdienst, welches ihm verdächtig ist, hasset, und Belohnungen an diejenigen verschwendet, die unter der Maske der eyfrigsten Ergebenheit und einer gänzlichen Aufopferung, seine gefährlichsten Feinde sind? Von einem Prinzen, bey dem die wichtigsten Stellen auf die Empfehlung einer Tänzerin oder der Sclaven, die ihn aus- und ankleiden, vergeben werden? Der sich einbildet, daß ein Hofschranze, der gut tanzt, ein Nachtessen wol anzuordnen weiß, und ein überwindendes Talent hat, sich bey den Weibern

Weibern in Gunſt zu ſezen, unfehlbar auch das Talent eines Miniſters oder eines Feldherrn haben werde; oder, daß man zu allem in der Welt tüchtig ſey, ſobald man die Gabe habe ihm zu gefallen? — Was iſt von einer ſolchen Regierung zu erwarten, als Verachtung aller göttlichen und menſchlichen Geſeze, Mißbrauch der Formalitäten der Gerechtigkeit, Gewaltſamkeiten, ſchlimme Haushaltung, Erpreſſungen, Geringſchäzung und Unterdrükung der Tugend, allgemeine Verdorbenheit der Sitten? — Und was für eine Staatskunſt wird da Plaz haben, wo Leidenſchaften, Launen, vorüberfahrende Anſtöſſe von lächerlichem Ehrgeiz, die kindiſche Begierde von ſich reden zu machen, die Convenienz eines Günſtlings oder die Intriguen einer Buhlerin — die Triebfedern der Staats-Angelegenheiten, der Verbindung und Trennung mit auswärtigen Mächten, und des öffentlichen Betragens? Wo, ohne die wahren Vortheile des Staats, oder ſeine Kräfte zu kennen, ohne Plan, ohne kluge Abwägung und Verbindung der Mittel — doch, wir gerathen unvermerkt in den Ton der Declamation, welcher uns bey einem längſt erſchöpften und doch ſo alltäglichen Stoffe nicht zu vergeben wäre. Möchte niemand, der dieſes ließt, aus der Erfahrung ſeines eignen Vaterlands wiſſen, wie einem Volke mitgeſpielt wird, welches das Unglük hat, der Willkühr eines Dionyſius preiß gegeben zu ſeyn!

Man wird ſich nach allem, was wir eben geſagt haben, den Dionyſius als einen der ſchlimmſten Tyrannen,

nen, womit der Himmel jemals eine mit geheimen Verbrechen belastete Nation gegeisselt habe, vorstellen; und so schildern ihn auch die Geschichtschreiber. Allein ein Mensch der aus lauter schlimmen Eigenschaften zusammengesezt wäre, ist ein Ungeheuer, das nicht existiren kan. Eben dieser Dionysius wurde Fähigkeit genug gehabt haben, ein guter Fürst zu werden, wenn er so glüklich gewesen wäre, zu seiner Bestimmung gebildet zu werden. Aber es fehlte soviel, daß er die Erziehung die sich für einen Prinzen schikt, bekommen hätte, daß ihm nicht einmal diejenige zu theil wurde, die man einem jeden jungen Menschen von mittelmässigem Stande giebt. Sein Vater, der feigherzigste Tyrann der jemals war, ließ ihn, von aller guten Gesellschaft abgesondert, unter niedrigen Sclaven aufwachsen, und der präsumtive Thronfolger hatte kein andres Mittel sich die Langeweile zu vertreiben, als daß er kleine Wagen, hölzerne Leuchter, Schemel und Tisch'gen verfertigte. Man würde unrecht haben, wenn man diese selbstgewählte Beschäftigung für einen Wink der Natur halten wollte; es war vielmehr der Mangel an Gegenständen und Modellen, welche dem allen Menschen angebohrnen Trieb Wiz und Hände zu beschäftigen, der sich in ihm regete, eine andere Richtung hätten geben können: Er würde vielleicht Verse gemacht haben, und bessere als sein Vater, (der unter andern Thorheiten auch die Wuth hatte, ein Poet seyn zu wollen) wenn man ihm einen Homer in seine Clause gegeben hätte. Wie manche Prinzen hat man gesehen, welche mit der Anlage zu Auguſten und Trajanen, aus Schuld derjenigen, die über ihre Erziehung geſezt waren, oder durch die Unfähigkeit eines dummen, mit klöſterlichen Vorurtheilen angefüllten Mönchen, dem ſie auf Diſcretion überlaſſen wurden in Nerone und Heliogabale ausgeartet ſind? --- Eine genaue und ausführliche Entwiklung, wie dieſes zugehe; wie es unter gewiſſen gegebenen Umſtänden nicht anders möglich ſey, als daß durch eine ſo fehlerhafte Veranſtaltung das beſte Naturell, in ein Caricaturenmäſſiges moraliſches Mißgeſchöpfe verzogen werden müſſe, wäre, wie uns däucht, ein ſehr nüzlicher Stoff, den wir der Bearbeitung irgend eines Mannes von Genie empfehlen, der bey philoſophiſchen Einſichten eine hinlängliche Kenntniß der Welt beſäſſe. Unſre aufgeklärten und politen Zeiten ſind weder dieſes noch jenes in ſo hohem Grade, daß ein ſolches Werk überflüſſig ſeyn ſollte; und wenn die Ausführung der Würde des Stoffes zuſagte, ſo zweifeln wir nicht, daß es glüklich genug werden könnte, von mancher Provinz die lange Folge von Plagen abzuwenden, welche ihr vielleicht durch die fehlerhafte Erziehung ihrer noch ungebohrnen Beherrſcher in den nächſten hundert Jahren bevorſtehen.

Zweytes

Zweytes Capitel.

Character des Dion. Anmerkungen über denselben. Eine Digression.

Die Syracusaner waren des Jochs schon zu wol gewohnt, um einen Versuch zu machen, es nach dem Tode des alten Dionysius abzuschütteln. Es war nicht einmal soviel Tugend unter ihnen übrig, daß einige von denen, welche besser dachten als der grosse Hauffen, und die verächtliche Brut der Parasiten, den Muth gehabt hätten, sich durch diese leztern hindurch bis zu dem Ohre des jungen Prinzen zu drängen, um ihm Wahrheiten zu sagen, von denen seine eigene Glükseligkeit eben so wol abhieng, als die Wohlfarth von Sicilien. Ganz Syracus hatte nur einen Mann, dessen Herz groß genug hiezu war; und auch dieser würde sich vermuthlich in eben diese sichere aber unrühmliche Dunkelheit eingehüllet haben, worein ehrliche Leute unter einer unglükweissagenden Regierung sich zu verbergen pflegen; wenn ihn seine Geburt nicht berechtiget, und sein Interesse genöthiget hätte, sich um die Staats-Verwaltung zu bekümmern.

Dieser Mann war Dion, ein Bruder der Stiefmutter des Dionys, und der Gemahl seiner Schwester; der Nächste nach ihm im Staat, und der Einzige, der sich durch seine grosse Fähigkeiten, durch sein Ansehen bey dem Volke, und durch die unermeßliche Reichtümer,

die

die er besaß, furchtbar und des Projects verdächtig machen konnte, sich entweder an seine Stelle zu sezen, oder die republicanische Verfassung wiederherzustellen. Wenn wir den Geschichtschreibern, insonderheit dem tugendhaften und gutherzigen Plutarch einen unumschränkten Glauben schuldig wären, so würden wir den Dion unter die wenigen Helden und Champions der Tugend zählen müssen, welche sich, (um dem Plato einen Ausdruk abzuborgen) zu der Würde und Grösse guter Dämonen, oder Beschüzender Genien und Wohlthäter des Menschen-Geschlechts emporgeschwungen haben --- welche fähig sind, aus dem erhabenen Beweggrunde einer reinen Liebe der sittlichen Ordnung und des allgemeinen Besten zu handeln, und über dem Bestreben, andere glüklich zu machen, sich selbst aufzuopfern, weil sie unter dieser in die Sinne fallenden sterblichen Hülle ein edleres Selbst tragen, welches seine angebohrne Vollkommenheit desto herrlicher entfaltet, je mehr jenes animalische Selbst unterdrükt wird --- welche im Glük und im Unglük gleich groß, durch dieses nicht verdunkelt werden, und von jenem keinen Glanz entlehnen, sondern immer sich selbst genugsam, Herren ihrer Leidenschaften, und über die Bedürfnisse gemeiner Seelen erhaben, eine Art von sublunarischen Göttern sind. Ein solcher Character fällt allerdings gut in die Augen, ergözt den moralischen Sinn (wenn wir anders dieses Wort gebrauchen dürfen, ohne mit Hutchinson zu glauben, daß die Seele ein besonderes geistiges Werkzeug, die moralische Dinge zu empfinden habe) und erwekt

Neuntes Buch, zweytes Capitel.

den Wunsch, daß er mehr als eine schöne Schimäre seyn möchte. Aber wir gestehen, daß wir, aus erheblichen Gründen, mit zunehmender Erfahrung, immer mißtrauischer gegen die menschlichen --- und warum also nicht gegen die übermenschlichen Tugenden werden.

Es ist wahr, wir finden in dem Leben Dions Beweise grosser Fähigkeiten, und vorzüglich einer gewissen Erhabenheit und Stärke des Gemüths, die man gemeiniglich mit gröbern, weniger reizbaren Fibern und derjenigen Art von Temperament verbunden sieht, welches ungesellig, ernsthaft, stolz und spröde zu machen pflegt. An jede Art von Temperament grenzen wie man weißt, gewisse Tugenden; und wenn es sich noch fügt, daß die Entwiklung dieser Anlage zu demselben durch günstige Umstände befördert wird, so ist nichts natürlichers, als daß sich daraus ein Character bildet, der durch gewisse hervorstechende Tugenden blendet, die eben darum zu einer völligern Schönheit gelangen, weil kein innerlicher Widerstand sich ihrem Wachstum entgegensezt. Diese Art von Tugenden finden wir bey dem Dion in grossem Grade: Aber ihm, oder irgend einem andern ein Verdienst daraus machen, wäre eben so viel, als einem Athleten die Elasticität seiner Sehnen, oder einem gesunden blühenden Mädchen ihre gute Farbe und die Wölbung ihres Busens als Verdienste anrechnen, welche ihnen ein Recht an die allgemeine Hochachtung geben sollten. Ja, wenn Dion sich durch diejenige Tugenden vorzüglich unterschieden hätte, zu denen er von Natur

nicht

nicht aufgelegt war; und wenn er es so weit gebracht hätte, sie mit eben der Leichtigkeit und Grazie auszuüben, als ob sie ihm angebohren wären --- aber wie viel daran fehlte, daß er der Philosophie seines Lehrers und Freundes Platon soviel Ehre gemacht hätte, davon finden wir in den eigenen Briefen dieses Weisen, und in dem Betragen Dions in den wichtigsten Auftritten seines Lebens die zuverläßigsten Beweise: Niemals konnte er es dahin bringen, oder vielleicht gefiel es ihm nicht, den Versuch zu machen, und beydes läuft auf Eines hinaus, diese Austerität, diese Unbiegsamkeit, diese wenige Gefälligkeit im Umgang, welche die Herzen von sich zurükstieß, zu überwinden. Vergebens ermahnte ihn Plato den Huldgöttinnen zu opfern, und erinnerte ihn, daß Sprödigkeit sich nur für Einsiedler schike; Dion bewies durch seine Ungelehrigkeit über diesen Punct, daß die Philosophie ordentlicher Weise uns nur die Fehler vermeiden macht, zu denen wir keine Anlage haben, und uns nur in solchen Tugenden befestiget, zu denen wir ohnehin geneigt sind.

Indessen war er nichts desto weniger derjenige, auf welchen ganz Sicilien die Augen gerichtet hatte. Die Weisheit seines Betragens, seine Abneigung von allen Arten der sinnlichen Ergözungen, seine Mäßigung, Nüchternheit und Frugalität, erwarben ihm desto mehr Hochachtung, je stärker sie mit der zügellosen Schwelgerey und Verschwendung des Tyrannen contrastierte. Man sah, daß er allein im Stande war, ihm das Gleichgewicht

gewicht zu halten; und man erwartete das Beste von ihm, es sey nun daß er sich der Regierung für sich selbst, oder die jungen Söhne seiner Schwester bemächtigen, oder sich begnügen würde, der Mentor des Dionysius zu seyn.

Die natürliche Unempfindlichkeit Dions gegen die Reizungen der Wollust, welche den Syracusanern soviel Vertrauen zu ihm gab, blendete in der Folge auch die Griechen des festen Landes, zu denen er sich vor dem Tyrannen zu flüchten genöthiget wurde. Selbst die Academie, diese damals so berühmte Schule der Weisheit, scheint stolz darauf gewesen zu seyn, einen so nahen Verwandten des wiewol unrechtmäßigen Beherrschers von Sicilien, unter ihre Pflegsöhne zählen zu können. Die königliche Pracht, welche er in seiner Lebensart affectierte, war in ihren Augen (so gewiß ist es, daß auch weise Augen manchmal durch die Eitelkeit verfälscht werden) der Ausdruk der innern Majestät seiner Seele; sie schlossen ungefehr nach eben der Logik, welche einen Verliebten von den Reizungen seiner Dame auf die Güte ihres Herzens schliessen macht; und sahen nicht, oder wollten nicht sehen, daß eben dieser von den republicanischen Sitten so weit entfernte Pomp ein sehr deutliches Zeichen war, daß es weniger einer Erhabenheit über die gewöhnlichen Schwachheiten der Grossen und Reichen, als dem Mangel der Begierden zu zuschreiben sey, wenn derjenige gegen die Vergnügungen der Sinne gleichgültig war, der sich von der

Eitelkeit

Eitelkeit dahinreiſſen ließ, durch ein Gepränge mit Reichtümern, deren er ſich als der Früchte ſeiner Verhältniſſe mit der Familie des Tyrannen vielmehr hätte ſchämen ſollen, unter einem freyen Volke ſich unterſcheiden zu wollen.

Doch, indem ich dieſe Gelegenheit ergreife, die übertriebene Lobſprüche zu mäſſigen, welche an die Günſtlinge des Glükes verſchwendet zu werden pflegen, ſobald ſie einigen Schimmer der Tugend von ſich werfen; begehre ich nicht in Abrede zu ſeyn, daß Dion, ſo wie er war, einen Thron eben ſo würdig erfüllt haben würde, als wenig er ſich ſchikte, mit einem durch die lange Gewohnheit der Feſſeln entnervten Volke, in dem Mittelſtand zwiſchen Sclaverey und Freyheit, worein er daſſelbe in der Folge durch die Vertreibung des Dionyſius ſezte, ſo ſanft und behutſam umzugehen, als es hätte geſchehen müſſen, wenn ſeine Unternehmung für die Syracuſaner und ihn ſelbſt glüklich hätte ausſchlagen ſollen. Plutarch vergleicht dieſes Volk, in dem Zeitpunct, da es das Joch der Tyrannie abzuſchütteln anfieng, ſehr glüklich mit Leuten, die von einer langwierigen Krankheit wieder aufſtehen, und, ungeduldig ſich der Vorſchrift eines klugen Arztes in Abſicht ihrer Diät zu unterwerfen, ſich zu früh wie geſunde Leute betragen wollen. Aber darinn können wir nicht mit ihm einſtimmen, daß Dion dieſer geſchikte Arzt für ſie geweſen ſey. Sehr wahrſcheinlich hat die platoniſche Philoſophie ſelbſt, von deren idealiſcher Sitten- und Staats-

Lehre er ein so grosser Bewunderer war, sehr vieles dazu beygetragen, daß er weniger als ein Andrer, der nicht nach so sehr abgezogenen Grundsäzen gehandelt hätte, zum Arzt eines äusserst verdorbenen Volkes geeigenschaftet war. Vielfältige Erfahrungen zu verschiedenen Zeiten und unter verschiedenen Völkern haben es gewiesen, daß die Dion, die Caton, die Brutus, die Algernon Sidney allemal unglüklich seyn werden, wenn sie einen von alten bösartigen Schaden entkräfteten und zerfressenen Staats-Körper in den Stand der Gesundheit wieder herzustellen versuchen. Zu einer solchen Operation gehören viele Gehülfen; und Männer von einer so ausserordentlichen Art sind unter einer Million Menschen allein: Es ist genug, wenn das Ziel, wie Solon von seinen Gesezen sagte, das Beste ist, das in den vorliegenden Umständen zu erreichen seyn mag; und Sie wollen immer das Beste, das sich denken läßt: Alle Mittel welche zugleich am gewissesten und bäldesten zu diesem Ziel führen, sind die Besten; und sie wollen keine andre gebrauchen, als welche nach den strengesten Regeln einer oft allzuspizfündigen Gerechtigkeit und Güte, rechtmässig und gut sind. Löblich, vortreflich, göttlich! — rufen die schwärmerischen Bewunderer der heroischen Tugend — wir wollten gerne mitruffen, wenn man uns nur erst zeigen wollte, was diese hochgetriebene Tugend dem menschlichen Geschlecht jemals geholfen habe — Dion zum Exempel, von den erhabenen Ideen seines Lehrmeisters eingenommen, wollte dem befreyten Syracus eine Regierungs-Form geben, welche so nah als möglich an die Platonische Republik gränzte — und verfehlte darüber, zu seinem eignen Untergang, die Mittel, ihr diejenige zu geben, deren sie fähig war. Brutus half den Grössesten der Sterblichen, den Fähigsten, eine ganze Welt zu regieren, der jemals gebohren worden ist, ermorden; weil ihm, in Rüksicht auf die Mittel wodurch er zur höchsten Gewalt gelanget war, die Definition eines Tyrannen zukam. Brutus wollte die Republik wiederherstellen. Noch einen Dolch für den Marcus Antonius, (wie es der nicht so erhaben aber richtiger denkende Cassius verlangte) so wären Ströme von Blut, so wäre das edelste Blut von Rom, das kostbare Leben der besten Bürger gesparet worden, und der glükliche Ausgang der ganzen Unternehmung versichert gewesen. Hätte sich derjenige, der dem vermeynten allgemeinen Besten seines Vaterlandes ein so grosses Opfer gebracht hatte als Cäsar war, ein Bedenken machen sollen, seinem majestätischen Schatten einen Antonius nachzuschiken? — Um eine That, welche, ohne Succeß wie sie blieb, in den Augen seiner Zeitgenossen ein verabscheunungswürdiger Meuchelmord war, und der unpartheyischern Nachwelt im gelindesten Lichte betrachtet, wahnsinniger Enthusiasmus scheinen muß, zu einer so glorreichen Unternehmung zu machen, als jemals die grosse Seele eines Römers geschwellt hatte. Aber Brutus hatte Bedenklichkeiten, welche ihm eine unzeitige Güte eingab; sein Ansehen entschied; Antonius bedankte sich für sein Leben, und begrub den Platonischen Brutus unter den Trümmern,

der

der auf ewig umgestürzten Republik. Was half also sein Platonismus dem Vaterlande? Wir haben uns vielleicht zu lange bey dieser Betrachtung aufgehalten; aber die Beobachtung, die uns dazu verleitet hat, so alt sie ist, scheint uns wichtig und an practischen Folgerungen fruchtbar, deren Nuzbarkeit sich über alle Stände ausbreiten, und besonders bey denjenigen welche mit der Regierung und moralischen Disciplinirung der Menschen beschäftiget sind, sich vorzüglich äussern würde, wenn sie besser eingesehen und mit eben so viel Redlichkeit als Klugheit angewendet würden. Vielleicht würden die Augen derjenigen, welche weder durch einen Nebel noch durch gefärbte Gläser sehen, mit dem weinerlichlächerlichen Schauspiel von so vielen ehrlichen Leuten verschont bleiben, die aus allen Kräften und mit der feyrlichsten Ernsthaftigkeit leeres Stroh dreschen, und wenn sie das ganze Jahr durch gedreschet haben, sich sehr verwundern, daß nichts als Stroh auf der Tenne liegt — der Patriotische Phlegon würde sich durch den allzuhizigen Eyfer, seine in allen Theilen verdorbene Republik auch einmal durch eben so hizige Mittel wieder gesund zu machen, nicht so viel Verdruß zuziehen, und durch diesen Verdruß und die Vergeblichkeit seiner undankbaren Bemühungen nicht veranlasset werden, sich zu Tode — zu trinken — Der redliche Macrin würde sich nicht auf Unkosten seiner Freyheit und vielleicht seines Lebens in den Kopf sezen, aus einem Caligula einen Marc Aurel zu machen — Der wohlmeynende Diophant würde einsehen, wie wenig Hofnung er sich zu machen habe,

Leute, welche noch sehr weit entfernt sind erträgliche Menschen zu seyn, in eine Engelähnliche Vollkommenheit hinein zu declamiren --- Doch genug von einer Materie, welche um gehörig ausgeführt zu werden, eine eigene Abhandlung erfoderte.

Wie leicht es doch ist, seine nichts übels besorgende Leser in einen Labyrinth von Parenthesen und Digressionen hineinzuführen, wenn man sich einmal über eine abergläubische Regelmäßigkeit hinausgesezt hat! Zwar haben wir die Unsrigen schon lange benachrichtiget, daß wir uns bey Gelegenheit dergleichen Freyheiten erlauben würden --- Und doch wollen wir so ehrlich seyn und gestehen, daß wir uns weder in diesem Stük, noch, die Wahrheit zu sagen, in irgend einem andern, Nachahmer zu bekommen wünschen. Nicht als ob uns bange davor sey, man werde Ordnung und Zusammenhang in dieser unsrer pragmatisch-critischen Geschichte vermissen; sondern weil es in der That unendlich mal leichter ist Miscellanien zu schreiben, als ein ordentliches Werk, und es daher leicht geschehen könnte, daß ein junger Scribent, der sich seiner bessern Bequemlichkeit wegen unsrer Methode bedienen wollte, sich die Horazische Frage zuziehen könnte: *Currente rotâ cur urceus exit?* Und wenn auch dieses nicht zu besorgen wäre, so giebt es sehr wakere Leute, denen es schwehr fällt, sich aus dergleichen mäandrischen Abschweiffungen wieder herauszuhelfen, und sobald es dem Verfasser beliebt, wieder auf dem Punct zu stehen, wo er mit ihm

ihm ausgegangen ist. Was hat man uns, werden solche Leser, zum Exempel fragen, in diesem ganzen Capitel denn eigentlich sagen wollen? --- Merken sie auf, meine Herren, das war es --- daß dieser Dion von dem die Rede war, und um den Sie Sich übrigens, wie ich vermuthe, sehr wenig bekümmern, eine ganz gute Art von Prinzen, aber doch nicht ganz so sehr ein Held von Tugend gewesen sey, wie ihn ein gewisser ehrlicher Ober-Priester zu Chäronea sich eingebildet — oder wenn man ihm auch eingestehen wollte, daß er's gewesen sey, eben dadurch an seinem Plaz nicht soviel getaugt habe, als Sie, meine Herren, indem Sie ihrem Hauswesen wol vorstehen, sich wol mit ihrer Gemahlin betragen, ihr Rechnungs-Buch in guter Ordnung halten, und was dergleichen mehr ist — Nun verstehen wir einander doch?

Drittes Capitel.

Eine Probe, daß die Philosophie so gut zaubern könne, als die Liebe.

Die vorläuffigen Nachrichten, welche wir dem Leser zu geben haben, entfernen uns ziemlich lange von unserm Helden; allein, für Eins, so sind sie zum Verständniß des Folgenden unentbehrlich; und fürs Andere, so hätten wir auch dermalen nichts wichtigers von ihm zu sagen, als daß er im Begrif sey, den Hausgöttern seines Freundes, des Kaufmanns, eine andächtige Libation zu bringen, mit seiner Familie Bekanntschaft zu machen, und nach einer leichten Abendmahlzeit von den Beschwerden der Seefarth auszuruhen.

Dion sah die Ausschweiffungen des Dionys mit der Verachtung eines kaltsinnigen Philosophen an, der keine Lust hatte Theil daran zu nehmen; und mit dem Verdruß eines Staatsmannes, der sich in Gefahr sah, durch einen Hauffen junger Wollüstlinge, Lustigmacher, Pantomimen und Narren, welche kein anderes Verdienst hatten, als den Prinzen zu belustigen, von dem Ansehen, und dem Antheil an der Regierung, der ihm aus so guten Gründen gebührte, nach und nach ausgeschlossen zu werden. Bey solcher Bewandtniß hatte der Patriotismus das schönste Spiel, und die grossen Beweggründe der allgemeinen Wolfarth, die uneigennüzige Betrachtung der verderblichen Folgen, welche aus einer so heillosen Beschaffenheit des Hofes über den ganzen Staat daherstürzen mußten, wurden durch jene geheimern Triebfedern so kräftig unterstüzt, daß er den festen Entschluß faßte, alles zu versuchen, um seinen Verwandten auf einen bessern Weg zu bringen.

Er urtheilte, den Grundsäzen Platons zufolge, daß die Unwissenheit des Dionysius, und die Gewohnheit unter dem niedriggesinntesten Pöbel (es waren mit alle dem junge Herren von sehr gutem Adel darunter) zu leben, die Haupt-Quelle seiner verdorbenen Neigungen sey.

sey. Diesem nach hielt er sich seiner Verbesserung versichert, wenn er die beste Gesellschaft um ihn her versammeln, und ihm diese edle Wissensbegierde einflössen könnte, welche bey denenjenigen, die von ihr begeistert sind, die animalischen Triebe wo nicht gänzlich zu unterdrüken, doch gewiß zu dämmen und zu mässigen pflegt. Er ließ also keine Gelegenheit vorbey (und die unzählichen Fehler, welche täglich in der Staats-Verwaltung gemacht wurden, gaben ihm Gelegenheit genug) dem Tyrannen die Nothwendigkeit vorzustellen, Männer von einem grossen Ruf der Weisheit um sich zu haben; und er führte so viele Beweggründe an, daß er, unter einer Menge sehr erhabener, die an einem Dionysius verlohren giengen, endlich auch den einzigen traf, der seine Eitelkeit interessierte. Doch selbst dieser schlüpfte nur leicht an seinen Ohren hin, und ob er gleich dem Dion immer Recht gab, und die besondern Unterredungen, welche sie über dergleichen Materien hatten, allemal mit der Versicherung beschloß, daß er nicht ermangeln werde, von so gutem Rath, Gebrauch zu machen; so würde doch schwerlich jemals mit Ernst daran gedacht worden seyn, wenn nicht ein kleiner physicalischer Umstand dazu gekommen wäre, der den Vorstellungen des weisen Dion eine Stärke gab, die nicht ihre eigene war.

Dionysius hatte, man weiß nicht aus welcher Veranlassung, seinem Hof, der an Glanz und verschwenderischer Ueppigkeit es mit den Asiatischen aufnehmen konnte, ein Fest gegeben, welches, nach der Versicherung der

Geschichtschreiber, drey Monate in einem fort daurte. Die ausschweiffendeste Einbildungs-Kraft kan nicht weiter gehen, als auf der einen Seite, Pracht und Aufwand, und auf der andern Schwelgerey und asotische Freyheit an diesem langwierigen Bacchanal getrieben warden; denn diesen Namen verdiente es um so mehr, weil, nachdem alle andre Erfindungen erschöpft waren, die lezten Tage des dritten Monats, welche in die Weinlese fielen, zu einer Vorstellung des Triumphes des Bacchus und seiner ganzen pontischen Geschichte angewendet wurden. Dionys, der durch eine Anspielung auf seinen Nahmen den Bacchus machte, trieb die Nachahmung so weit über das Original selbst, daß die Feder eines Aretin und der Griffel eines la Fage sich unvermögend hätten bekennen müssen, weiter zu gehen. Die Quellen der Natur wurden erschöpft, und die unmächtige Begierde ihre Grenzen zu erweitern -- Doch, wir wollen kein Gemählde machen, das bey Gegenständen dieser Art die Absicht, Abscheu zu erweken, bey manchen verfehlen möchte. Genug daß Dionys mit den Silenen, Nymphen, Faunen und Satyren, seinen Gehülfen, die Tibere und Neronen der spätern Zeiten in die Unmöglichkeit sezte, etwas mehr als blosse Copisten von ihm zu seyn. Wer sollte sich vorstellen, daß aus einer so schlammichten Quelle die heftigste Liebe der Philosophie, und eine Reformation, welche ganz Sicilien und Griechenland in Erstaunen sezte, habe entspringen können? -- Aber im Himmel und auf Erden sind eine Menge Dinge, wovon kein Wort in unserm

serm Compendio sieht — sagt der Shakespearische Hamlet zu seinem Schulfreunde, Horazio.

Das unbändigste Temperament kan auf die Weise, wie es Dionysius angieng, endlich zu paaren getrieben werden. Unsre Bacchanten fanden sich von der Unmäsigkeit, womit sie eine so lange Zeit den Göttern der Freude geopfert, und von der Wuth womit sie ihre Orgnia beschlossen hatten, so erschöpft, daß sie genöthiget waren, aufzuhören. Insonderheit befand sich Dionyß in einem Stande der Vernichtung, der ihm weder Hofnung noch Begierden übrig ließ, jemals wieder eine solche Rolle zu spielen. Zum ersten mal seit dem berauschenden Augenblike, da er sich im Besiz der Gewalt, allen seinen Leidenschaften den Zügel zu lassen sah, fühlte er ein Leeres in sich, in welches er mit Grauen hineinschaute — Zum ersten mal fühlte er sich geneigt, Reflexionen zu machen, wenn er das Vermögen dazu gehabt hätte. Aber er erfuhr, mit einem lebhaften Unwillen über sich selbst und alle diejenigen, welche ihn zu einem Thier zu machen geholfen hatten, daß er nichts in sich habe, das er dem Ekel vor allen Vergnügungen der Sinne, und der Langenweile, worinn er sich verzehrte, entgegenstellen könnte. Alles was er indessen sehr lebhaft fühlte, war dieses, daß er mitten unter lauter Gegenständen, welche ihm seine scheinbare Grösse und Glükseligkeit ankündigten, in dem Zustande worinn er war, sich selbst gegen über eine sehr elende Figur machte. Kurz, alle Fibern seines Wesens hatten so sehr nachgelassen, daß er in eine Art von dummer Schwermuth verfiel, aus welcher ihn alle seine Höflinge nicht herauslachen, und alle seine Tänzerinnen nicht heraustanzen konnten.

In diesem kläglichen Zustande, den ihm die natürliche Ungedulb seines Temperaments unerträglich machte, warf er sich in die Arme des Dions, der sich während der lezten drey Monate in ein entferntes Landgut zurükgezogen hatte; hörte seine Vorstellungen mit einer Aufmerksamkeit an, deren er sonst niemals fähig gewesen war; und ergrif mit Verlangen die Vorschläge, welche ihm dieser Weise that, um so groß und glükselig zu werden, als er izt in seinen eignen Augen verächtlich und elend war. Man kan sich also vorstellen, daß er nicht die mindeste Schwierigkeiten machte, den Plato unter allen Bedingungen, welche ihm sein Freund Dion nur immer anbieten wollte, an seinen Hof zu beruffen; er, der in dem Zustande, worinn er war, sich von dem ersten besten Priester der Cybele hätte überreden lassen, mit Aufopferung der werthern Hälfte seiner selbst in den Orden der Corybanten zu treten.

Dion wurde bey so starken Anscheinungen zu einer vollkommenen Sinnes-Aenderung des Tyrannen von seiner Philosophie nicht wenig betrogen. Er schloß zwar sehr richtig, daß die Rasereyen des lezten Festes Gelegenheit dazu gegeben hätten; aber darinn irrte er sehr, daß er aus Vorurtheilen, die einer Philosophie eigen
sind,

sind, welche gewohnt ist die Seele, und was in ihr vorgeht, allzusehr von der Maschine in welche sie eingeflochten ist, abzusondern, nicht gewahr wurde, daß die guten Dispositionen des Dionys ganz allein von einem physicalischen Ekel vor den Gegenständen, worin er bisher sein einziges Vergnügen gesucht hatte, herrührten. Er hielt die natürlichen Folgen der Ueberfüllung für Würkungen der Ueberzeugung, worinn er nunmehr stehe, daß die Freuden der Sinne nicht glüklich machen können; er sezte voraus, daß eine Menge Sachen in seiner Seele vorgegangen seyen, woran Dionysens Seele weder gedacht hatte, noch zu denken vermögend war; kurz, er beurtheilte, wie wir fast immer zu thun pflegen, die Seele eines andern nach seiner Eigenen, und gründete auf diese Voraussezung ein Gebäude von Hofnungen, welches zu seinem grossen Erstaunen zusammenfiel, sobald Dionys — wieder Nerven hatte.

Die Beruffung des Plato war eine Sache, an welcher schon geraume Zeit gearbeitet worden war; allein er hatte grosse Schwierigkeiten gemacht, und würde, ungeachtet des Zuspruchs seiner Freunde, der Pythagoräer in Italien, welche die Bitten Dions unterstüzten, auf seiner Verweigerung bestanden seyn, wenn die erfreulichen Nachrichten, die ihm Dion von der glüklichen Gemüths-Verfassung des Tyrannen gab, und die dringenden Einladungen, die in desselben Nahmen an ihn ergiengen, ihm nicht Hofnung gegeben hätten, der Schuzgeist Siciliens, und vielleicht der Stifter einer

neuen

neuen Republik nach dem Model derjenigen, die er uns in seinen Schriften hinterlassen hat, werden zu können.

Plato erschien also am Hofe zu Syracus mit aller Majestät eines Weisen, dem die Grösse seines Geistes ein Recht giebt, die Grossen der Welt für etwas weniger als seines gleichen anzusehen. Denn ob es gleich damals noch keine Stoiker gab, so pflegten doch die Philosophen von Profession bereits sehr bescheidentlich zu verstehen zu geben, daß sie in ihren eigenen Augen, eine höhern Classe von Wesen ausmachten, als die übrigen Erdenbewohner. Diesesmal hatte die Philosophie das Glük eine Figur zu machen, deren Glanz dieser hohen Einbildung ihrer Günstlinge gemäß war. Plato wurde wie ein Gott aufgenommen, und würkte durch seine blosse Gegenwart eine Veränderung, welche, in den Augen der erstaunten Syracusaner, nur ein Gott zu würken mächtig genug schien. In der That glich das Schauspiel welches sich demjenigen, der diesen Hof vor wenigen Wochen gesehen hatte, nunmehro darstellte, einem Werke der Zauberey — Aber — *ò! cæcas hominum mentes!* Wie natürlich geht auch das ausserordentlichste zu, sobald wir die wahren Triebräder davon kennen!

Der erste Schritt, welchen der göttliche Plato in den Palast des Dionysius that, wurde durch ein feyrliches Opfer, und die erste Stunde, worinn sie sich mit einander

einander besprachen, durch eine Reforme, welche sich sogleich über den ganzen Hof ausbreitete, bezeichnet. In wenigen Tagen glaubte Plato selbst in seiner Academie zu Athen zu seyn, so bescheiden und eingezogen sah alles in dem Hause des Prinzen aus. Die Asiatische Verschwendung machte auf einmal der philosophischen Einfalt Plaz. Die Vorzimmer, welche vorher von schimmernden Gekken, und allen Arten lustigmachender Personen gewimmelt hatten, stellten izt academische Säle vor, wo man nichts als langbärtige Weise sah, welche einzeln oder paarweise, mit gesenktem Haupt und gerunzelter Stirne, in sich selbst und in ihre Mäntel eingehüllt auf und ab schritten, bald alle zugleich, bald gar nichts, bald nur mit sich selbst sprachen, und wenn sie vielleicht am wenigsten dachten, eine so wichtige Mine machten, als ob der geringste unter ihnen mit nichts kleinerm umgienge, als die beste Gesezgebung zu erfinden, oder den Gestirnen einen regelmässigern Lauf anzuweisen. Die üppigen Bankette, bey denen Comus und Bacchus mit tyrannischem Scepter die ganze Nacht durch geherrschet hatten, verwandelten sich in Pythagorische Mahlzeiten, wo man sich bey einem Braten und Salat mit sinnreichen Gesprächen über die erhabensten Gegenstände des menschlichen Verstandes, erlustigte; Statt frecher Pantomimen und wollüstiger Flöten liessen sich Hymnen zum Lob der Götter und der Tugend hören; und den Gaum zum Reden anzufeuchten, trank man aus kleinen Socratischen Bechern Wasser mit Wein vermischt.

Dionys

Dionys faßte eine Art von Leidenschaft für den Philosophen; Plato mußte immer um ihn seyn, ihn aller Orten begleiten, zu allem seine Meynung sagen. Die begeisterte Imagination dieses sonderbaren Mannes, welche vermöge der natürlichen Anstekungs-Kraft des Enthusiasmus sich auch seinen Zuhörern mittheilte, würkte so mächtig auf die Seele des Dionys, daß er ihn nie genug hören konnte; ganze Stunden wurden ihm kürzer, wenn Plato sprach, als ehemals in den Armen der kunsterfahrensten Buhlerin. Alles, was der Weise sagte, war so schön, so erhaben, so wunderbar! — erhob den Geist so weit über sich selbst — warf Stralen von so göttlichem Licht in das Dunkel der Seele! In der That konnte es nicht anderst seyn, da die gemeinsten Ideen der Philosophie für Dionysen den frischesten Reiz der Neuheit hatten. Und nehmen wir zu allem diesem noch, daß er das wenigste recht verstund (ob er gleich, wie viele andere seines gleichen, zu eitel war, es merken zu lassen) noch alles verstehen konnte, weil der begeisterte Plato sich würklich zuweilen selbst nicht allzuwol verstund; nehmen wir ferner die erstaunliche Gewalt, welche ein in schimmernde Bilder eingekleidetes Galimathias über die Unwissenden zu haben pflegt; so werden wir begreifen, daß niemals etwas natürlichers gewesen, als der ausserordentliche Geschmak, welchen Dionys an dem Gott der Philosophen, (wie ihn Cicero nennt) gefunden; zumal da er noch über dis ein hübscher und stattlicher Mann war, und sehr wol zu leben wußte.

Ohne

Ohne daß sich die Ueberredungs-Kunst des göttlichen Plato, oder die Contagion der Philosophischen Schwärmerey darein mischte, theilte sich die plözliche Wissens-Begierde des Dionys, so bald man sah, daß es Ernst war, eben so plözlich allen seinen Höflingen mit. Nicht, als ob ihnen viel daran gelegen gewesen wäre, ihre kleinen Affen-Seelen nach dem göttlichen Modell der Ideen umzubilden, oder als ob sie sich darum bekümmert hätten, was in den überhimmlischen Räumen zu sehen sey; aber sie thaten doch dergleichen; der Ton der Philosophie war nun einmal Mode; man mußte Metaphysik in geometrischen Ausdrüken reden, um sich dem Fürsten angenehm zu machen. Man trug also am ganzen Hofe keine andre als philosophische Mäntel; alle Säle des Palasts waren, nach Art der Gymnasien mit Sand bestreut, um mit allen den Dreyeken, Vierelen, Pyramiden, Achtelen und Zwanzigelen überschrieben zu werden, aus welchen Plato seinen Gott diese schöne runde Welt zusammenleimen läßt; alle Leute, bis auf die Köche, sprachen Philosophie, hatten ihr Gesicht in irgend eine geometrische Figur verzogen, und disputierten über die Materie und die Form, über das was ist und was nicht ist, über die beyden Enden des Guten und Bösen, und über die beste Republik. Alles dieses machte freylich ein ziemlich seltsames Aussehen, und konnte den Verdacht erweken, als ob Plato an dem Syracusischen Hofe eher die Rolle eines aufgeblasenen Pedanten unter einem Hauffen unbärtiger Scholaren gespielt habe, als eines weisen Mannes, der sich

einen

einen grossen Zwek vorgesezt hat, und die Mittel dazu, nach den Umständen des Orts, der Zeit und der Personen, klüglich zu bestimmen weiß. Aber man würde sich irren. Er hatte an den lächerlichen Ausschweiffungen der Hofleute wenig Antheil; ob er gleich ganz gern sah, daß diese unnüze Hummeln, welche er nicht auf einmal austreiben konnte, auf solche Spielwerke verfielen, die doch immer als eine Art von Vorübungen angesehen werden konnten, wodurch sie unvermerkt von ihren vorigen Gewohnheiten abgezogen, und durch den Geschmak an Wissenschaft zu der allgemeinen Verbesserung, welche er zu bewürken hofte, vorbereitet wurden. Allein seine eigene hauptsächlichsten Bemühungen bezogen sich unmittelbar auf den Dionysius selbst; und indem er ihn durch die Reizungen seines Umgangs und seiner Beredsamkeit zu humanisieren, und an sich zu gewöhnen suchte, trachtete er, ohne es allzudeutlich zu erkennen zu geben, dahin, ihm die Verachtung seines vorigen Zustandes, die Liebe der Tugend, Begierden nach ruhmwürdigen Thaten; kurz, solche Gesinnungen einzuflössen, welche ihn durch unmerkliche Grade von sich selbst auf die Gedanken bringen würden, ein unrechtmässiges Diadem von sich zu werfen, und sich an der Ehre, der erste unter seines gleichen zu seyn, genügen zu lassen. Die Anscheinungen liessen ihn den vollkommensten Succeß hoffen. Dionys schien in wenigen Tagen nicht mehr der vorige Mann. Seine Wissens-Begierde, seine Gelehrigkeit gegen die Räthe des Philosophen, das Sanfte und Ruhige in seinem ganzen

Betragen

Betragen übertraf alles, was sich Dion von ihm versprochen hatte. Ganz Syracus empfand sogleich die Würkungen dieser glüklichen Veränderung. Er gieng mit einer unglaublichen Behendigkeit von dem höchsten Grade des tyrannischen Uebermuths zu der Popularität eines Athenienfischen Archonten über; sezte alle Tage einige Stunden aus, um jedermann mit einnehmender Leutseligkeit anzuhören, nannte sie Mitbürger, wünschte sie alle glüklich machen zu können; machte würklich den Anfang, verschiedene gute Anordnungen zu veranstalten, und erwekte durch so viele günstige Vorzeichen die allgemeine Erwartung einer glükseligen Revolution, welche nun auf einmal der Gegenstand aller Wünsche, und der Inhalt aller Gespräche unter dem Volke wurde.

Es konnte genug seyn, gegen diejenige, die eine so grosse und schnelle Verwandlung eines Prinzen, den wir für ein kleines Ungeheuer von Lastern und Ausschweifungen gegeben haben, unglaublich vorkommen möchte, uns auf die einhellige Aussage der Geschichtschreiber zu beruffen; aber wir können noch mehr thun; es ist leicht, die Möglichkeit und Wahrscheinlichkeit derselben begreiflich zu machen. Aufmerksame Leser, welche einige Kenntniß des menschlichen Herzens haben, werden die Gründe hierzu in unsrer bißherigen Erzählung schon von selbsten entdekt haben. In einem Gemüths-Zustande, worinn die Leidenschaften schweigen, wo uns vor den Ergötzungen der Sinne ekelt, und der

[Agath. II. Th.]   H   Mangel

Mangel an angenehmen Eindrüken uns in einen beschwerlichen Mittelstand zwischen Seyn und Nichtseyn versenkt --- In einem solchen Zustande, ist die Seele begierig, einen jeden Gegenstand zu umfassen, der sie aus diesem unleidlichen Stillstand ihrer Kräfte ziehen kan, und also am besten aufgelegt, den Reiz sittlicher und intellectualischer Schönheiten zu empfinden. Allerdings würde ein trokner Zergliederer metaphysischer Begriffe sich nicht dazu geschikt haben, solche Gegenstände für einen Menschen zu zurichten, der zu einer scharfen Aufmerksamkeit eben so ungedultig als unvermögend war. Allein die Beredsamkeit des Homers der Philosophen wußte sie auf eine so reizende Art für die Einbildungs-Kraft zu vercörpern, wußte die Leidenschaften und innersten Triebe des Herzens so geschikt für sie ins Spiel zu sezen, daß sie nicht anders als gefallen und rühren konnten. Hiezu kam noch die Jugend des Tyrannen, welche seine noch nicht verhärtete Seele neuer Eindrüke fähig machte. Warum sollte es also nicht möglich gewesen seyn, ihm unter solchen Umständen auf etliche Wochen die Liebe der Tugend einzuflössen, da hiezu weiter nichts nöthig war, als seinen Neigungen unvermerkt andre Gegenstände an die Stelle derjenigen, deren er überdrüssig war, zu unterschieben --- Denn in der That war seine Bekehrung nichts anders, als daß er nunmehr, anstatt irgend einer Wollust-athmenden Nymphe, ein schönes Phantom der Tugend umarmte, und statt in Syracusischem Weine sich in platonischen Ideen berauschte --- und daß eben diese

Eitelkeit,

Eitelkeit, welche ihn vor weniger Zeit angetrieben hatte, mit dem Bacchus und einer andern Gottheit, welche wir nicht nennen dürfen, in die Wette zu eyfern, sich izt durch die Vorstellung kizelte, als Regent und Gesezgeber den Glanz der berühmtesten Männer vor ihm zu verdunkeln, die Augen der Welt auf sich zu heften, sich von allen bewundert, und von den Weisen selbst vergöttert zu sehen.

Daß dieses Urtheil von der Bekehrung des Dionys richtig sey, hat sich in der Folge würklich bewiesen; und man hätte, däucht uns, ohne die Gabe der Divination zu besizen, voraussehen können, daß eine so plözliche Veränderung keinen Bestand haben werde. Aber wie sollten die in einer grossen Angelegenheit verwikelten Personen fähig seyn, so gelassen und uneingenommen davon zu urtheilen, wie entfernte Zuschauer, welche das Ganze bereits vor sich liegen haben, und bey einer kalten Untersuchung des Zusammenhangs aller Umstände sehr leicht mit vieler Zuverläßigkeit beweisen können, daß es nicht anders habe gehen können, als wie sie wissen, daß es gegangen ist? Plato selbst ließ sich von den Anscheinungen betrügen, weil sie seinen Wünschen gemäß waren, und ihm zu beweisen schienen, wieviel er vermöge. Die voreilige Freude über einen Succeß, dessen er sich schon versichert hielt, ließ ihm nicht zu, sich alle die Hindernisse, die seine Bemühungen vereiteln konnten, in der gehörigen Stärke vorzustellen, und in Zeiten darauf bedacht zu seyn, wie er ihnen zuvorkommen möchte. Gewohnt in den ruhigen Spaziergängen seiner Academie unter gelehrigen Schülern idealische Republiken zu bauen, hielt er die Rolle, die er an dem Hofe zu Syracus zu spielen übernommen hatte, für leichter als sie in der That war. Er schloß immer richtig aus seinen Prämissen; aber seine Prämissen sezten immer mehr voraus, als war; und er bewies durch sein Exempel, daß keine Leute mehr durch den Schein der Dinge hintergangen werden, als eben diejenige welche ihr ganzes Leben damit zubringen, *inter Sylvas Academi* dem was wahrhaftig ist nachzuspähen. In der That hat man zu allen Zeiten gesehen, daß es den speculativen Geistern nicht geglükt hat, wenn sie sich aus ihrer philosophischen Sphäre heraus und auf irgend einen grossen Schauplaz des würksamen Lebens gewaget haben. Und wie hätte es anders seyn können, da sie gewohnt waren, in ihren Utopien und Atlantiden zuerst die Gesezgebung zu erfinden, und erst wenn sie damit fertig waren, sich so genannte Menschen zu schnizeln, welche eben so richtig nach diesen Gesezen handeln musten, wie ein Uhrwerk durch den innerlichen Zwang seines Mechanismus die Bewegungen macht, welche der Künstler haben wil. Es war leicht genug zu sehen (und doch sahen es diese Herren nicht) daß es in der würklichen Welt gerade umgekehrt ist. Die Menschen in derselben sind nun einmal wie sie sind; und der grosse Punct ist, diejenige die man vor sich hat, nach allen Umständen und Verhältnissen so lange zu studieren, bis man so genau als möglich weiß, wie sie sind. Sobald

ihr das wißt, so geben sich die Regeln, wornach ihr
sie behandeln müßt, wenn ihr euern Zwek erhalten wollt,
von sich selbst; dann ist es Zeit moralische Projecte zu
machen --- aber wenn, ihr grossen Lichter unsers alleraufgeklärtesten Jahrhunderts, wenn glaubt ihr, daß
diese Zeit für das Menschen-Geschlecht kommen werde?

Viertes Capitel.

Philistus und Timocrates.

Während, daß die Philosophie und die Tugend durch
die Beredsamkeit eines einzigen Mannes eine so ausserordentliche Veränderung der Scene an dem Hofe zu
Syracus hervorbrachte, waren die ehmaligen Vertrauten des Dionysius sehr weit davon entfernt, die Vortheile, welche sie von der vorigen Denkungs-Art dieses
Prinzen gezogen hatten, so willig hinzugeben, als man
es aus ihrem äusserlichen Bezeugen hätte schliessen sollen.
Als schlaue Höflinge wußten sie zwar ihren Unmuth
über die sonderbare Gunst, worinn Plato bey demselben stund, sehr künstlich zu verbergen. Gewohnt sich
nach dem Geschmake des Prinzen zu modeln, und alle
Gestalten anzunehmen, unter welchen sie ihm gefallen
oder zu ihren geheimen Absichten am besten gelangen
konnten, hatten sie, so bald sie die neue Laune ihres
Herrn gewahr worden waren, die ganze Aussenseite
des philosophischen Enthusiasmus mit eben der Leichtigkeit

keit angenommen, womit sie eine Maskeraden-Kleidung angezogen hätten. Sie waren die ersten, die dem übrigen Hofe hierinn mit ihrem Beyspiel vorgiengen; sie verdoppelten ihre Aufwartung bey dem Prinzen Dion, dessen Ansehen seit Platons Ankunft ungemein gestiegen war; sie waren die erklärten Bewunderer des Philosophen; sie lächelten ihm Beyfall entgegen, so bald er nur der Mund aufthat; alle seine Vorschläge und Maßnehmungen waren bewundernswürdig; sie wußten nichts daran auszusezen, oder wenn sie ja Einwürfe machten, so war es nur um sich belehren zu lassen, und auf die erste Antwort sich seiner höhern Weisheit überwunden zu geben. Sie suchten seine Freundschaft so gar mit einem Eifer, worüber sie den Fürsten selbst zu vernachlässigen schienen; und besonders ließen sie sich sehr angelegen seyn, die Vorurtheile zu zerstreuen, die man von der vorigen Staats-Verwaltung wider sie gefaßt haben könnte. Durch diese Kunstgriffe erreichten sie zwar die Absicht, den weisen Plato sicher zu machen, nicht so vollkommen, daß er nicht immer einiges gerechtes Mißtrauen in die Aufrichtigkeit ihres Bezeugens gesezt hätte; er beobachtete sie genau; allein da sie gar nicht zweifelten, daß er es thun würde, so war es ihnen leicht davor zu seyn, daß er mit aller seiner Scharfsichtigkeit nichts sah. Sie vermieden alles, was ihrem Betragen einen Schein von Zurükhaltung, Zweydeutigkeit und Geheimniß hätte geben können, und nahmen ein so natürliches und einfaches Wesen an, daß man entweder ihres gleichen seyn, oder betrogen werden mußte.

Diese

Diese schöne Kunst ist eine von denen, in welchen nur den Hofleuten gegeben ist, Meister zu seyn. Man könnte die Tugend selbst herausfordern, in einem höhern Grad und mit besserm Anstand Tugend zu scheinen, als diese Leute es in ihrer Gewalt haben, so bald es ein Mittel zu ihren Absichten werden kan, die eigenste Mine, Farbe, und äusserliche Grazie derselben an sich zu nehmen.

Was wir hier sagen, versteht sich insonderheit von zweenen, welche bey dieser Veränderung des Tyrannen am meisten zu verliehren hatten. Philistus war bisher der vertrauteste unter seinen Ministern, und Timocrates sein Liebling gewesen. Beyde hatten sich mit einer Eintracht, welche ihrer Klugheit Ehre machte, in sein Herz, in die höchste Gewalt, wozu er nur seinen Namen hergab, und in einen beträchtlichen Theil seiner Einkünfte getheilt. Itzt zog die gemeinschaftliche Gefahr das Band ihrer Freundschaft noch enger zusammen. Sie entdekten einander ihre Besorgnisse, ihre Bemerkungen, ihre Anschläge; sie redeten die Maßregeln mit einander ab, die in so critischen Umständen genommen werden mußten; und giengen, weil sie die schwache Seite des Tyrannen besser kannten, als irgend ein andrer, mit so vieler Schlauheit zu Werke, daß es ihnen nach und nach glükte, ihn gegen Platon und Dion einzunehmen, ohne daß er merkte, daß sie diese Absicht hatten.

Wir haben schon bemerkt, daß die Syracusaner, vermöge einer Eigenschaft, welche aller Orten das Volk characterisirt, der Hofnung durch Vermittlung des Platon ihre alte Freyheit wieder zu erlangen, mit einer so voreiligen Freude sich überliessen, daß die bevorstehende Staats-Veränderung der Inhalt aller Gespräche wurde. In der That gieng die Absicht Dions bey Beruffung seines Freundes auf nichts geringers. Beyde waren gleich erklärte Feinde der Tyrannie und der Democratie; von denen sie (mit welchem Grunde, wollen wir hier nicht entscheiden) davorhielten, daß sie unter verschiedenen Gestalten, und durch verschiedene Wege, am Ende in einem Puncte, nehmlich in Mangel der Ordnung und Sicherheit, Unterdrukung und Sclaverey zusammenlieffen. Beyde waren für diejenige Art der Aristocratie, worinn das Volk zwar vor aller Unterdrükung hinlänglich sicher gestellt, folglich die Gewalt der Edeln, oder wie man bey den Griechen sagte, der Besten, durch unzerbrechliche Ketten gefesselt ist; hingegen die eigentliche Staats-Verwaltung nur bey einer kleinen Anzahl liegt, welche eine genaue Rechenschaft abzulegen verbunden sind. Es war also würklich ihr Vorhaben, die Tyrannie, oder was man zu unsern Zeiten eine uneingeschränkte Monarchie nennt, aus dem ganzen Sicilien zu verbannen, und die Verfassung dieser Insel in die vorbemeldte Form zu giessen. Dem Dionys zu gefallen, oder vielmehr, weil nach Platons Meynung die vollkommenste Staats-Form eine Zusammensezung aus der Monarchie, Aristocratie und Democratie seyn mußte, wollten

wollten sie ihrer neuen Republik zwey Könige geben, welche in derselben eben das vorstellen sollten was die Könige in Sparta; und Dionys sollte einer von denselben seyn. Dieses waren ungefehr die Grundlinien ihres Entwurfs. Sie liessen keine Gelegenheit vorbey, dem Prinzen die Vortheile einer gesezmässigen Regierung anzupreisen; aber sie waren zu klug, von einer so delicaten Sache, als die Einführung einer republicanischen Verfassung war, vor der Zeit zu reden, und den Tyrannen, eh ihn Plato vollkommen zahm und bildsam gemacht haben würde, durch eine unzeitige Entdekung ihrer Absichten in seine natürliche Wildheit wieder hineinzuschreken.

Unglüklicher Weise war das Volk so vieler Mässigung nicht fähig, und dachte auch ganz anders über den Gebrauch, den es von seiner Freyheit machen wollte. Ein jeder hatte dabey eine gewisse Absicht, die er noch bey sich behielt, und die gerade zu auf irgend einen Privat-Vortheil gieng. Jeder hielt sich für mehr als fähig, dem gemeinen Wesen gerade in dem Posten zu dienen, wozu er die wenigste Fähigkeit hatte, oder hatte sonst seine kleine Forderungen zu machen, welche er schlechterdings bewilliget haben wollte. Die Syracusaner verlangten also eine Democratie; und da sie sich ganz nahe bey dem Ziel ihre Wünsche glaubten, so sprachen sie laut genug davon, daß Philistus und seine Freunde Gelegenheit bekamen, den Tyrannen aus seinem angenehmen Platonischen Enthusiasmus zu sich selbst zurükzuruffen.

Das erste was sie thaten, war, daß sie ihm die Gesinnungen des Volkes, und die zwar von aussen noch nicht merklich in die Augen fallende, aber innerlich desto stärker gährende Bewegung desselben mit sehr lebhaften Farben, und mit ziemlicher Vergrösserung der Umstände vormahlten. Sie thaten dieses mit vieler Vorsichtigkeit, in gelegenen Augenbliken, nach und nach, und auf eine solche Art, daß es dem Dionys scheinen mußte, als ob ihm endlich die Augen von selbst aufgiengen; und dabey versäumten sie keine Gelegenheit, den Plato und den Prinzen Dion bis in die Wolken zu erheben; und besonders in Ausdrüken, welche von der schlauesten Boßheit ausgewählt wurden, von der ausserordentlichen Hochachtung zu sprechen, worein sie sich bey dem Volke sezten. Um den Tyrannen desto aufmerksamer zu machen, wußten sie es durch tausend geheime Wege, wobey sie selbst nicht zum Vorschein kamen, dahin einzuleiten, daß häuffige und zahlreiche Privat-Versammlungen in der Stadt angestellt wurden, wozu Dion und Plato selbst, oder doch immer jemand von den besondern Vertrauten des einen oder des andern, eingeladen wurde. Diese Versammlungen waren zwar nur auf Gastmäler und freundschaftliche Ergözungen angesehen; aber sie gaben doch dem Philistus und seinen Freunden Gelegenheit mit einer Art davon zu reden, wodurch sie den Schein politischer Zusammenkünfte bekamen; und das war alles was sie wollten.

Durch

Durch diese und andre dergleichen Kunstgriffe gelang es ihnen endlich, dem Dionys Argwohn beyzubringen. Er fieng an, in die Aufrichtigkeit seines neuen Freundes ein desto grösseres Mißtrauen zu sezen, da er über das besondere Verständniß, welches er zwischen ihm und dem Dion wahrnahm, eyfersüchtig war; und damit er desto bälder ins Klare kommen möchte, hielt er für das Sicherste, den seit einiger Zeit vernachläßigten Timocrates wieder an sich zu ziehen; und so bald er sich versichert hatte, daß er, wie vormals auf seine Ergebenheit zählen könne, ihm seine Wahrnehmungen und geheime Besorgnisse zu entdeken. Der schlaue Günstling stellte sich anfangs, als ob er nicht glauben könne, daß die Syracusaner im Ernste mit einem solchen Vorhaben umgehen sollten; wenigstens (sagte er mit der ehrlichsten Mine von der Welt) könne er sich nicht vorstellen, daß Plato und Dion den mindesten Antheil daran haben sollten; ob er gleich gestehen müßte, daß seit dem der erste sich am Hofe befinde, die Syracusaner von einem seltsamen Geiste beseelt würden, und zu den ausschweiffenden Einbildungen, welche sie sich zu machen schienen, vielleicht durch das ausserordentliche Ansehen verleitet würden, worinn dieser Philosoph bey dem Prinzen stehe: Es sey nicht unmöglich, daß die Republicanisch-Gesinnte sich Hofnung machten, Gelegenheit zu finden, indessen, daß der Hof die Gestalt der Academie gewänne, dem Staat unvermerkt die Gestalt einer Democratie zu geben; indessen müsse er gestehen, daß er nicht Vertrauen genug in seine eigene Einsicht

seze,

seze, seinem Herrn und Freunde in so delicaten Umständen einen sichern Rath zu geben; und Philistus, dessen Treue dem Prinzen längst bekannt sey, würde durch seine Erfahrenheit in Staats-Geschäften unendlichmal geschikter seyn, einer Sache von dieser Art auf den Grund zu sehen.

Dionysius hatte so wenig Lust sich einer Gewalt zu begeben, deren Werth er nach Proportion, daß seine Fibern wieder elastischer wurden, von Tag zu Tag wieder stärker zu empfinden begann; daß die Einstreuungen seines Günstlings ihre ganze Würkung thaten. Er gab ihm auf, mit aller nöthigen Vorsichtigkeit, damit niemand nichts davon gewahr werden könnte, den Philistus noch in dieser Nacht in sein Cabinet zu führen, um sich über diese Dinge besprechen, und die Gedanken desselben vernehmen zu können. Es geschah; Philistus vollendete was Timocrat angefangen hatte. Er entdekte dem Prinzen alles was er beobachtet zu haben vorgab, und sagte gerade so viel, als nöthig war, um ihn in den Gedanken zu bestärken, daß ein geheimes Complot zu einer Staats-Veränderung im Werke sey, welches zwar vermuthlich noch nicht zu seiner Reiffe gekommen, aber doch so beschaffen sey, daß es Aufmerksamkeit verdiene. Und wer kan der Urheber und das Haupt eines solchen Complots seyn, fragte Dionys? — Hier stellte sich Philistus verlegen — er hoffe nicht, daß es schon soweit gekommen sey — Dion bezeuge so gute Gesinnungen für den Prinzen — Rede aufrichtig, wie du denkst,

denkst, fiel ihm Dionys ein; was hältst du von diesem Dion? Aber keine Complimenten, denn du brauchst mich nicht daran zu erinnern, daß er meiner Schwester Mann ist; ich weiß es nur zu wol – Aber ich traue ihm nicht desto besser – er ist ehrgeizig – „Das ist er„ – immer finster, zurückhaltend, in sich selbst eingeschlossen – In der That, so ist er, nahm Philist das Wort, und wer ihn genau beobachtete, ohne vorhin eine bessere Meynung von ihm gefaßt zu haben, würde sich des Argwohns kaum erwehren können, daß er mißvergnügt sey, und an Gedanken in sich selbst arbeite, die er nicht für gut befinde, andern mitzutheilen„ – Glaubst du das, Philistus? fiel Dionys ein; so hab' ich immer von ihm gedacht; wenn Syracus unruhig ist, und mit Neuerungen umgeht, so darfst du versichert seyn, daß Dion die Triebfeder von allem ist – wir müssen ihn genauer beobachten – Wenigstens ist es sonderbar, fuhr Philistus fort, daß er seit einiger Zeit, sich eine Angelegenheit davon zu machen scheint, sich der Freundschaft der angesehensten Bürger zu versichern – (Hier führte er einige Umstände an, welche, durch die Wendung die er ihnen gab, seine Wahrnehmung bestättigen konnten) Wenn ein Mann von solcher Wichtigkeit, wie Dion, sich herabläßt eine Popularität zu affectiren, die so gänzlich wider seinen Character ist, so kan man glauben, daß er Absichten hat – und wenn Dion Absichten hat, so gehen sie gewiß auf keine Kleinigkeiten – Was er aber auch seyn mag, so bin ich gewiß, sezte er hinzu, daß Platon, ungeachtet der engen Freundschaft,

Die

die zwischen ihnen obwaltet, zu tugendhaft ist, um an heimlichen Anschlägen gegen einen Prinzen, der ihn mit Ehren und Wolthaten überhäuft, Theil zu nehmen -- Wenn ich dir sagen soll was ich denke, Philistus, so glaub' ich, daß diese Philosophen, von denen man so viel Wesens macht, eine ganz unschuldige Art von Leuten sind; in der That, ich sehe nicht, daß an ihrer Philosophie so gefährliches seyn sollte, als die Leute sich einbilden; ich liebe, zum Exempel, diesen Platon, weil er angenehm im Umgang ist; er hat sich seltsame Dinge in den Kopf gesezt, man könnte sichs nicht schnakischer träumen lassen, aber eben das belustiget mich; und bey alle dem muß man ihm den Vorzug lassen, daß er gut spricht; es hört sich ihm recht angenehm zu, wenn er euch von der Insel Atlantis, und von den Sachen in der andern Welt eben so umständlich und zuversichtlich spricht, als ob er mit dem nächsten Marktschiffe aus dem Mond angekommen wäre (hier lachten die beyden Vertrauten, als ob sie nicht aufhören könnten, über einen so sinnreichen Einfall, und Dionys lachte mit) ihr möcht lachen so lang ihr wollt, fuhr er fort; aber meinen Plato sollt ihr mir gelten lassen; er ist der gutherzigste Mensch von der Welt, und wenn man seine Philosophie, seinen Bart und seine hieroglyphische Physionomie zusammennihmt, so muß man gestehen, daß alles zusammen eine Art von Leuten macht, womit man sich, in Ermanglung eines bessern, die Zeit vertreiben kan -- (o göttlicher Platon! du, der du dir einbildetest, das Herz dieses Prinzen in deiner Hand zu haben, du

der

der sich das grosse Werk zutraute, einen Weisen und tugendhaften Mann aus ihm zu machen -- warum standest du nicht in diesem Augenblik hinter einer Tapete, und hörtest diese schmeichelhafte Apologie, wodurch er den Geschmak, den er an dir fand, in den Augen seiner Höflinge zu rechtfertigen suchte!) In der That, sagte Timocrates, die Musen können nicht angenehmer reden als Plato; ich wißte nicht, was er einen nicht überreden könnte, wenn er sichs in den Kopf gesezt hätte -- Du willst vielleicht scherzen, fiel ihm der Prinz ein; aber ich versichre dich, es hat wenig gefehlt, daß er mich leztin nicht auf den Einfall gebracht hätte, Sicilien dahinten zu lassen, und eine philosophische Reise nach Memphis und zu den Pyramiden und Gymnosophisten anzustellen, die seiner Beschreibung nach eine seltsame Art von Creaturen seyn müssen -- wenn ihre Weiber so schön sind, wie er sagt, so mag es keine schlimme Partie seyn, den Tanz der Sphären mit ihnen zu tanzen; denn sie leben in dem Stand der vollkommen schönen Natur, und treten dir, allein mit ihren eigenthümlichen Reizungen geschmükt, das ist, nakender als die Meer-Nymphen, mit einer so triumphirenden Mine unter die Augen, als die schönste Syracusanerin in ihrem reichesten Fest-Tags-Puz -- Dionys war, wie man sieht, in einem Humor, der den erhabenen Absichten seines Hof-Philosophen nicht sehr günstig war; Timocrates merkte sichs, und baute in dem nehmlichen Augenblik ein kleines Project auf diese gute Disposition, wovon er sich eine besondere Würkung versprach.

Aber

Aber der weiter sehende Philistus fand nicht für gut, seinen Herrn in dieser leichtsinnigen Laune fortsprudeln zu lassen. Er nahm das Wort wieder: Ihr scherzet, sprach er, über die Würkungen der Beredsamkeit Platons; es ist nur allzugewiß, daß er in dieser Kunst seines gleichen nicht hat; aber eben dieses würde mir keine kleine Sorgen machen, wenn er weniger ein rechtschafner Mann wäre, als ich glaube daß er ist. Die Macht der Beredsamkeit übertrift alle andre Macht; sie ist fähig fünfzigtausend Arme nach dem Gefallen eines einzigen wehrlosen Mannes in Bewegung zu sezen, oder zu entnerven. Wenn Dion, wie es scheint, irgend ein gefährliches Vorhaben brütete, und Mittel fände, diesen überredenden Sophisten auf seine Seite zu bringen, so besorg ich, Dionysius könnte das Vergnügen seiner sinnreichen Unterhaltung theuer bezahlen müssen. Man weiß was die Beredsamkeit zu Athen vermag, und es fehlt den Syracusanern nichts als ein paar solche Wortkünstler, die ihnen den Kopf mit Figuren und lebhaften Bildern warm machen, so werden sie Athenienser seyn wollen, und der Erste Beste, der sich an ihre Spize stellt, wird aus ihnen machen können was er will.

Philistus sah, daß sein Herr bey diesen Worten auf einmal tiefsinnig wurde; er schloß daraus, daß etwas in seinem Gemüth arbeitete, und hielt also inn; was für ein Thor ich war, rief Dionys aus, nachdem er eine Weile mit gesenktem Kopf zu staunen geschienen hatte. Das war wol der Genius meines guten Glüks, der mir eingab,

eingab, daß ich dich diesen Abend zu mir ruffen lassen sollte. Die Augen gehen mir auf einmal auf -- Wozu mich diese Leute mit ihren Dreyeken und Schlußreden nicht gebracht hätten! Kannst du dir wol einbilden, daß mich dieser Plato mit seinem süssen Geschwäze beynahe überredet hätte, meine fremden Truppen, und meine Leibwache nach Hause zu schiken? Ha! nun seh ich wohin alle diese schönen Vergleichungen mit einem Vater im Schoosse seiner Familie, und mit einem Säugling an der Brust seiner Amme, und was weiß ich mit was noch mehr, abgesehen waren! Die Verräther wollten mich durch diese süssen Wiegenliedchen erst einschläfern, hernach entwafnen, und zulezt wenn sie mich mit ihren gebenedeyten Maximen so fest umwunden hätten, daß ich weder Arme noch Beine nach meinem Gefallen hätte rühren können, mich in ganzem Ernst, zu ihrem Wikelkind, zu ihrer Puppe, und wozu es ihnen eingefallen wäre, gemacht haben! Aber sie sollen mir die Erfindung bezahlen! Ich will diesem verräthrischen Dion -- bist du thöricht genug, Philistus, und bildest dir ein, daß er sich nur im Traum einfallen lasse, diese Spiesbürger von Syracus in Freyheit zu sezen? Regieren will er, Philistus; das will er, und darum hat er diesen Plato an meinen Hof kommen lassen, der mir, indessen daß er das Volk zur Empörung reizen, und sich einen Anhang machen wollte, so lange und so viel von Gerechtigkeit, und Wolthun, und goldnen Zeiten, und väterlichem Regiment, und was weiß ich von was für Salbadereyen vorschwazen sollte, bis ich mich überreden

[Agath. II. Th.]   J   ließe,

ließe, meine Galeeren zu entwafnen, meine Trabanten zu entlassen, und mich am Ende in Begleitung eines von diesen zottelbärtigen Knaben, die der Sophist mit sich gebracht hat, als einen Neuangeworbenen nach Athen in die Academie schiken zu lassen, um unter einem Schwarm junger Gelen darüber zu disputiren, ob Dionysius recht oder unrecht daran gethan habe, daß er sich in einer so armseligen Mausfalle habe fangen lassen — Aber ist möglich, fragte Philistus mit angenommener Verwunderung, daß Plato den sinnlosen Einfall haben konnte, meinem Prinzen solche Räthe zu geben? — Es ist möglich, weil ich dir sage, daß ers gethan hat. Ich habe selbst Mühe zu begreiffen, wie ich mich von diesem Schwäzer so bezaubern lassen konnte — Das soll sich Dionys nicht verdrießen lassen, erwiederte der gefällige Philistus; Plato ist in der That ein grosser Mann in seiner Art; ein vortreflicher Mann, wenn es darauf ankommt, den Entwurf zu einer Welt zu machen, oder zu beweisen, daß der Schnee nicht würklich weiß ist; aber seine Regierungs-Maximen sind, wie es scheint, ein wenig unsicher in der Ausübung. In der That, das würde den Atheniensern was zu reden gegeben haben, und es wäre wahrlich kein kleiner Triumph für die Philosophie gewesen, wenn ein einziger Sophist, ohne Schwerdtschlag, durch die blosse Zauberkraft seiner Worte zu Stande gebracht hätte, was die Athenienser mit grossen Flotten und Kriegs-Heeren vergeblich unternommen haben — Es ist mir unerträglich, nur daran zu denken, sagte Dionys, was für eine einfältige Figur

ich)

ich ein paar Wochen lang unter diesen Grillenfängern gemacht habe; hab ich dem Dion nicht selbst Gelegenheit gegeben, mich zu verachten? Was mußten sie vor mir denken, da sie mich so willig und gelehrig fanden? — Aber sie sollen in kurzem sehen, daß sie sich mit aller ihrer Wissenschaft der geheimnißvollen Zahlen gewaltig überrechnet haben. Es ist Zeit, der Comödie ein Ende zu machen -- Um Vergebung, mein Gebietender Herr, fiel ihm Philistus hier ins Wort; die Rede ist noch von blossen Vermuthungen; vielleicht ist Plato, ungeachtet seines nicht allzuwol überlegten Raths, unschuldig; vielleicht ist es so gar Dion; wenigstens haben wir noch keine Beweise gegen sie. Sie haben Bewunderer und Freunde zu Syracus, das Volk ist ihnen geneigt, und es möchte gefährlich seyn, sie durch einen übereilten Schritt in die Nothwendigkeit zu sezen, sich diesem Freyheit-träumenden Pöbel in die Arme zu werfen. Lasset sie noch eine Zeitlang in dem angenehmen Wahn, daß sie den Dionysius gefangen haben. Gebet ihnen, durch ein künstlich verstelltes Zutrauen Gelegenheit, ihre Gesinnungen deutlicher herauszulassen -- Wie, wenn Dionysius sich stellte, als ob er Lust hätte die Monarchie aufzugeben, und als ob ihn kein andres Bedenken davon zurükhielte, als die Ungewißheit, welche Regierungs-Form Sicilien am glüklichsten machen könnte. Eine solche Eröfnung wird sie nöthigen, sich selbst zu verrathen; und indessen, daß wir sie mit academischen Fragen und Entwürfen aufhalten, werden sich Gelegenheiten finden, den regiersüchtigen Dion in Gesellschaft seines Rathgebers mit guter Art eine Reise nach Athen machen zu laſſen, wo ſie in ungeſtörter Muſſe Republiken anlegen, und ihnen, wenn ſie wollen, alle Tage eine andre Form geben mögen.

Dionys war von Natur hizig und ungeſtüm; eine jede Vorſtellung, von der ſeine Einbildung getroffen wurde, beherrſchte ihn ſo ſehr, daß er ſich dem mechaniſchen Trieb, den ſie in ihm hervorbrachte, gänzlich überließ; aber wer ihn ſo genau kannte als Philiſtus, hatte wenig Mühe, ſeinem Bewegungen oft durch ein einziges Wort, eine andere Richtung zu geben. In dem erſten Anſtoß ſeiner unbeſonnenen Hize waren die gewaltſamſten Maßnehmungen, die erſten, auf die er fiel: Aber man brauchte ihm nur den Schatten einer Gefahr dabey zu zeigen, ſo legte ſich die auffahrende Lohe wieder; und er ließ ſich eben ſo ſchnell überreden, die ſicherſten Mittel zu erwählen, wenn ſie gleich die niederträchtigſten waren.

Nachdem wir die wahre Triebfeder ſeiner vermeynten Sinnes-Aenderung oben bereits entdekt haben, wird ſich niemand verwundern, daß er von dem Augenblik an, da ſich ſeine Leidenſchaften wieder regten, in ſeinen natürlichen Zuſtand zurükſank. Was man bey ihm für Liebe der Tugend angeſehen, was er ſelbſt dafür gehalten hatte, war das Werk zufälliger und mechaniſcher Urſachen geweſen; daß er ihr zu lieb ſeinen Neigungen die mindeſte Gewalt hätte thun ſollen, ſo weit gieng

ſein

sein Enthusiasmus für sie nicht. Die ungebundene Freyheit worinn er vormals gelebt hatte, stellte sich ihm
wieder mit den lebhaftesten Reizungen dar; und nun
sah er den Plato für einen verdrießlichen Hofmeister an,
und verwünschte die Schwachheit, die er gehabt hatte,
sich so sehr von ihm einnehmen, und in eine Gestalt,
die seiner eigenen so wenig ähnlich sah, umbilden zu
lassen. Er fühlte nur allzuwol, daß er sich selbst eine
Art von Verbindlichkeit aufgelegt hatte, in den Gesinnungen zu beharren, die er sich von diesem Sophisten, wie er ihn izt nannte, hatte einflössen lassen: Er
stellte sich vor, daß Dion und die Syracusaner sich berechtiget halten würden, die Erfüllung des Versprechens
von ihm zu erwarten, welches er ihnen gewisser maf-
sen gegeben hatte, daß er künftig auf eine gesezmässige
Art regieren wolle. Diese Vorstellungen waren ihm
unerträglich, und hatten die natürliche Folge, seine
ohnehin bereits erkaltete Zuneigung zu dem Philosophen
von Athen in Widerwillen zu verwandeln; den Dion
aber, den er nie geliebt hatte, ihm doppelt verhaßt zu
machen. Dieses waren die geheimen Dispositionen,
welche den Verführungen des Timocrates und Philistus
den Eingang in sein Gemüth erleichterten. Es war
schon so weit mit ihm gekommen, daß er vor diesen
ehmaligen Vertrauten sich der Person schämte, die er
einige Wochen lang, gleichsam unter Platons Vormundschaft, gespielt hatte; und es ist zu vermuthen, daß
es von dieser falschen und verderblichen Schaam her-
rührte, daß er in so verkleinernden Ausdrüken von einem

Manne, den er anfänglich beynahe vergöttert hatte, sprach, und seiner Leidenschaft für ihn einen so spaßhaften Schwung zu geben bemüht war. Er ergriff also den Vorschlag des Philistus mit der begierigen Ungeduld eines Menschen, der sich von dem Zwang einer verhaßten Einschränkung je bälder je lieber loßzumachen wünscht; und damit er keine Zeit verliehren möchte, so machte er gleich des folgenden Tages den Anfang, denselben ins Werk zu sezen. Er berief den Dion und den Philosophen in sein Cabinet, und entdekte ihnen mit allen Anscheinungen des vollkommensten Zutrauens, und indem er sie mit Liebkosungen überhäufte, daß er gesonnen sey, sich der Regierung zu entschlagen, und den Syracusanern die Freyheit zu lassen, sich diejenige Verfassung zu erwählen, die ihnen die angenehmste seyn würde.

Ein so unerwarteter Vortrag machte die beyden Freunde stuzen. Doch faßten sie sich bald. Sie hielten ihn für eine von den sprudelnden Aufwallungen einer noch ungeläuterten Tugend, welche gern auf schöne Ausschweiffungen zu verfallen pflegt, und hoffeten also, daß es ihnen leicht seyn werde, ihn auf reiffere Gedanken zubringen. Sie billigten zwar seine gute Absicht; stellten ihm aber vor, daß er sie sehr schlecht erreichen würde, wenn er das Volk, welches immer als unmündig zu betrachten sey, zum Meister über eine Freyheit machen wollte, die es, allem Vermuthen nach, zu seinem gröffesten Schaden mißbrauchen würde. Sie
sagten

sagten ihm hierüber alles was die gesunde Politik sagen kan; und Plato insonderheit bewieß ihm, daß es nicht auf die Form der Verfassung ankomme, wenn ein Staat glüklich seyn solle, sondern auf die innerliche Güte der Gesezgebung, auf tugendhafte Sitten, auf die Weisheit desjenigen, dem die Handhabung der Geseze anvertraut sey. Seine Meynung gieng dahin, daß Dionys nicht nöthig habe, sich der obersten Gewalt zu begeben, indem es nur von ihm abhange, durch die vollkommene Beobachtung aller Pflichten eines weisen und tugendhaften Regenten die Tyrannie in eine rechtmässige Monarchie zu verwandeln; welcher die Völker sich desto williger unterwerfen würden, da sie durch ein natürliches Gefühl ihres Unvermögens sich selbst zu regieren, geneigt gemacht würden, sich regieren zu lassen; ja denjenigen als eine gegenwärtige Gottheit zu verehren, welcher sie schüze, und für ihre Glükseligkeit arbeite.

Dion stimmte hierinn nicht gänzlich mit seinem Freunde überein. Die Wahrheit war, daß er den Dionys besser kannte, und weil er sich wenig Hofnung machte, daß seine guten Dispositionen von langer Dauer seyn würden, gerne so schnell als möglich einen solchen Gebrauch davon gemacht hätte, wodurch ihm die Macht Böses zu thun, auf den Fall, daß ihn der Wille dazu wieder ankäme, benommen worden wäre. Er breitete sich also mit Nachdruk über die Vortheile einer wolgeordneten Aristocratie vor der Regierung eines Einzigen aus, und bewies, wie gefährlich es sey, den Wolstand eines

eines ganzen Landes von dem zufälligen und wenig
sichern Umstand, ob dieser Einzige tugendhaft seyn
wolle oder nicht, abhangen zu laßen. Er gieng so weit,
zu behaupten, daß von einem Menschen, der die höchste
Macht in Händen habe, zu verlangen, daß er sie niemalen mißbrauchen solle, eine Forderung sey, welche
über die Kräfte der Menschheit gehe; daß es nichts geringers sey, als von einem mit Mängeln und Schwachheiten beladenen Geschöpfe, welches keinen Augenblik
auf sich selbst zählen kan, die Weisheit und Tugend eines
Gottes zu erwarten. Er billigte also das Vorhaben
des Dionys, die königliche Gewalt aufzugeben, im höchsten Grade; aber darinn stimmte er mit seinem Freunde
überein, daß anstatt die Einrichtung des Staats in die
Willkühr des Volks zu stellen, er selbst, mit Zuzug der
Besten von der Nation, sich ungesäumt der Arbeit unterziehen sollte, eine daurhafte und auf den möglichsten
Grad des allgemeinen Besten abzielende Verfassung zu
entwerfen; wozu er dem Prinzen allen Beystand, der
von ihm abhange, versprach. Dionys schien sich diesen
Vorschlag gefallen zu lassen. Er bat sie, ihre Gedanken über diese wichtige Sache in einen vollständigen Plan
zu bringen, und versprach, so bald als sie selbsten darüber, was man thun sollte, einig seyn würden, zur
Ausführung eines Werkes zu schreiten, welches ihm,
seinem Vorgeben nach, sehr am Herzen lag.

Diese geheime Conferenz hatte bey dem Tyrannen
eine gedoppelte Würkung. Sie vollendete seinen Haß
gegen

gegen Dion, und sezte den Platon aufs Neue in Gunst bey ihm. Denn ob er gleich nicht mehr so gern als anfangs von den Pflichten eines guten Regenten sprechen hörte; so hatte er doch sehr gerne gehört, daß Plato sich als einen Gegner des popularen Regiments, und als einen Freund der Monarchie erklärt hatte. Er gieng aufs neue mit seinen Vertrauten zu Rath, und sagte ihnen, es komme nun allein darauf an, sich den Dion vom Halse zu schaffen. Philistus hielt davor, daß eh ein solcher Schritt gewaget werden dürfe, das Volk beruhiget und die wankende Autorität des Prinzen wieder fest gesezt werden müsse. Er schlug die Mittel vor, wodurch dieses am gewissesten geschehen könne; und in der That waren dabey keine so grosse Schwierigkeiten; denn er und Timocrat hatten die vorgebliche Gährung in Syracus weit gefährlicher vorgestellt, als sie würklich war. Dionys fuhr auf sein Anrathen fort, eine besondere Achtung für den Plato zu bezeugen, einen Mann, der in den Augen des Volks eine Art von Propheten vorstellte, der mit den Göttern umgehe und Eingebungen habe. Einen solchen Mann, sagte Philistus, muß man zum Freunde behalten, so lange man ihn gebrauchen kan. Plato verlangt nicht selbst zu regieren; er hat also nicht das nehmliche Interesse wie Dion; seine Eitelkeit ist befriediget, wenn er bey demjenigen, der die Regierung führt, in Ansehen steht, und Einfluß zu haben glaubt. Es ist leicht, ihn, so lang es nöthig seyn mag, in dieser Meynung zu unterhalten, und das wird zugleich ein Mittel seyn, ihn von einer genauern Vereinigung mit dem Dion zurükzuhalten. Der Tyrann, der sich ohnehin von einer Art von Instinct zu dem Philosophen gezogen fühlte, befolgte diesen Rath so gut, daß Plato davon hintergangen wurde. Insonderheit affectierte er ihn, immer neben sich zu haben, wenn er sich öffentlich sehen ließ; und bey allen Gelegenheiten, wo es Würkung thun konnte, seine Maximen im Munde zu führen. Er stellte sich, als ob es auf Einrathen des Philosophen geschähe, daß er dieses oder jenes that, wodurch er sich den Syracusanern angenehm zu machen hoffte; ungeachtet alles die Eingebungen des Philistus waren, der ohne daß es in die Augen fiel, sich wieder einer gänzlichen Herrschaft über sein Gemüth bemächtiget hatte. Er zeigte sich ungemein leutselig und liebkosend gegen das Volk; er schafte einige Auflagen ab, welche die unterste Classe desselben am stärksten drükten; er belustigte es durch öffentliche Feste, und Spiele; er beförderte einige von denen, deren Ansehen am meisten zu fürchten war, zu einträglichen Ehrenstellen, und ließ die übrigen mit Versprechungen wiegen, die ihn nichts kosteten, und die nehmliche Würkung thaten; er zierte die Stadt mit Tempeln, Gymnasien, und andern öffentlichen Gebäuden: Und that alles dieses, mit Beystand seiner Vertrauten, auf eine so gute Art, daß Plato alles sein Ansehen dazu verwandte, einem Prinzen, der so schöne Hofnungen von sich erwekte, und seine philosophische Eitelkeit mit so vielen öffentlichen Beweisen einer vorzüglichen Hochachtung kizelte, (ein Beweggrund, den

der

der gute Weise sich vielleicht selbst nicht gerne gestund) alle Herzen zu gewinnen.

Diese Maßnehmungen erreichten den vorgesezten Zwek vollkommen. Das Volk, welches nicht nur in Griechenlande, sondern aller Orten, in einer immerwährenden Kindheit lebt, hörte auf zu murmeln; verlohr in kurzer Zeit den blossen Wunsch einer Veränderung; faßte eine heftige Zuneigung für seinen Prinzen; erhob die Glükseligkeit seiner Regierung; bewunderte die prächtige Kleidung und Waffen, die er seinen Trabanten hatte machen lassen; betrank sich auf seine Gesundheit; und war bereit allem was er unternehmen wollte, seinen dummen Beyfall zu zuklatschen.

Philistus und Timocrat sahen sich durch diesen glüklichen Ausschlag in der Gunst ihres Herrn aufs neue befestiget; aber sie waren nicht zufrieden, so lange sie selbige mit dem Plato theilen mußten, für welchen er eine Art von Schwachheit behielt, die ihren Grund vielleicht in der natürlichen Obermacht eines grossen Geistes über einen Kleinen hatte. Timocrat gerieth auf einen Einfall, wozu ihm die geheime Unterredung in dem Schlafzimmer des Dionys den ersten Wink gegeben hatte, und wodurch er zu gleicher Zeit sich ein Verdienst um den Tyrannen zu machen, und das Ansehen des Philosophen bey demselben zu untergraben hoffen konnte.

Dionys

Dionys hatte, von ihm aufgemuntert, angefangen, unvermerkt wieder eine grössere Freyheit bey seiner Tafel einzuführen; die Anzahl und die Beschaffenheit der Gäste, welche er fast täglich einlud, gab den Vorwand dazu; und Plato, welcher bey aller erhabenen Austerität seiner Grundsäze, einen kleinen Ansaz zu einem Hofmanne hatte, machte es, wie es gewisse ehrwürdige Männer an gewissen Höfen zu machen pflegen; er sprach bey jeder Gelegenheit von den Vorzügen der Nüchternheit und Mässigkeit, und aß und trank immer dazu, wie ein andrer. Diese kleine Erweiterung der allzuengen Grenzen der academischen Frugalität, von welcher der Vater der Academie selbst gestehen mußte, daß sie sich für den Hof eines Fürsten nicht schike, erlaubte den vornehmsten Syracusanern, und jedem, der dem Prinzen seine Ergebenheit bezeugen wollte, ihm prächtige Feste zu geben; wo die Freude zwar ungebundener herrschte, aber doch durch die Gesellschaft der Musen und Grazien einen Schein von Bescheidenheit erhielt, welcher die Strenge der Weisheit mit ihr aussöhnen konnte. Timocrat machte sich diesen Umstand zu Nuz. Er lud den Prinzen, den ganzen Hof, und die Vornehmsten der Stadt ein, auf seinem Landhause die Wiederkunft des Frühlings zu begehen, dessen alles verjüngende Kraft, zum Unglük für den ohnehin übelbefestigten Platonismus des Dionys, auch diesem Prinzen die Begierden und die Kräfte der Jugend wieder einzuhauchen schien. Die schlaueste Wollust, hinter eine verblendende Pracht verstekt, hatte dieses Fest angeordnet.

Timocrat

Neuntes Buch, viertes Capitel.

Timocrat verschwendete seine Reichtümer ohne Maß, mit desto fröhlicherm Gesichte, da er sie eben dadurch doppelt wieder zu bekommen versichert war. Alle Welt bewunderte die Erfindungen und den Geschmak dieses Günstlings; Dionys bezeugte, sich niemals so wol ergözt zu haben; und der göttliche Plato, der weder auf seinen Reisen zu den Pyramiden und Gymnosophisten, noch zu Athen so etwas gesehen hatte, wurde von seiner dichterischen Einbildungs-Kraft so sehr verrathen, daß er die Gefahren zu vergessen schien, welche unter den Bezauberungen dieses Orts, und dieser Verschwendung von Reizungen zum Vergnügen, laurten. Der einzige Dion erhielt sich in seiner gewöhnlichen Ernsthaftigkeit, und machte durch den starken Contrast seines finstern Bezeugens mit der allgemeinen Fröhlichkeit, Eindrüke auf alle Gemüther, welche nicht wenig dazu beytrugen, seinen bevorstehenden Fall zu befördern. Indeß schien niemand darauf acht zu geben; und in der That ließ die Vorsorge, welche Timocrat gebraucht hatte, daß jede Stunde, nnd beynahe jeder Augenblik ein neues Vergnügen herbeyführen mußte, wenig Muße, Beobachtungen zu machen. Dieser schlaue Höfling hatte ein Mittel gefunden, dem Plato selbst, bey einer Gelegenheit, wo es so wenig zu vermuthen war, auf eine feine Art zu schmeicheln. Dieses geschah durch ein grosses pantomimisches Ballet, worinn die Geschichte der menschlichen Seele, nach den Grundsäzen dieses Weisen, unter Bildern, welche er in einigen seiner Schriften an die Hand gegeben hatte, auf eine allegorische Art vor-

gestellt

gestellt wurde. Timocrat hatte die jüngsten und schönsten Figuren hierzu gebraucht, welche er zu Corinth und aus dem ganzen Griechenlande hatte zusammenbringen können. Unter den Tänzerinnen war eine, welche dazu gemacht schien, dasjenige, was der gute Plato in etlichen Monaten an dem Gemüthe des Tyrannen gearbeitet, in etlichen Augenbliken zu zerstören. Sie stellte unter den Personen des Tanzes die Wollust vor; und würklich paßten ihre Figur, ihre Gesichtsbildung, ihre Blike, ihr Lächeln, alles so vollkommen zu dieser Rolle, daß das anacreontische Beywort Wollustathmend ausdrüklich für sie gemacht zu seyn schien. Jederman war von der schönen Bacchidion bezaubert; aber niemand war es so sehr als Dionys. Er dachte nicht einmal daran, der Wollust, welche eine so verführische Gestalt angenommen hatte, um seine erkaltete Zuneigung zu ihr wieder anzufeuren, Widerstand zu thun; kaum daß er noch so viel Gewalt über sich selbst behielt, um von demjenigen was in ihm vorgieng nicht allzudeutliche Würkungen sehen zu lassen. Denn er getraute sich noch nicht, wieder gänzlich Dionysius zu seyn, ob ihm gleich von Zeit zu Zeit kleine Züge entwischten, welche dem beobachtenden Dion bewiesen, daß er nur noch durch einen Rest von Schaam, dem lezten Seufzer der ersterbenden Tugend, zurükgehalten werde. Timocrat triumphierte in sich selbst; seine Absicht war erreicht; die allzureizende Bacchidion bemächtigte sich der Begierde, des Geschmaks und so gar des Herzens des Tyrannen: Und da er den Timocrat zum Unterhändler

seiner

seiner Leidenschaft, welche er eine Zeitlang geheim halten wollte, nöthig hatte, so war Timocrat von diesem Augenblik an wieder der nächste an seinem Herzen. Der weise Plato bedaurte zu spät, daß er zu viel Nachsicht gegen den Hang dieses Prinzen nach Ergözungen getragen hatte; er fühlte nur gar zu wol, daß die Gewalt seiner metaphysischen Bezauberungen durch eine stärkere Zaubermacht aufgelößt worden sey, und fieng an, um sich nicht ohne Nuzen beschwerlich zu machen, den Hof seltner zu besuchen. Dion gieng weiter: Er unterstund sich, dem Dionys wegen seines geheimen Verständnisses mit der schönen Bacchidion, Vorwürfe zu machen, und ihn seiner Verbindlichkeiten mit einem Ernst zu erinnern, den der Tyrann nicht mehr ertragen konnte. Dionys sprach im Ton eines asiatischen Despoten, und Dion antwortete wie ein Mißvergnügter, der sich stark genug fühlt, den Drohungen eines übermüthigen Tyrannen Troz zu bieten. Philistus hielt den Dionys zurük, der im Begrif war alles zu wagen, indem er seiner Wuth den Zügel schiessen lassen wollte. Allein in den Umständen worinn man mit dem beleidigten Dion war, mußte ein schleuniger Entschluß gefaßt werden. Dion verschwand auf einmal, und erst nach einigen Tagen machte Dionys bekannt: Daß ein gefährliches Complot gegen seine Person, und die Ruhe des Staats, woran Dion in geheim gearbeitet, ihn genöthiget hätte, denselben auf einige Zeit aus Sicilien zu entfernen. Es bestätigte sich würklich, daß Dion in der Nacht unvermuthet in Verhaft genommen, zu Schiffe gebracht und in Ita-

lien

lien ans Land gesezt worden war. Um das angebliche Complot wahrscheinlich zu machen, wurden verschiedene Freunde Dions, und eine noch grössere Anzahl von Creaturen des Philistus, welche gegen diesen Prinzen zu reden bestochen waren, in Verhaft genommen. Man unterließ nichts, was seinem Proceß das Ansehen der genauesten Beobachtung der Justiz-Formalitäten geben konnte; und nachdem er durch die Aussage einer Menge von Zeugen überwiesen worden war, wurde seine Verbannung in ein förmliches Urtheil gebracht, und ihm bey Strafe des Lebens verboten, ohne besondere Erlaubnis des Dionys, Sicilien wieder zu betreten. Dionys stellte sich, als ob er dieses Urtheil ungern und allein durch die Sorge für die Ruhe des Staats gezwungen unterzeichne; und um eine Probe zu geben, wie gern er eines Prinzen, den er allezeit besonders hochgeschäzt habe, schonen möchte, verwandelte er die Strafe der Confiscation aller seiner Güter in eine blosse Zurükhaltung der Einkünfte von denselben: Aber niemand ließ sich durch diese Vorspieglungen hintergehen, da man bald darauf erfuhr, daß er seine Schwester, die Gemalin des Dion, gezwungen habe, die Belohnung des unwürdigen Timocrat zu werden.

Plato spielte bey dieser unerwarteten Catastrophe eine sehr demüthigende Rolle. Dionys affectierte zwar noch immer, ein grosser Bewunderer seiner Wissenschaft und Beredsamkeit zu seyn; aber sein Einfluß hatte so gänzlich aufgehört, daß ihm nicht einmal erlaubt war, die

Unschuld

Unschuld seines Freundes zu vertheidigen. Er wurde täglich zur Tafel eingeladen; aber nur, um mit eignen Ohren anzuhören, wie die Grundsäze seiner Philosophie, die Tugend selbst, und alles was einem gesunden Gemüth ehrwürdig ist, zum Gegenstand leichtsinniger Scherze gemacht wurden, welche sehr oft den ächten Wiz nicht weniger beleidigten als die Tugend. Und damit ihm alle Gelegenheit benommen würde, die widrigen Eindrüke, welche den Syracusanern gegen den Dion beygebracht worden waren, wieder auszulöschen, wurde ihm unter dem Schein einer besondern Ehrenbezeugung eine Wache gegeben, welche ihn wie einen Staats-Gefangenen beobachtete und eingeschlossen hielt. Der Philosoph hatte denjenigen Theil seiner Seele, welchem er seinen Siz zwischen der Brust und dem Zwerch-Fell angewiesen, noch nicht so gänzlich gebändiget, daß ihn dieses Betragen des Tyrannen nicht hätte erbittern sollen. Er fieng an wie ein freygebohrner Athenienser zu sprechen, und verlangte seine Entlassung. Dionys stellte sich über dieses Begehren bestürzt an, und schien alles anzuwenden, um einen so wichtigen Freund bey sich zu behalten; er bot ihm so gar die erste Stelle in seinem Reich, und, wenn Plutarch nicht zuviel gesagt hat, alle seine Späze an, wofern er sich verbindlich machen wollte, ihn niemals zu verlassen; aber die Bedingung, welche er hinzusezte, bewieß, wie wenig er selbst erwartete, daß seine Erbietungen angenommen werden würden. Denn er verlangte, daß er ihm seine Freundschaft für den Dion aufopfern sollte; und Plato

[Agath. II. Th.]   K   verstund

verstuhnd den stillschweigenden Sinn dieser Zumuthung. Er beharrete also auf seiner Entlassung, und erhielt sie endlich, nachdem er das Versprechen von sich gegeben hatte, daß er wieder kommen wolle, so bald der Krieg, welchen Dionys wider Carthago anzufangen im Begriff war, geendigt seyn würde. Der Tyrann machte sich eine grosse Angelegenheit daraus, alle Welt zu überreden, daß sie als die besten Freunde von einander schieden; und Platons Ehrgeiz (wenn es anders erlaubt ist, eine solche Leidenschaft bey einem Philosophen vorauszusezen) fand seine Rechnung zu gut dabey, als daß er sich hätte bemühen sollen, die Welt von dieser Meynung zuheilen. Er gehe, sagte er, nur Dion und Dionys wieder zu Freunden zu machen. Der Tyrann bezeugte sich sehr geneigt hierzu, und hob, zum Beweis seiner guten Gesinnung den Beschlag auf, den er auf die Einkünfte Dions gelegt hatte. Plato hingegen machte sich zum Bürgen für seinen Freund, daß er nichts widriges gegen Dionysen unternehmen sollte. Der Abschied machte eine so traurige Scene, daß die Zuschauer, (ausser den wenigen, welche das Gesicht unter der Maske kannten) von der Gutherzigkeit des Prinzen sehr gerührt wurden; er begleitete den Philosophen bis an seine Galeeren, erstikte ihn fast mit Umarmungen, nezte seine ehrwürdigen Wangen mit Thränen, und sah ihm so lange nach, bis er ihn aus den Augen verlohr: Und so kehrten beyde, mit gleich erleichtertem Herzen, Plato in seine geliebte Academie, und Dionys in die Arme seiner Tänzerin zurük.

Dieser

Neuntes Buch, viertes Capitel.

Dieſer Tyrann, deſſen natürliche Eitelkeit durch die Diſcurſe des Athenienſiſchen Weiſen zu einer heftigen Ruhmbegierde aufgeſchwollen war, hatte ſich unter andern Schwachheiten in den Kopf geſezt, für einen Gönner der Gelehrten, für einen Kenner, und ſo gar für einen der ſchönen Geiſter ſeiner Zeit gehalten zu werden. Er war ſehr bekümmert, daß Plato und Dion den Griechen, denen er vorzüglich zu gefallen begierig war, die gute Meynung wieder benehmen möchten, welche man von ihm zu faſſen angefangen hatte; und dieſe Furcht ſcheint einer von den ſtärkſten Beweggründen geweſen zu ſeyn, warum er den Plato bey ihrer Trennung mit ſo vieler Freundſchaft überhäuft hatte. Er ließ es nicht dabey bewenden. Philiſtus ſagte ihm, daß Griechenland eine Menge von ſpeculativen Müſſiggängern habe, welche ſo berühmt als Plato, und zum theil geſchikter ſeyen, einen Prinzen bey Tiſche oder in verlohrnen Augenbliken zu beluſtigen als dieſer Mann, der die Schwachheit habe ein lächerlich ehrwürdiges Mittelding zwiſchen einem Egyptiſchen Prieſter, und einem Staatsmanne vorzuſtellen, und ſeine unverſtändlich-erhabene Grillen für Grundſäze, wornach die Welt regiert werden müſſe, auszugeben. Er bewies ihm mit den Beyſpielen ſeiner eigenen Vorfahren, daß ein Fürſt ſich den Ruhm eines unvergleichlichen Regenten nicht wolfeiler anſchaffen könne, als indem er Philoſophen und Poeten in ſeinen Schuz nehme; Leute, welche für die Ehre ſeine Tiſchgenoſſen zu ſeyn, oder für ein mäſſiges Gehalt, bereit ſeyen, alle ihre Talente ohne Maß und

K 2   Ziel

Ziel zu seinem Ruhm und zu Beförderung seiner Absichten zu verschwenden. Glaubest du, sagte er, daß Hieron der wunderthätige Mann, der Held, der Halbgott, das Muster aller fürstlichen, bürgerlichen und häuslichen Tugenden gewesen sey, wofür ihn die Nachwelt hält? Wir wissen was wir davon denken sollen; er war was alle Prinzen sind, und lebte wie sie alle leben; er that was ich und ein jeder andrer thun würde, wenn wir zu unumschränkten Herren einer so schönen Insel, wie Sicilien ist, gebohren wären — Aber er hatte die Klugheit, Simoniden und Pindare an seinem Hofe zu halten; sie lobten ihn in die Wette, weil sie wol gefüttert und wol bezahlt wurden; alle Welt erhob die Freygebigkeit dieses Prinzen, und doch kostete ihn dieser Ruhm nicht halb soviel, als seine Jagdhunde. Wer wollte ein König seyn, wenn ein König das alles würklich thun müßte, was sich ein müssiger Sophist auf seinem Faulbethe oder Diogenes in seinem Fasse einfallen läßt, ihm zu Pflichten zu machen? Wer wollte regieren, wenn ein Regent allen Forderungen und Wünschen seiner Unterthanen genug thun müßte? Das meiste, wo nicht alles, kömmt auf die Meynung an, die ein grosser Herr von sich erwekt; nicht auf seine Handlungen selbst, sondern auf die Gestalt und den Schwung, den er ihnen zu geben weiß. Was er nicht selbst thun will, oder thun kan, das können witzige Köpfe für ihn thun. Haltet euch einen Philosophen, der alles demonstriren, einen sinnreichen Schwäzer, der über alles scherzen, und einen Poeten, der

über

über alles Gassenlieder machen kan. Der Nuzen, den ihr von dieser kleinen Ausgabe zieht, fällt zwar nicht sogleich in die Augen; ob es gleich an sich selbst schon Vortheils genug für einen Fürsten ist, für einen Beschüzer der Musen gehalten zu werden. Denn das ist in den Augen von neun und neunzig hunderttheilen des menschlichen Geschlechts ein untrüglicher Beweis, daß er selbst ein Herr von grosser Einsicht, und Wissenschaft ist; und diese Meynung erwekt Zutrauen, und ein günstiges Vorurtheil für alles was er unternimmt. Aber das ist der geringste Nuzen, den ihr von euern wizigen Kostgängern zieht. Sezet den Fall, daß es nöthig sey eine neue Auflage zu machen; das ist alles was ihr braucht, um in einem Augenblik ein allgemeines Murren gegen eure Regierung zu erregen; die Mißvergnügten, eine Art von Leuten, welche die klügste Regierung niemals gänzlich ausrotten kan, machen sich einen solchen Zeitpunct zu nuze; sezen das Volk in Gährung, untersuchen eure Aufführung, die Verwaltung eurer Einkünfte, und tausend Dinge, an welche vorher niemand gedacht hatte; die Unruhe nimmt zu, die Repräsentanten des Volks versammeln sich, man übergiebt euch eine Vorstellung, eine Beschwerung um die andere; unvermerkt nimmt man sich heraus die Bitten in Forderungen zu verwandeln, und die Forderungen mit ehrfurchtsvollen Drohungen zu unterstüzen; kurz, die Ruhe euers Lebens ist, wenigstens auf einige Zeit, verlohren; ihr befindet euch in critischen Umständen, wo der kleinste Fehltritt die schlimmesten Folgen nach sich

sich ziehen kan, und es braucht nur einen Dion, der sich zu einer solchen Zeit einem mißvergnügten Pöbel an den Kopf wirft, so habt ihr einen Aufruhr in seiner ganzen Grösse. Hier zeigt sich der wahre Nuzen unsrer wizigen Köpfe. Durch ihren Beystand können wir in etlichen Tagen allen diesen Uebeln zuvorkommen. Laßt den Philosophen demonstriren, daß diese Auflage zur Wolfahrt des gemeinen Wesens unentbehrlich ist; laßt den Spaßvogel irgend einen lächerlichen Einfall, irgend eine lustige Hof-Anecdote oder ein boshaftes Mährchen in der Stadt herumtragen, und den Poeten eine neue Comödie und ein paar Gassenlieder machen, um dem Pöbel was zu sehen und zu singen zu geben: So wird alles ruhig bleiben; und indessen daß die politischen Müssiggänger sich darüber zanken werden, ob euer Philosoph recht oder unrecht argumentiert habe, und die kleine ärgerliche Anecdote reichlich ausgeziert und verschönert, den Wiz aller guten Gesellschaften im Athem erhält: Wird der Pöbel ein paar Flüche zwischen den Zähnen murmeln, die Grillen zu vertreiben, seinen Gassenhauer anstimmen, und -- bezahlen. Solche Dienste, sind, däucht mich wol werth, etliche Leute zu unterhalten, die ihren ganzen Ehrgeiz darinn sezen, Worte zierlich zusammenzusezen, Sylben zu zählen, Ohren zu kizeln und Lungen zu erschüttern; Leute, denen ihr alle ihre Wünsche erfüllt, wenn ihr ihnen so viel gebt, als sie brauchen, kummerloß durch eine Welt, an die sie wenig Ansprüche machen, hindurchzuschlentern, und nichts zu thun, als was der Wurm im Kopf,

Kopf, den sie ihren Genie nennen, ihnen zum grösseſten Vergnügen ihres Lebens macht.

Dionys befand dieſen Rath ſeines würdigen Miniſters vollkommen nach ſeinem Geſchmak. Philiſtus übergab ihm eine Liſte von mehr als zwanzig Candidaten, aus denen man, wie er ſagte, nach Belieben auswählen könnte. Dionys glaubte, daß man dieſer nützlichen Leute nicht zuviel haben könne, und wählte alle. Alle ſchönen Geiſter Griechenlandes wurden unter blendenden Verheiſſungen an ſeinen Hof eingeladen. In kurzer Zeit wimmelte es in ſeinen Vorſälen von Philoſophen und Prieſtern der Muſen. Alle Arten von Dichtern, Epiſche, Tragiſche, Comiſche, Lyriſche, welche ihr Glük zu Athen nicht hatten machen können, zogen nach Syracus, um ihre Leyern und Flöten an den anmuthigen Ufern des Anapus zu ſtimmen, und — ſich ſatt zu eſſen. Sie glaubten, daß es ihnen gar wol erlaubt ſeyn könne, die Tugenden des Dionys zu beſingen, nachdem der göttliche Pindar ſich nicht geſchämt hatte, die Mauleſel des Hieron unſterblich zu machen. So gar der cyniſche Antiſthenes ließ ſich durch die Hofnung herbeyloken, daß ihn die Freygebigkeit des Dionys in den Stand ſezen würde, die Vortheile der freywilligen Armuth und der Enthaltſamkeit mit deſto mehr Gemächlichkeit zu ſtudieren; Tugenden, von deren Schönheit, nach dem ſtillſchweigenden Geſtändnis ihrer eyfrigſten Lobredner, ſich nach einer guten Mahlzeit am beredteſten ſprechen läßt. Kurz, Dionys hatte das Vergnügen,

gnügen, ohne einen Plato dazu nöthig zu haben, sich mitten an seinem Hofe eine Academie für seinen eignen Leib zu errichten, deren Vorsteher und Apollo er selbst zu seyn würdigte, und in welcher über die Gerechtigkeit, über die Grenzen des Guten und Bösen, über die Quelle der Geseze, über das Schöne, über die Natur der Seele, der Welt und der Götter, und andere solche Materien, welche nach den gewöhnlichen Begriffen der Weltleute zu nichts als zur Conversation gut sind, mit so vieler Schwazhaftigkeit, mit so viel Subtilität und so wenig gesunder Vernunft disputirt wurde, als es in irgend einer Schule der Weisheit der damaligen Zeiten zu geschehen pflegte. Er hatte das Vergnügen sich bewundern, und wegen einer Menge von Tugenden und Helden-Eigenschaften lobpreisen zu hören, die er sich selbst niemals zugetraut hätte. Seine Philosophen waren keine Leute, die, wie Plato, sich herausgenommen hätten, ihn hofmeistern, und lehren zu wollen, wie er zuerst sich selbst, und dann seinen Staat regieren müsse. Der strengeste unter ihnen war zu höflich, etwas an seiner Lebensart auszusezen, und alle waren bereit es einem jeden Zweifler sonnenklar zu beweisen, daß ein Tyrann, der Zueignungs-Schriften, und Lobgedichte so gut bezahlte, so gastfrey war, und seine getreuen Unterthanen durch den Anblik so vieler Feste und Lustbarkeiten glüklich machte, der würdigste unter allen Königen seyn müsse.

In diesen Umständen befand sich der Hof zu Syracus, als der Held unsrer Geschichte in dieser Stadt ankam; und so war der Fürst beschaffen, welchem er, unter ganz andern Vorausseznngen, seine Dienste anzubieten gekommen war.

Fünftes Capitel.

Agathon wird der Günstling des Dionysius.

Agathon erfuhr die hauptsächlichsten Begebenheiten, welche den Inhalt des vorhergehenden Capitels ausmachen, bey einem grossen Gastmal, welches sein Freund der Kaufmann, des folgenden Tages gab, um Agathons Ankunft in Syracus, und seine eigene Wiederkunft feyrlich zu begehen. Der Nahme eines Gastes, der eine Zeit lang den Griechen so viel von sich zu reden gegeben hatte, zog unter andern Neugierigen auch den Philosophen Aristippus herbey, der sowol wegen der Annehmlichkeiten seines Umgangs, als wegen der Gnade, worinn er bey dem Tyrannen stuhnd, in den besten Häusern zu Syracus sehr willkommen war. Dieser Philosoph hatte sich, bey jener grossen Migration der schönen Geister aus Griechenland nach Syracus, auch dahin begeben, mehr um einen beobachtenden Zuschauer abzugeben, als in der Absicht, durch parasitische Künste die Eitelkeit des Dionys seinen Bedürfnissen zinßbar zu machen. Agathon und Aristippus hatten einander zu

Athen gekannt; aber damals contrastierte der Enthusiasmus des Ersten mit dem kalten Blut, und der Humoristischen Art zu philosophieren des Andern zu stark, als daß sie einander wahrhaftig hätten hochschäzen können, obgleich Aristipp sich öfters bey den Versammlungen einfand, welche damals aus Agathons Haus einen Tempel der Musen, und eine Academie der besten Köpfe von Athen machten. Die Wahrheit war, daß Agathon mit allen seinen schimmernden Eigenschaften in Aristipps Augen ein Phantast, dessen Unglük er seinen Vertrauten öfters vorhersagte -- und Aristipp mit allem seinem Wiz nach Agathons Begriffen ein bloßer Sophist war, den seine Grundsäze geschikter machten, weibische Sybariten noch sybaritischer, als junge Republicaner zu tugendhaften Männern zu machen. Der Eindruk, welcher beyden von dieser ehmals von einander gefaßten Meynung geblieben war, machte sie stuzen, da sie sich nach einer Trennung von drey oder vier Jahren so unvermuthet wieder sahen. Es gieng ihnen in den ersten Augenbliken, wie es uns zu gehen pflegt, wenn uns däucht, als ob wir eine Person kennen sollten, ohne uns gleich deutlich erinnern zu können, wer sie ist, oder wo und in welchen Umständen wir sie gesehen haben. Das sollte Agathon -- das sollte Aristipp seyn, dachte jeder bey sich selbst, war überzeugt, daß es so sey, und hatte doch Mühe, seiner eigenen Ueberzeugung zu glauben. Aristipp suchte im Agathon den Enthusiasten, welcher nicht mehr war; und Agathon glaubte im Aristipp den Sybariten nicht mehr zu finden,

finden; vielleicht allein, weil seine Art, Personen und Sachen ins Auge zu fassen, seit einiger Zeit eine merkliche Veränderung erlidten hatte. Ein Umgang von etlichen Stunden lösete beyden das Räthsel ihres anfänglichen Irthums auf, zerstreute den Rest des alten Vorurtheils, und flößte ihnen Dispositionen ein, bessere Freunde zu werden. Unvermerkt erinnerten sie sich nicht mehr, daß sie einander ehmals weniger gefallen hatten; und ihr Herz liebte den kleinen Selbstbetrug, dasjenige was sie izt für einander empfanden, für die blosse Erneuerung einer alten Freundschaft zu halten. Aristipp fand bey unserm Helden, eine Gefälligkeit, eine Politesse, eine Mäßigung, welche ihm zu beweisen schien, daß Erfahrungen von mehr als einer Art eine starke Revolution in seinem Gemüthe gewürkt haben mußten. Agathon fand bey dem Philosophen von Cyrene etwas mehr als Wiz, einen Beobachtungs-Geist, eine gesunde Art zu denken, eine Feinheit und Richtigkeit der Beurtheilung, welche den Schüler des weisen Socrates in ihm erkennen liessen. Diese Entdekungen flösseten ihnen natürlicher Weise ein gegenseitiges Zutrauen ein, welches sie geneigt machte, sich weniger vor einander zu verbergen, als man bey einer ersten Zusammenkunft zu thun gewohnt ist. Agathon ließ seinem neuen Freunde sein Erstaunen darüber sehen, daß die Hofnungen, welche man sich zum Vortheil Siciliens von Platons Ansehen bey dem Dionys gemacht, so plözlich, und auf eine so unbegreifliche Art, vernichtet worden. In der That bestuhnd alles was man in der Stadt davon

davon wußte, in bloßen Muthmaßungen, die sich zum Theil auf allerley unzuverläßige Anecdoten gründeten, welche in Städten, wo ein Hof ist von müßigen Leuten, die sich das Ansehen geben wollen, als ob sie von den Geheimnissen und Intriguen des Hofes vollkommene Wissenschaft hätten, von Gesellschaft zu Gesellschaft herumgetragen zu werden pflegen. Aristipp hatte in der kurzen Zeit, seit dem er sich an Dionysens Hofe aufhielt, die schwache Seite dieses Prinzen, den Character seiner Günstlinge, der Vornehmsten der Stadt, und der Sicilianer überhaupt so gut ausstudiert, daß er, ohne sich in die Entwiklung der geheimern Triebfedern (womit wir unsre Leser schon bekannt gemacht haben) einzulassen, den Agathon leicht überzeugen konnte, daß ein gleichgültiger Zuseher von den Anschlägen, Dions und Platons, den Dionys zu einer freywilligen Niederlegung der monarchischen Gewalt zu vermögen, sich keinen glüklichern Ausgang habe versprechen können. Er mahlte den Tyrannen von seiner besten Seite als einen Prinzen ab, bey dem die unglüklichste Erziehung ein vortrefliches Naturell nicht habe verderben können; der von Natur leutselig, edel, freygebig, und dabey so bildsam und leicht zu regieren sey, daß alles bloß darauf ankomme, in was für Händen er sich befinde. Seiner Meynung nach war, eben diese allzubewegliche Gemüthsart und der Hang für die Vergnügungen der Sinnen die fehlerhafteste Seite dieses Prinzen. Plato hätte die Kunst verstehen sollen, sich dieser Schwachheiten selbst auf eine feine Art zu seinen Absichten zu bedienen;

dienen; aber das hätte eine Geschmeidigkeit, eine kluge Mischung von Nachgiebigkeit und Zurükhaltung erfordert, wozu der Verfasser des Cratylus und Timäus niemals fähig seyn werde. Ueberdem hätte er sich zu deutlich merken lassen, daß er gekommen sey, den Hofmeister des Prinzen zu machen; ein Umstand, der schon für sich allein alles habe verderben müssen. Denn die schwächsten Fürsten seyen allemal diejenigen, vor denen man am sorgfältigsten verbergen müsse, daß man weiter sehe als sie; sie würden sich's zur Schande rechnen, sich von dem grössesten Geist in der Welt regieren zu lassen, so bald sie glauben, daß er eine solche Absicht im Schilde führe; und daher komme es, daß sie sich oft lieber der schimpflichen Herrschaft eines Cammerdieners oder einer Maitresse unterwerfen, welche die Kunstgriffe besizen, ihre Gewalt über das Gemüth des Herrn unter sclavischen Schmeicheleyen oder schlauen Liebkosungen zu verbergen. Plato sey zu einem Minister eines so jungen Prinzen zu spizfündig, und zu einem Günstling zu alt gewesen; zudem habe ihm seine vertraute Freundschaft mit dem Dion geschadet, da sie seinen heimlichen Feinden beständige Gelegenheit gegeben, ihn dem Prinzen verdächtig zu machen. Endlich habe der Einfall, aus Sicilien eine platonische Republik zu machen, an sich selbst nichts getaugt. Der National-Geist der Sicilianer sey eine Zusammensezung von so schlimmen Eigenschaften, daß es, seiner Meynung nach, dem weisesten Geszgeber unmöglich bleiben würde, sie zur republicanischen Tugend umzubilden; und Dionys, welcher unter gewissen

wissen Umständen fähig sey ein guter Fürst zu werden, würde, wenn er sich auch in einem Anstoß von eingebildeter Großmuth hätte bereden lassen, die Tyrannie aufzuheben, allezeit ein sehr schlimmer Bürger gewesen seyn. Diese allgemeine Ursachen seyen, was auch die nähern Veranlassungen der Verbannung des Dion und der Ungnade oder wenigstens der Entfernung des Platon gewesen seyn mögen, hinlänglich begreiflich zu machen, daß es nicht anders habe gehen können; sie bewiesen aber auch (sezte Aristipp mit einer anscheinenden Gleichgültigkeit hinzu) daß ein Anderer, der sich die Fehler dieser Vorgänger zu Nuzen zu machen wißte, wenig Mühe haben würde, die unwürdigen Leute zu verdrängen, welche sich wieder in den Besiz des Zutrauens und der Autorität des Tyrannen geschwungen hätten.

Agathon fand diese Gedanken seines neuen Freundes so wahrscheinlich, daß er sich überreden ließ, sie für wahr anzunehmen. Und hier spielte ihm die Eigenliebe einen kleinen Streich, dessen er sich nicht zu ihr vermuthete. Sie flüsterte ihm so leise, daß er ihren Einhauch vielleicht für die Stimme seines Genius, oder der Tugend selbsten hielt, den Gedanken zu -- wie schön es wäre, wenn Agathon dasjenige zu Stande bringen könnte, was Plato vergebens unternommen hatte. Wenigstens däuchte es ihn schön, den Versuch zu machen; und er fühlte eine Art von ahnendem Bewußtseyn, daß eine solche Unternehmung nicht über seine Kräfte

gehen

gehen würde. Diese Empfindungen (denn Gedanken waren es noch nicht) stiegen, während daß Aristippus sprach, in ihm auf; aber er nahm sich wol in Acht, ihn das geringste davon merken zu lassen; und lenkte, aus Besorgniß von einem so schlauen Höflinge unvermerkt ausgekundschaftet zu werden, das Gespräch auf andre Gegenstände. Ueberhaupt vermied er alles, was die Aufmerksamkeit der Anwesenden vorzüglich auf ihn hätte richten können, desto sorgfältiger, da er wahrnahm, daß man einen ausserordentlichen Mann in ihm zu sehen erwartete. Er sprach sehr bescheiden, und nur so viel als die Gelegenheit unumgänglich erfoderte, von dem Antheil, den er an der Staats-Verwaltung von Athen gehabt hatte; ließ die Anlässe entschlüpfen, die ihm von einigen mit guter Art (wie sie wenigstens glaubten) gemacht wurden, um seine Gedanken von Regierungs-Sachen, und von den Syracusanischen Angelegenheiten auszuholen; sprach von allem wie ein gewöhnlicher Mensch, der sich auf das was er spricht versteht, und begnügte sich bey Gelegenheit sehen zu lassen, daß er ein Kenner aller schönen Sachen sey, ob er sich gleich nur für einen Liebhaber gab. Dieses Betragen, wodurch er allen Verdacht, als ob er aus besondern Absichten nach Syracus gekommen sey, von sich entfernen wollte, hatte die Würkung, daß die Meisten, welche mit einem Erwartungs-vollen Vorurtheil für ihn gekommen waren, sich für betrogen hielten, und mit der Meynung weggiengen, Agathon halte in der Nähe nicht, was sein Ruhm verspreche: Ja, um sich dafür zu rächen,

chen, daß er nicht so war, wie er ihrer Einbildung zu lieb hätte seyn sollen, liehen sie ihm noch einige Fehler, die er nicht hatte, und verringerten den Werth der schönen Eigenschaften, welche er entweder nicht verbergen konnte, oder nicht verbergen wollte; gewöhnliches Verfahren der kleinen Geister, wodurch sie sich unter einander in der tröstlichen Beredung zu stärken suchen, daß kein so grosser Unterscheid, oder vielleicht gar keiner, zwischen ihnen und den Agathonen sey — und wer wird so unbillig seyn, und ihnen das übel nehmen?

Sobald sich unser Mann allein sah, überließ er sich den Betrachtungen, die in seiner gegenwärtigen Stellung die natürlichsten waren. Sein erster Gedanke, sobald er gehört hatte, daß Plato entfernt, und Dionys wieder in der Gewalt seiner ehemaligen Günstlinge und einer neuangekommenen Tänzerin sey, war gewesen, sich nur wenige Tage bey seinem Freunde verborgen zu halten, und sodann nach Italien überzufahren, wo er verschiedne Ursachen hatte zu hoffen, daß er in dem Hause des berühmten Archytas zu Tarent willkommen seyn würde. Allein die Unterredung mit dem Aristippus hatte ihn auf andre Gedanken gebracht. Je mehr er dasjenige, was ihm dieser Philosoph von den Ursachen der vorgegangenen Veränderungen gesagt hatte, überlegte; je mehr fand er sich ermuntert, das Werk, welches Plato aufgegeben hatte, auf einer andern Seite, und, wie er hoffte, mit besserm Erfolg, anzugreiffen. Von tausend manchfaltigen Gedanken hin und her gezogen, brachte er den grösseſten Theil der Nacht in einem Mittelſtand zwiſchen Entſchlieſſung und Ungewißheit zu, bis er endlich mit ſich ſelbſt einig wurde, es darauf ankommen zu laſſen, wozu ihn die Umſtände beſtimmen würden. Inzwiſchen machte er ſich auf den Fall, wenn ihn Dionys an ſeinen Hof zu ziehen ſuchen ſollte, einen Verwaltungs-Plan; er ſtellte ſich eine Menge Zufälle vor, welche begegnen konnten, und ſezte die Maßregeln bey ſich ſelbſt feſte, nach welchen er in allen dieſen Umſtänden handeln wollte. Die genaueſte Verbindung der Klugheit mit der Rechtſchaffenheit war die Seele davon. Sein eigner Vortheil kam dabey in gar keine Betrachtung; dieſer Punct lag durch aus zum Grunde ſeines ganzen Syſtems; er wollte ſich durch keine Art von Banden feſſeln laſſen, ſondern immer die Freyheit behalten, ſich ſo bald er ſehen würde, daß er vergeblich arbeite, mit Ehre zurükzuziehen. Das war die einzige Rükſicht, die er dabey auf ſich ſelbſt machte. Die lebhafte Abneigung, die er, aus eigener Erfahrung gegen alle populare Regierungs-Arten gefaßt hatte, ließ ihn nicht daran denken, den Sicilianern zu einer Freyheit behülflich zu ſeyn, welche er für einen bloſſen Namen hielt, unter deſſen Schutz die Edeln eines Volkes und der Pöbel einander wechſelweiſe ärger Tyranniſiren als es irgend ein Tyrann zu thun fähig iſt; der ſo arg er immer ſeyn mag, doch durch ſeinen eigenen Vortheil abgehalten wird, ſeine Sclaven gänzlich aufzureiben; -- da hingegen der Pöbel, wenn er die Gewalt einmal an ſich geriſſen hat, ſeinen wilden Bewegungen keine Grenzen zu sezen fähig ist. Diese Reflexion traf zwar nur die Democratie; aber Agathon hatte von der Aristocratie keine bessere Meynung. Eine endlose Reihe von schlimmen Monarchen schien ihm etwas, das nicht in der Natur ist; und ein einziger guter Fürst, war, nach seiner Voraussezung, vermögend, das Glük seines Volkes auf ganze Jahrhunderte zu befestigen; da hingegen (seiner Meynung nach) die Aristocratie anders nicht als durch die gänzliche Unterdrükung des Volks auf einen dauerhaften Grund gesezt werden könne, und also schon aus dieser einzigen Ursache die schlimmste unter allen möglichen Verfassungen sey. So sehr gegen diese beyde Regierungs-Arten eingenommen als er war, konnte er nicht darauf verfallen, sie mit einander vermischen, und durch eine Art von politischer Chemie aus so widerwärtigen Dingen eine gute Composition herausbringen zu wollen. Eine solche Verfassung däuchte ihn allzuverwikelt, und aus zu vielerley Gewichtern und Rädern zusammengesezt, um nicht alle Augenblike in Unordnung zu gerathen, und sich nach und nach selbst aufzureiben. Die Monarchie schien ihm also, von allen Seiten betrachtet, die einfacheste, edelste, und der Analogie des grossen Systems der Natur gemässeste Art die Menschen zu regieren; und dieses vorausgesezt, glaubte er alles gethan zu haben, wenn er einen zwischen Tugend und Laster hin und her wankenden Prinzen aus den Händen schlimmer Rathgeber ziehen; durch einen klugen Gebrauch der Gewalt, die er über sein Gemüth zu bekommen hoffte, seine Denkungs-

Art

Art verbessern; und ihn nach und nach durch die eigenthümlichen Reizungen der Tugend endlich vollkommen gewinnen könnte. Und gesezt auch, daß es ihm nur auf eine unvollkommene Art gelingen würde; so hoffte er, wofern er sich nur einmal seines Herzens bemeistert haben würde, doch immer im Stande zu seyn, viel gutes zu thun, und viel Böses zu verhindern, und auch dieses schien ihm genug zu seyn, um beym Schluß der Action mit dem belohnenden Gedanken, eine schöne Rolle wol gespielt zu haben, vom Theater abzutreten. In diesen sanfteinwiegenden Gedanken schlummerte Agathon endlich ein, und schlief noch, als Aristippus des folgenden Morgens wiederkam, um ihn im Nahmen des Dionys einzuladen, und bey diesem Prinzen aufzuführen.

Die Seite, von der sich dieser Philosoph in der gegenwärtigen Geschichte zeigt, stimmt mit dem gemeinen Vorurtheil, welches man gegen ihn gefaßt hat, so wenig überein, als dieses mit den gewissesten Nachrichten, welche von seinem Leben und von seinen Meynungen auf uns gekommen sind. In der That scheint dasselbe sich mehr auf den Mißverstand seiner Grundsäze und einige ärgerliche Mährchen, welche Diogenes von Laerte und Athenäus, zween von den unzuverläßigsten Compilatoren in der Welt, seinen Feinden nacherzählen, als auf irgend etwas zu gründen, welches ihm unsre Hochachtung mit Recht entziehen könnte. Es hat zu allen Zeiten eine Art von Leuten gegeben, welche nirgends als in ihren Schriften tugendhaft sind; Leute,

welche

welche die Verdorbenheit ihres Herzens, und ihre geheimen Laster durch die Affectation der strengesten Grundsäze in der Sittenlehre bedeken wollen; moralische Pantomimen, *qui Curios simulant & Bacchanalia vivunt*; Leute, welche sich das Ansehen einer ausserordentlichen Delicatesse der Ohren in moralischen Dingen geben, und von dem blossen Schall des Worts Wollust, mit einem heiligen Schauer, erröthend -- oder erblassend, zusammenfahren; kurz, Leute, welche jedermann verachten würde, wenn nicht der grösseste Hauffen dazu verurtheilt wäre, sich durch Masken-Gesichter, Minen, Geberden, Inflexionen der Stimme, verdrehte Augen, und -- weisse Schnupftücher betrügen zu lassen. Diese vortreflichen Leute, (welche wir etwas genauer beschrieben haben, weil es nicht mehr gebräuchlich ist, denenjenigen einen Bündel Heu vor die Stirne zu binden, denen man nicht allzunahe kommen darf,) thaten schon damals ihr Bestes, den guten Aristipp für einen Wollüstling auszuschreyen, dessen ganze Philosophie darinn bestehe, daß er die Forderungen unsrer sinnlichen Triebe zu Grundsäzen gemacht, und die Kunst gemächlich und angenehm zu leben, in ein System gebracht habe.

Es ist hier der Ort nicht, die Unbilligkeit und den Ungrund dieses Urtheils zu beweisen; und dieses ist auch so nöthig nicht, nachdem bereits einer der ehrwürdigsten und verdienstvollesten Gelehrten unsrer Zeit, ein Mann der durch die Eigenschaften seines Verstandes und

Herzens

Herzens den Namen eines Weisen verdient, wenn ihn ein Sterblicher verdienen kan, ungeachtet seines Standes den Muth gehabt hat, in seiner critischen Geschichte der Philosophie diesem würdigen Schüler des Socrates Gerechtigkeit wiederfahren zu lassen.

Ohne uns also um Aristipps Lehrsäze zu bekümmern, begnügen wir uns, von seinem persönlichen Character so viel zu sagen als man wissen muß, um die Person, die er an Dionysens Hofe vorstellte, richtiger beurtheilen zu können. Unter allen den vorgeblichen Weisen, welche sich damals an diesem Hofe befanden, war er der einzige, der keine heimliche Absichten auf die Freygebigkeit des Prinzen hatte; ob er sich gleich kein Bedenken machte, Geschenke von ihm anzunehmen, die er nicht durch parasitische Niederträchtigkeiten erkauffte. Durch seine natürliche Denkungs-Art eben so sehr als durch seine, in der That ziemlich gemächliche Philosophie, von Ambition und Geldgierigkeit gleich entfernt, bediente er sich eines zulänglichen Erbguts, (welches er bey Gelegenheit durch den erlaubten Vortheil, den er von seinen Talenten zog, zu vermehren wußte) um, nach seiner Neigung, mehr einen Zuschauer als einen Acteur auf dem Schauplaz der Welt vorzustellen. Da er einer der besten Köpfe seiner Zeit war, so gab ihm diese Freyheit, worinn er sich sein ganzes Leben durch erhielt, Gelegenheit sich einen Grad von Einsicht zu erwerben, der ihn zu einem scharfen und sichern Beurtheiler aller Gegenstände des menschlichen Lebens machte.

Meister über seine Leidenschaften, welche von Natur nicht heftig waren; frey von allen Arten der Sorgen, und in den Tumult der Geschäfte selbst niemals verwikelt, war es ihm nicht schwer, sich immer in dieser Heiterkeit des Geistes, und in dieser Ruhe des Gemüthes zu erhalten, welche die Grundzüge von dem Character eines weisen Mannes ausmachen. Er hatte seine schönsten Jahre zu Athen, in dem Umgang mit Socrates und den grössesten Männern dieses berühmten Zeitalters zugebracht; die Euripiden und Aristophane, die Phidias und die Polygnote, und die Wahrheit zu sagen, auch die Phrynen, und Lalden, Damen, an denen die Schönheit die geringste ihrer Reizungen war, hatten seinen Wiz gebildet, und jenes zarte Gefühl des Schönen in ihm entwikelt, welches ihn die Munterkeit der Grazien mit der Severität der Philosophie auf eben diese unnachahmliche Art verbinden lehrte, die ihm den Neid aller philosophischen Mäntel und Bärte seiner Zeit auf den Hals zog. Nichts übertraf die Annehmlichkeit seines Umgangs; niemand wußte so gut wie er, die Weisheit unter der gefälligen Gestalt des lächelnden Scherzes und der guten Laune in solche Gesellschaften einzuführen, wo sie in ihrer eignen Gestalt nicht willkommen wäre. Er besaß das Geheimniß, den Grossen selbst die unangenehmste Wahrheiten mit Hülfe eines Einfalls oder einer Wendung erträglich zu machen, und sich an dem langweiligen Geschlechte der Narren und Geken, wovon die Höfe der (damaligen) Fürsten wimmelten, durch einen Spott zu rächen, den sie dumm genug waren, mit

dankbarem

dankbarem Lächeln für Beyfall anzunehmen. Die Lebhaftigkeit seines Geistes und die Kenntniß, die er von allen Arten des Schönen besaß, machte daß er wenig seines Gleichen hatte, wo es auf die Erfindung sinnreicher Ergözlichkeiten, auf die Anordnung eines Festes, die Auszierung eines Hauses, oder auf das Urtheil über die Werke der Dichter, Tonkünstler, Mahler und Bildhauer ankam. Er liebte das Vergnügen, weil er das Schöne liebte; und aus eben diesem Grunde liebte er auch die Tugend: Aber er mußte das Vergnügen in seinem Wege finden, und die Tugend mußte ihm keine allzubeschwerliche Pflichten auflegen; dem einen oder der andern seine Gemächlichkeit aufzuopfern, so weit gieng seine Liebe nicht. Sein vornehmster Grundsaz, und derjenige, dem er allezeit getreu blieb, war; daß es in unsrer Gewalt sey, in allen Umständen glücklich zu seyn; des Phalaris glühenden Ochsen ausgenommen; denn wie man in diesem sollte glücklich seyn können, davon konnte er sich keinen Begriff machen. Er sezte voraus, daß Seele und Leib sich im Stande der Gesundheit befinden müßten, und behauptete, daß es als dann nur darauf ankomme, daß wir uns nach den Umständen richten; anstatt, wie der grosse Hauffe der Sterblichen, zu verlangen, daß sich die Umstände nach uns richten sollen, oder ihnen, zu diesem Ende Gewalt anthun zu wollen. Von dieser sonderbaren Geschmeidigkeit kam es her, daß er das vielbedeutende Lob verdiente, welches ihm Horaz giebt, "daß ihm alle Farben, alle Umstände des günstigen oder widrigen Glückes

L 4   gleich

gleich gut anstuhnden; oder wie Plato von ihm sagte, daß es ihm allein gegeben war, ein Kleid von Purpur, und einen Kittel von Sackleinwand mit gleich guter Art zu tragen.

Es ist kein schwacher Beweis, wie wenig es dem Dionys an Fähigkeit das Gute zu schäzen gefehlt habe, daß er Aristippen um aller dieser Eigenschaften willen höher achtete, als alle andern Gelehrten, seines Hofes; daß er ihn am liebsten um sich leiden mochte, und sich öfters von ihm durch einen Scherz zu guten Handlungen bewegen ließ, wozu ihn seine Pedanten mit aller ihrer Dialectik und schulgerechten Beredsamkeit nicht zu vermögen fähig waren.

Diese characteristische Züge vorausgesezt, läßt sich, däucht uns, keine wahrscheinlichere Ursache angeben, warum Aristipp, so bald er unsern Helden zu Syracus erblikte, den Entschluß faßte, ihn bey dem Dionys in Gunst zu sezen, als diese; daß er begierig war zu sehen, was aus einer solchen Verbindung werden, und wie sich Agathon in einer so schlüpfrigen Stellung verhalten würde. Denn auf einige besondere Vortheile für sich selbst konnte er dabey kein Absehen haben, da es nur auf ihn ankam, ohne einen Mittelsmann zu bedürfen, sich die Gnade eines Prinzen zu Nuzen zu machen, der in einem Anstoß von pralerhafter Freygebigkeit fähig war, die Einkünfte von einer ganzen Stadt an einen Luftspringer oder Citharspieler wegzuschenken.

Dem

Dem sey indeßen wie ihm wolle, so hatte Aristipp nichts angelegners, als des nächsten Morgens den Prinzen, dem er bey seinem Aufstehen aufzuwarten pflegte, von dem neuangekommenen Agathon zu unterhalten, und eine so vortheilhafte Abschilderung von ihm zu machen, daß Dionys begierig wurde, diesen ausserordentlichen Menschen von Person zu kennen. Aristipp erhielt also den Auftrag, ihn unverzüglich nach Hofe zu bringen; und er vollzog denselben, ohne unsern Helden merken zu laßen, wieviel Antheil er an dieser Neugier des Prinzen gehabt hatte.

Agathon sah eine so bald erfolgende Einladung als ein gutes Omen an, und machte keine Schwierigkeit sie anzunehmen. Er erschien also vor dem Dionys, der ihn mitten unter seinen Hofleuten auf eine sehr leutselige Art empfieng. Er erfuhr bey dieser Gelegenheit abermal, daß die Schönheit eine stumme Empfehlung an alle Menschen, welche Augen haben, ist. Diese Gestalt des Vaticanischen Apollo, die ihm schon so manchen guten — und schlimmen — Dienst gethan, die ihm die Verfolgungen der Pythia und die Zuneigung der Athenienser zugezogen, ihn in den Augen der thrazischen Bacchantinnen zum Gott, und in den Augen der schönen Danae zum liebenswürdigsten der Sterblichen gemacht hatte --- Diese Gestalt, diese einnehmende Gesichtsbildung, diese mit Würde und Anstand zusammenfließende Grazie, welche allen seinen Bewegungen und Handlungen eigen war -- thaten ihre Würkung, und zogen ihm beym ersten Anblik die allgemeine Bewunderung zu. Dionys, welcher als König zu wol mit sich selbst zufrieden war, um über einen Privat-Mann wegen irgend einer Vollkommenheit eyfersüchtig zu seyn, überließ sich dem angenehmen Eindruk, den dieser schöne Fremdling auf ihn machte. Die Philosophen hoften, daß das Inwendige einer so viel versprechenden Aussenseite nicht gemäß seyn werde, und diese Hofnung sezte sie in den Stand, mit einem Nasenrümpfen, welches den geringen Werth, den sie einem solchen Vorzug beylegten, andeutete, einander zu zuraunen, daß er — schön sey. Aber die Höflinge hatten Mühe ihren Verdruß darüber zu verbergen, daß sie keinen Fehler finden konnten, der ihnen den Anblik so vieler Vorzüge erträglich gemacht hätte. Wenigstens waren dieses die Beobachtungen, welche der kaltsinnige Aristipp bey dieser Gelegenheit zu machen glaubte.

Agathon verband in seinen Reden und in seinem ganzen Betragen so viel Bescheidenheit und Klugheit mit dieser edeln Freyheit und Zuversichtlichkeit eines Weltmannes, worinn er sich zu Smyrna vollkommen gemacht hatte; daß Dionys in wenigen Stunden ganz von ihm eingenommen war. Man weiß, wie wenig es oft bedarf, den Grossen der Welt zu gefallen, wenn uns nur der erste Augenblik günstig ist. Agathon mußte also dem Dionys, welcher würklich Geschmak hatte, nothwendig mehr gefallen, als irgend ein anderer, den er jemals gesehen hatte; und das, in immerzunehmendem

dem Verhältniß, so wie sich, von einem Augenblik zum andern, die Vorzüge und Talente unsers Helden entwikelten. In der That besaß er deren so viele, daß der Neid der Höflinge, der in gleicher Proportion von Stunde zu Stunde stieg, gewisser massen zu entschuldigen war; die guten Leute würden sich viel auf sich selbst eingebildet haben, wenn sie nur diejenigen Eigenschaften, in einem solchen Grad, einzeln besessen hätten, welche in ihm vereinigt, dennoch den geringsten Theil seines Werthes ausmachten. Er hatte die Klugheit, anfänglich seine gründlichere Eigenschaften zu verbergen, und sich bloß von derjenigen Seite zu zeigen, wodurch sich die Hochachtung der Weltleute am sicherstens überraschen läßt. Er sprach von allem mit dieser Leichtigkeit des Wizes, welche nur über die Gegenstände dahinglitscht, und wodurch sich oft die schaalesten Köpfe in der Welt (auf einige Zeit wenigstens) das Ansehen, Verstand und Einsichten zu haben, zu geben wissen. Er scherzte; er erzählte mit Anmuth; er machte andern Gelegenheit sich hören zu lassen; und bewunderte die guten Einfälle, welche dem schwazhaften Dionys unter einer Menge von mittelmässigen und frostigen zuweilen entfielen, mit einer Art, welche, ohne seiner Aufrichtigkeit oder seinem Geschmak zuviel Gewalt anzuthun, diesen Prinzen überzeugte, daß Agathon unendlich viel Verstand habe.

Die grossen Herren haben gemeiniglich eine Lieblings-Schwachheit, wodurch es sehr leicht wird, den Eingang

gang in ihr Herz zu finden. Der grosse Tanzai von Scheschian, ein Kenner übrigens von Verdiensten, kannte doch kein grösseres als die Leyer gut zu spielen. Dionys hegte ein so günstiges Vorurtheil für die Cithar, daß der beste Cithar-Spieler in seinen Augen der grösseste Mann auf dem Erdboden war. Er spielte sie zwar selbst nicht; aber er gab sich für einen Kenner, und rühmte sich die grössesten Virtuosen auf diesem wunderthätigen Instrument an seinem Hofe zu haben. Zu gutem Glüke hatte Agathon zu Delphi die Cithar schlagen gelernt, und bey der schönen Danae, welche eine Meisterin auf allen Sayten-Instrumenten der damaligen Zeit war, einige Lectionen genommen, die ihn vollkommen gemacht hatten. Kurz, Agathon nahm das dritte oder vierte mahl, da er mit dem Dionys zu Nacht aß, eine Cithar, begleitete darauf einen Dithyramben des Damon, (der von einer feinen Stimme gesungen, und von der schönen Bacchidion getanzt wurde) und sezte seine Hoheit dadurch in eine so übermässige Entzükung, daß der ganze Hof von diesem Augenblik an für ausgemacht hielt, ihn in kurzem zur Würde eines erklärten Günstlings erhoben zu sehen. Dionys überhäufte ihn in der ersten Aufwallung seiner Bewunderung mit Liebkosungen, welche unserm Helden beynahe allen Muth benahmen. Himmel! dachte er, was werde ich mit einem König anfangen, der bereit ist, den ersten Neuangekommenen an die Spize seines Staats zu sezen, weil er ein guter Citharschläger ist? Dieser erste Gedanke war sehr gründlich, und würde ihm vieles Ungemach erspart

haben,

haben, wenn er seiner Eingebung gefolget hätte. Aber eine andere Stimme (war es seine Eitelkeit, oder der Gedanke ein grosses Vorhaben, nicht um einer so geringfügigen Ursache willen aufzugeben? — oder war es die Schwachheit, die uns geneigt macht, alle Thorheiten der Grossen, welche Achtung für uns zeigen, mit nachsichtvollen Augen einzusehen?) flüsterte ihm ein: Daß der Geschmak für die Musik, und die besondere Anmuthung für ein gewisses Instrument, eine Sache sey, welche von unsrer Organisation abhange; und daß es ihm nur desto leichter seyn werde, sich des Herzens dieses Prinzen zu versichern, je mehr er von den Geschiklichkeiten besitze, wodurch man seinen Beyfall erhalten könne.

Die Gunst, in welche er sich in so kurzer Zeit und durch so zweydeutige Verdienste bey dem Tyrannen ge.. sezt, stieg bald darauf, bey Gelegenheit einer academischen Versammlung, welche Dionys mit grossen Feyerlichkeiten veranstaltete, zu einem solchen Grade, daß Philistus, der bisher noch zwischen Furcht und Hofnung geschwebet hatte, seinen Fall nunmehr für gewiß hielt.

Dionys hatte vom Aristipp in der Stille vernommen, daß Agathon ehmals ein Schüler Platons gewesen, und während seines Glüksstandes zu Athen für einen der grössesten Redner in dieser schwazhaften Republik gehalten worden sey. Erfreut, eine Vollkommenheit mehr an sei-

nem

nem neuen Liebling zu entdeken, säumte er sich keinen Augenblik, eine Gelegenheit zu veranstalten, wo er aus eigner Einsicht von der Wahrheit dieses Vorgebens urtheilen könnte; denn es kam ihm ganz übernatürlich vor, daß man zu gleicher Zeit ein Philosoph, und so schön, und ein so grosser Citharschläger sollte seyn können. Die Academie erhielt also Befehl sich zu versammeln, und ganz Syracus wurde dazu, als zu einem Fest eingeladen, welches sich mit einem grossen Schmaus enden sollte. Agathon dachte an nichts weniger, als daß er bey diesem Wettstreit eines Hauffens von Sophisten (die er nicht ohne Grund für sehr überflüssige Leute an dem Hofe eines guten Fürsten ansah) eine Rolle zu spielen bekommen würde; und Aristipp hatte, aus dem obenberührten Beweggrunde, der der Schlüssel zu seinem ganzen Betragen gegen unsern Helden ist, ihn von Dionysens Absicht nichts entdekt. Dieser eröfnete als Präsident der Academie (denn seine Eitelkeit begnügte sich nicht an der Ehre, ihr Beschüzer zu seyn) die Versammlung durch einen übel zusammengestoppten, und nicht allzuverständlichen, aber mit Platonismen reich verbrämten Discurs, welcher, wie leicht zu erachten, mit allgemeinem Zujauchzen begleitet wurde; ungeachtet er dem Agathon mehr das ungezweifelte Vertrauen des königlichen Redners in den Beyfall, der ihm von Standes wegen zukam, als die Grösse seiner Gaben und Einsichten zu beweisen schien. Nach Endigung dieser Rede, nahm die philosophische Heze ihren Anfang; und wofern die Zuhörer durch die subtilen Geister, die sich nunmehr

mehr hören ließen, nicht sehr unterrichtet wurden, so fanden sie sich doch durch die Wolredenheit des einen, die klingende Stimme und den guten Accent eines andern, die paradoxen Einfälle eines dritten, und die seltsamen Gesichter, die ein vierter zu seinen Distinctionen und Demonstrationen machte, erträglich belustiget. Nachdem dieses Spiel einige Zeit gedauert hatte, und ein unhöfliches Gähnen bereits zwey Drittheile der Zuhörer zu ergreiffen begann, sagte Dionys: Da er das Glük habe, seit einigen Tagen einen der würdigsten Schüler des grossen Platons in seinem Hause zu besizen; so ersuchte er ihn, zufrieden zu seyn, daß der Ruhm, der ihm allenthalben vorangegangen sey, den Schleyer, womit seine Bescheidenheit seine Verdienste zu verhüllen suche, hinweggezogen, und ihm in dem schönen Agathon einen der beredtesten Weisen der Zeit entdekt habe: Er möchte sich also nicht weigern, auch in Syracus sich von einer so vortheilhaften Seite zu zeigen, und sich mit den Philosophen seiner Academie in einen Wettstreit über irgend eine interessante Frage aus der Philosophie einzulassen. Zu gutem Glüke sprach Dionys, der sich selbst gerne hörte, und die Gabe der Weitläufigkeit in hohem Maasse besaß, lange genug, um unserm Manne Zeit zu geben, sich von der kleinen Bestürzung zu erholen, worein ihn diese unerwartete Zumuthung sezte. Er antwortete also ohne Zaudern: Er sey zu früh aus den Hörsälen der Weisen auf den Markt-Plaz zu Athen geruffen, und in die Angelegenheiten eines Volkes, welches bekannter massen seinen Hofmeistern nicht wenig zu

schaffen

schaffen mache, verwikelt worden, als daß er Zeit genug gehabt haben sollte, sich seine Lehrmeister zu Nuzen zu machen; indessen sey er, wenn es Dionys verlange, aus Achtung gegen ihn bereit, eine Probe abzulegen, wie wenig er das Lob verdiene, welches ihm aus einem allzugünstigen Vorurtheil beygelegt worden sey.

Dionys rief also den Philistus auf, (man weiß nicht, ob von ungefehr oder vermög einer vorhergenommenen Abrede, wiewol das leztere nicht wahrscheinlich zu seyn scheint,) eine Frage vorzuschlagen, für und wider welche von beyden Seiten gesprochen werden sollte. Dieser Minister bedachte sich eine kleine Weile, und in Hofnung den Agathon, der ihm furchtbar zu werden anfieng, in Verlegenheit zu sezen, schlug er die Frage vor — welche Regierungs-Form einen Staat glüklicher mache, die Republicanische oder die Monarchische? — Man wird, dachte er, dem Agathon die Wahl lassen, für welche er sich erklären will; spricht er für die Republik, und spricht er gut, wie er um seines Ruhms willen genöthiget ist, so wird er dem Prinzen mißfallen; wirft er sich zum Lobredner der Monarchie auf, so wird er sich dem Volke verhaßt machen, und Dionys wird den Muth nicht haben, die Staats-Verwaltung einem Ausländer anzuvertrauen, der bey seinem ersten Auftritt auf dem Schauplaz, einen so schlimmen Eindruk auf die Gemüther der Syracusaner gemacht hat. Allein dieses mal betrog den schlauen Mann seine Erwartung Agathon erklärte sich, ungeachtet er die Absicht des

Philistus

Neuntes Buch, fünftes Capitel.

Philiſtus merkte, mit einer Unerſchrokenheit, welche dieſem keinen Triumph prophezeyte, für die Monarchie; und nachdem ſeine Gegner, (unter denen Antiſthenes und der Sophiſt Protagoras alle ihre Kräfte anſtrengeten, die Vorzüge der Freyſtaaten zu erheben) zu reden aufgehört hatten, fieng er damit an, daß er ihren Gründen noch mehr Stärke gab, als ſie ſelbſt zu thun fähig geweſen waren. Die Aufmerkſamkeit war auſſerordentlich; jedermann war mehr begierig, zu hören, wie Agathon ſich ſelbſt, als wie er ſeine Gegner würde überwinden können. Seine Beredſamkeit zeigte ſich in einem Lichte, welches die Seelen der Zuhörer blendete, die Wichtigkeit des Augenbliks, der den Ausgang ſeines ganzen Vorhabens entſchied, die Würde des Gegenſtandes, die Begierde zu ſiegen, und vermuthlich auch die herzliche Abneigung gegen die Democratie, welche ihm aus Athen in ſeine Verbannung gefolget war; alles ſezte ihn in eine Begeiſterung, welche die Kräfte ſeiner Seele höher ſpannte; ſeine Ideen waren ſo groß, ſeine Gemählde ſo ſtark gezeichnet, mit ſo vielem Feuer gemählt, ſeine Gründe jeder für ſich ſelbſt ſo ſchimmernd, und liehen einander durch ihre Zuſammenordnung ſo viel Licht; der Strom ſeiner Rede, der anfänglich in ruhiger Majeſtät dahinfloß, wurde nach und nach ſo ſtark und hinreiſſend; daß ſelbſt diejenigen, bey denen es zum voraus beſchloſſen war, daß er Unrecht haben ſollte, ſich wie durch eine magiſche Gewalt genöthiget ſahen, ihm innerlich Beyfall zu geben. Man glaubte den Mercur oder Apollo reden zu hören, die Kenner (denn es

[Agath. II. Th.] M waren

waren einige zugegen, welche davor gelten konnten)
bewunderten am meisten, daß er die Kunstgriffe ver-
schmähte, wodurch die Sophisten gewohnt waren, einer
schlimmen Sache die Gestalt einer guten zu geben —
Keine Farben, welche durch ihren Glanz das Betrügliche falscher oder umsonst angenommener Säze verbergen mußten; keine künstliche Austheilung des Lichts und
des Schattens. Sein Ausdruk glich dem Sonnenschein,
dessen lebender und fast geistiger Glanz sich den Gegenständen mittheilt, ohne ihnen etwas von ihrer eigenen
Gestalt und Farbe zu benehmen.

Indessen müssen wir gestehen, daß er ein wenig grausam mit den Republiken umgieng. Er bewies, oder
schien doch allen die ihn hörten zu beweisen, daß diese
Art von Gesellschaft ihren Ursprung in dem wilden
Chaos der Anarchie genommen, und daß die Weisheit
ihrer Gesezgeber sich mit schwachem Erfolg bemühet
hätte, Ordnung und Consistenz in eine Verfassung zu
bringen, welche ihrer Natur nach, in steter Unruh und
innerlicher Gährung alle Augenblike Gefahr lauffe, sich
durch ihre eigene Kräfte aufzureiben, und welche des
Ruhestandes so wenig fähig sey, daß eine solche Ruhe
in derselben vielmehr die Folge der äussersten Verderbniß, und gleich einer Windstille auf dem Meer, der
gewisse Vorbote des Sturms und Untergangs seyn würde.
Er zeigte, daß die Tugend, dieses geheiligte Palladium
der Freystaaten, an dessen Erhaltung ihre Gesezgeber
das ganze Glük derselben gebunden hätten, eine Art

von

von unsichtbaren und durch verjåhrten Aberglauben geheiligten Gözen sey, an denen nichts als der Name verehrt werde; daß man in diesen Staaten einen stillschweigenden Vertrag mit einander gemacht zu haben scheine, sich durch den Namen und ein gewisses Phantom von Gerechtigkeit, Måßigung, Uneigennüzigkeit, Liebe des Vaterlandes und des gemeinen Beßen von einander betrügen zu lassen; und daß unter der Maske dieser politischen Heuchelen, unter dem ehrwürdigen Namen aller dieser Tugenden, das Gegentheil derselben nirgends unverschämter ausgeübt werde. Es würden, meynte er, eine Menge besonderer Umstände, welche sich in etlichen tausend Jahren kaum einmal in irgend einem Winkel des Erdbodens zusammenfinden könnten, dazu erfordert, um eine Republik in dieser Mittelmäßigkeit zu erhalten, ohne welche sie von keinem Bestand seyn könne: Und daher daß dieser Fall so selten sey, und von so vielen zufälligen Ursachen abhange, komme es, daß die meisten Republiken entweder zu schwach wären, ihren Bürgern die mindeste Sicherheit zu gewähren; oder daß sie nach einer Größe strebten, welche nach einer Folge von Mißhelligkeiten, Cabalen, Verschwörungen und Bürgerkriegen endlich den Untergang des Staats nach sich ziehe, und demjenigen, welcher Meister vom Kampf-Plaze bliebe, nichts als Einöden zu bevölkern und Ruinen wieder aufzubauen überlasse. So gar die Freyheit, auf welche diese Staaten mit Ausschluß aller andern Anspruch machten, finde kaum in den despotischen Reichen Asiens weniger Plaz; weil entweder das Volk

Volk sich demüthiglich gefallen lassen müsse, was die Edeln und Reichen, ihrem besondern Interesse gemäß, schlössen und handelten; oder wenn das Volk selbst den Gesezgeber und Richter mache, kein ehrlicher Mann sicher sey, daß er nicht morgen das Opfer derjenigen seyn werde, denen seine Verdienste im Wege stehen, oder die durch sein Ansehen und Vermögen reicher und grösser zu werden hoffeten. In keinem andern Staat sey es weniger erlaubt von seinen Fähigkeiten Gebrauch zu machen, selbst zu denken, und über wichtige Gegenstände dasjenige was man für gemeinnützlich halte, ohne Gefahr, bekannt werden zu lassen; alle Vorschläge zu Verbesserungen würden unter dem verhaßten Namen der Neuerungen verworfen, und zögen ihren Urhebern geheime oder öffentliche Verfolgungen zu. Selbst die Grundpfeiler der menschlichen Glükseligkeit, und dasjenige, was den gesitteten Menschen eigentlich von dem Wilden und Barbaren unterscheide, Wahrheit, Tugend, Wissenschaften, und die liebenswürdigen Künste der Musen, seyen in diesen Staaten verdächtig oder gar verhaßt; würden durch tausend im Finstern schleichende Mittel entkräftet, an ihrem Fortgang verhindert, oder doch gewiß weder aufgemuntert noch belohnt; und allein zu Unterstüzung der herrschenden Vorurtheile und Mißbräuche verurtheilt — Doch genug! — wir haben zu viel Ursache günstiger von freyen Staaten zu denken wenn es auch nur darum wäre, weil wir die Ehre haben unter einer Nation zu leben, deren Verfassung selbst republicanisch ist, und in der That die wunderbarste

barste Art von Republik vorstellt, welche jemals auf dem Erdboden gesehen worden ist -- als daß wir diesen Auszug einer für den Ruhm der Freystaaten so nachtheiligen Rede ohne Widerwillen sollten fortsezen können. Es geschah aus diesem nemlichen Grunde, daß wir, anstatt den Discurs des Agathon seinem ganzen Umfange nach aus unsrer Urkunde abzuschreiben, uns begnügt haben, einige Züge davon, als eine wiewol sehr unvollkommene Probe des Ganzen anzuführen. Ferne soll es allezeit von uns seyn, irgend einem Erdenbewohner die Stellung worinn er sich befindet, unangenehmer zu machen, als sie ihm bereits seyn mag; oder Anlas zu geben, daß die Gebrechen einiger längst zerstörten Griechischen Republiken, aus denen Agathon seine Gemählde hernahm, zur Verunglimpfung derjenigen mißbraucht werden könnten, welche in neuern Zeiten als ehrwürdige Freystädte und Zufluchts-Pläze der Tugend, der gesunden Denkungs-Art, der öffentlichen Glükseligkeit und einer politischen Gleichheit, welche sich der natürlichen möglichst nähert, angesehen werden können. Unsrer übrigens ganz unmaßgeblichen Meynung nach, gehört die Frage, über welche hier disputiert wurde, unter die wichtigen Fragen — ob Scaramuz, ob Scapin besser tanze -- und so viele andre von diesem Schlage, (wenn sie gleich ein ernsthafteres Ansehen haben) worüber bis auf unsre Tage so viel Zeit und Mühe - von Gänsespulen, Papier und Dinte nichts zu sagen -- verlohren worden, ohne daß sich absehen liesse, wie, worinn oder um wieviel die Welt jemals durch ihre Auflösung sollte gebessert werden können. Wir könnten diese unsre Meynung rechtfertigen; aber es ist unnöthig; ein jeder hat die Freyheit anders zu meynen wenn er will, ohne daß wir ihn zur Rechenschaft ziehen werden; *hanc veniam petimus, damusque vicissim;* denn in der That, ein Buch würde niemalen zu Ende kommen, wenn der Autor schuldig wäre, alles zu beweisen, und sich über alles zu rechtfertigen. Wir übergehen also auch, aus einem andern Grunde, den wir den Liebhabern der Räthsel und Logogryphen zu errathen geben, die Lobrede, welche Agathon der monarchischen Staats-Verfassung hielt. Die Beherrscher der Welt scheinen (mit Recht, würde Philistus sagen, denn ich machte es an ihrem Plaz auch so) ordentlicher Weise sehr gleichgültig über die Meynung zu seyn, welche man von ihrer Regierungs-Art hat -- Es giebt Fälle, wir gestehen es, wo dieses eine Ausnahme leidet -- aber diese Fälle begegnen selten, wenn man die Vorsichtigkeit gebraucht, hundert und fünfzigtausend wolbewafnete Leute bereit zu halten, mit deren Beystand man sehr wahrscheinlich hoffen kan, sich über die Meynung aller friedsamen Leute in der ganzen Welt hinwegsezen zu können. Sind nicht eben diese hundert und fünfzigtausend -- oder wenn ihrer auch mehr sind; desto besser! -- ein lebendiger, augenscheinlicher, ja der beste Beweis, der alle andre unnöthig macht, daß eine Nation glüklich gemacht wird? -- Genug also (und dieser Umstand allein gehört wesentlich zu unsrer Geschichte) daß diese Rede, worinn Agathon alle Gebrechen verdorbener

dorbener Freystaaten und alle Vorzüge wolregierter Monarchien, in zwey contrastirende Gemählde zusammendrängte, das Glük hatte, alle Stimmen davon zu tragen, alle Zuhörer zu überreden, und dem Redner eine Bewunderung zu zuziehen, welche den Stolz des eitelsten Sophisten hätte sättigen können. Jedermann war von einem Manne bezaubert, welcher so seltne Gaben mit einer so grossen Denkungs-Art und mit so menschenfreundlichen Gesinnungen vereinigte. Denn Agathon hatte nicht die Tyrannie, sondern die Regierung eines Vaters angepriesen, der seine Kinder wol erzieht und glüklich zu machen sucht. Man sagte sich selbst, was für goldene Tage Sicilien sehen würde, wenn ein solcher Mann das Ruder führte. Er hatte nicht vergessen, im Eingang seines Discurses dem Verdacht vorzukommen, als ob er die Republiken aus Rachsucht schelte, und die Monarchie aus Schmeicheley und geheimen Absichten erhebe: Er hatte bey dieser Gelegenheit zu erkennen gegeben, daß er entschlossen sey, nach Tarent überzugehen, um in der ruhigen Dunkelheit des Privatstandes, welchen er seiner Neigung nach allen andern vorziehe, dem Nachforschen der Wahrheit und der Verbesserung seines Gemüths obzuliegen -- (Redensarten, die in unsern Tagen seltsam und lächerlich klingen würden, aber damals ihre Bedeutung und Würde noch nicht gänzlich verlohren hatten.) Jedermann tadelte oder bedaurte diese Entschliessung, und wünschte, daß Dionys alles anwenden möchte, ihn davon zurükzubringen. Niemalen hatte sich die Neigung des Prinzen mit den Wünschen seines Volkes so gleichstimmig befunden wie dieses mal. Die starke Zuneigung, die er für die Person unsers Helden, und die hohe Meynung, die er von seinen Fähigkeiten gefasset hatte, war durch diesen Discurs auf den höchsten Grad gestiegen. So wenig beständiges auch in Dionysens Character war, so hatte er doch seine Augenblike, wo er wünschte, daß es weniger Verläugnung kosten möchte, ein guter Fürst zu seyn. Die Beredsamkeit Agathons hatte ihn wie die übrige Zuhörer mit sich fortgerissen; er fühlte die Schönheit seiner Gemählde, und vergaß darüber, daß eben diese Gemählde eine Art von Satyre über ihn selbst enthielten. Er sezte sich vor, dasjenige zu erfüllen, was Agathon auf eine stillschweigende Art von seiner Regierung versprochen hatte; und um sich die Pflichten, die ihm dieser Vorsaz auferlegte, zu erleichtern, wollte er sie durch eben denjenigen ausüben lassen, der so gut davon reden konnte. Wo konnte er ein tauglicheres Instrument finden, den Syracusanern seine Regierung beliebt zu machen? Wo konnte er einen andern Mann finden, der so viele angenehme Eigenschaften mit so vielen nüzlichen vereinigte? -- Dionys hatte sich, wie wir schon bemerkt haben, angewöhnt, zwischen seine Entschliessungen und ihre Ausführung so wenig Zeit zu sezen als möglich war. Alles was er einmal wollte, das wollte er hastig und ungeduldig; denn, in so fern er sich selbst überlassen blieb, sah er eine Sache nur von einer Seite an; und dieses mal entdekte er sich niemand als dem Aristipp, der nichts vergaß, was ihn in seinem Vorhaben

ben bestärken konnte. Dieser Philosoph erhielt also den Auftrag, dem Agathon Vorschläge zu thun. Agathon entschuldigte sich mit seiner Abneigung vor dem geschäftigen Leben, und bestimmte den Tag seiner Abreise. Dionys wurde dringender. Agathon bestand auf seiner Weigerung, aber mit einer so bescheidenen Art, daß man hoffen konnte, er werde sich bewegen lassen. In der That war seine Absicht nur, die Zuneigung eines so wenig zuverläßigen Prinzen zuvor auf die Probe zu stellen, eh er sich in Verbindungen einlassen wollte, welche für das Glük anderer und für seine eigene Ruhe so gute oder so schlimme Folgen haben konnten.

Endlich, da er Ursache hatte zu glauben, daß die Hochachtung die er ihm eingeflößt hatte, etwas mehr als ein launischer Geschmak sey, gab er seinem Anhalten nach; aber nicht anders als unter gewissen Bedingungen, welche ihm Dionys zugestehen mußte. Er erklärte sich, daß er allein in der Qualität seines Freundes an seinem Hofe bleiben wollte, so lange als ihn Dionys dafür erkennen, und seiner Dienste nöthig zu haben glauben würde; er wollte sich aber auch nicht fesseln lassen, und die Freyheit behalten sich zurükzuziehen, so bald er sähe, daß sein Daseyn zu nichts nüze sey. Die einzige Belohnung, welche er sich befugt halte für seine Dienste zu verlangen, sey diese, daß Dionys seinen Räthen folgen möchte, so lange er werde zeigen können, daß dadurch jedesmal das Beste der Nation, und die Sicherheit, der Ruhm und die Privat-Glük-

seligkeit

seligkeit des Prinzen zugleich befördert werde. Endlich bat er sich noch aus, daß Dionys niemals einige heimliche Eingebungen oder Anklagen gegen ihn annehmen möchte, ohne ihm solche offenherzig zu entdeken, und seine Verantwortung anzuhören.

Dionys bedachte sich um so weniger, alle diese Bedingungen zu unterschreiben, da er entschlossen war ihn zu haben, wenn es auch die Hälfte seines Reichs kosten sollte. Agathon bezog also die Wohnung, welche man im Palast aufs prächtigste für ihn ausgerüstet hatte; Dionys erklärte öffentlich, daß man sich in allen Sachen an seinen Freund Agathon, wie an ihn selbst, wenden könne; die Höflinge stritten in die Wette, wer dem neuen Günstling seine Unterwürfigkeit auf die sclavenmäßigste Art beweisen könne; und Syracus sah mit froher Erwartung der Wiederkunft der Saturnischen Zeiten entgegen.

Wir machen hier eine kleine Pause, um dem Leser Zeit zu lassen, dasjenige zu überlegen, was er sich selbst in diesem Augenblik für oder wider unsern Helden zu sagen haben mag. Vermuthlich mag einigen der Eyfer mißfällig gewesen seyn, womit er, aus Haß gegen sein undankbares Vaterland, wider die Republiken überhaupt gesprochen; indessen daß vielleicht andere sein ganzes Betragen, seit dem wir ihn an dem Hofe des Königs Dionys sehen, einer gekünstelten Klugheit, welche nicht in seinem Character sey, und ihm eine

schielende

schielende Farbe gebe, beschuldigen werden. Wir haben uns schon mehrmalen erklärt, daß wir in diesem Werke die Pflichten eines Geschichtschreibers und nicht eines Apologisten übernommen haben; indessen bleibt uns doch erlaubt, von den Handlungen eines Mannes, dessen Leben wir zwar nicht für ein Muster, aber doch für ein lehrreiches Beyspiel geben, eben so frey nach unserm Gesichtspunct zu urtheilen, als es unsre Leser aus dem ihrigen thun mögen. Was also den ersten Punct betrift, so haben wir bereits erinnert, daß es unbillig seyn würde, dasjenige was Agathon wider die Republiken seiner Zeit gesprochen, für eine, von ihm gewiß nicht abgezielte, Beleidigung solcher Freystaaten anzusehen, welche (wie er als möglich erkannt hat) unter dem Einfluß günstiger Umstände, durch ihre Lage selbst vor auswärtigem Neid, und vor ausschweiffenden Vergrösserungs-Gedanken gesichert, durch weise Geseze, und was noch mehr ist, durch die Macht der Gewohnheit, in einer glükseligen Mittelmässigkeit fortdauern, und die Gebrechen kaum dem Namen nach kennen, welche Agathon an den Republiken seiner Zeit für unheilbar angesehen. Ob er aber diesen leztern zuviel gethan habe, mögen diejenigen entscheiden, welche mit den besondern Umständen ihrer Geschichte bekannt sind. Hat die Empfindung des Unrechts, welches ihm selbst zu Athen zugefügt worden, etwas Galle in seine Critik gemischt; so ersuchen wir unsre Leser (nicht dem Agathon zu lieb; denn was kan diesem durch ihre Meynung von ihm zu- oder abgehen?) sich an seinen Plaz zu stellen,

len, und ſich alsdann zu fragen, wie werth ihnen ein Vaterland ſeyn würde, welches ihnen ſo mitgeſpielt hätte? Sie mögen ſich erinnern, daß es insgemein nur auf eine kleine Beleidigung ihrer Eigenliebe ankommt, um ihre Hochachtung gegen eine Perſon in Verachtung, ihre Liebe in Abſcheu, ihre Lobſprüche in Schmähreden, ihre guten Dienſte in Verfolgungen zu verwandeln. Wie oft, meine Herren, hat ſich ſchon um einer nichts bedeutenden Urſache willen, ihre ganze Denkungs-Art von Perſonen und Sachen geändert? — Antworten Sie Sich ſelbſt ſo leiſe als Sie wollen; denn wir verlangen nichts davon zu hören; und wenn Sie, nach dieſem kleinen Blik in ſich ſelbſt, unſerm Helden nicht vergeben können, daß er ein Vaterland nicht liebte, welches alles mögliche gethan hatte, ſich ihm verhaßt zu machen. So müſſen wir zwar die Strenge ihrer Sittenlehre bewundern; aber — doch geſtehen, daß wir Sie noch mehr bewundern würden, wenn Sie ſo lange, bis Sie gelernt hätten etwas weniger Partheylichkeit für ſich ſelbſt zu hegen, etwas mehr Nachſicht gegen andre ſich empfohlen ſeyn laſſen wollten.

Ueberhaupt hat man Urſache zu glauben, daß Agathon geſprochen habe wie er dachte, und das iſt zu Rechtfertigung ſeiner Redlichkeit genug. Und warum ſollten wir an dieſer zu zweifeln anfangen? Sein ganzes Betragen, während daß er das Herz des Tyrannen in ſeinen Händen hatte, bewies, daß er keine Abſichten hegete, welche ihn genöthiget hätten, ihm gegen ſeine

Neuntes Buch, fünftes Capitel.

Ueberzeugung zu schmeicheln. Es ist wahr, er hatte Absichten, bey allem was er von dem Augenblik, da er den Fuß in Dionysens Palast sezte, that; sollte er vielleicht keine gehabt haben? Was können wir, nach der äussersten Schärfe, mehr fodern, als daß seine Absichten edel und tugendhaft seyn sollen; und so waren sie, wie wir bereits gesehen haben. Es scheint also nicht, daß man Grund habe, ihm aus der Vorsichtigkeit einen Vorwurf zu machen, womit er, in der neuen und schlüpfrigen Situation, worinn er war, alle seine Handlungen einrichten mußte, wenn sie Mittel zu seinen Absichten werden sollten. Wir geben zu, daß eine Art von Zurükhaltung und Feinheit daraus hervorblikt, welche nicht ganz in seinem vorigen Character zu seyn scheint. Aber das verdient an sich selbst keinen Tadel. Es ist noch nicht ausgemacht, ob diese Unveränderlichkeit der Denkungs-Art und Verhaltungs-Regeln, worauf manche ehrliche Leute sich so viel zu gute thun, eine so grosse Tugend ist, als sie sich vielleicht einbilden. Die Eigenliebe schmeichelt uns zwar sehr gerne, daß wir so wie wir sind, am besten sind; aber sie hat Unrecht uns so zu schmeicheln. Es ist unmöglich, daß indem alles um uns her sich vrändert, wir allein unveränderlich seyn sollten; und wenn es auch nicht unmöglich wäre, so wär' es unschiklich. Andre Zeiten erfordern andre Sitten; andre Umstände, andre Bestimmungen und Wendungen unser Verhaltens. In moralischen Romanen finden wir freylich Helden, welche sich immer in allem gleich bleiben — und darum zu loben

loben sind — denn wie sollte es anders seyn, da sie in ihrem zwanzigsten Jahre Weisheit und Tugend bereits in eben dem Grade der Vollkommenheit besitzen, den die Socraten und Epaminondas nach vielfachen Verbesserungen ihrer selbst kaum im sechzigsten erreicht haben? Aber im Leben finden wir es anders. Desto schlimmer für die, welche sich da immer selbst gleich bleiben. Wir reden nicht von Thoren und Lasterhaften — die Besten haben an ihren Ideen, Urtheilen, Empfindungen, selbst an dem worinn sie vortreflich sind, an ihrem Herzen, an ihrer Tugend, unendlich viel zu verändern. Und die Erfahrung lehrt, daß wir selten zu einer neuen Entwiklung unsrer Selbst, oder zu einer merklichen Verbesserung unsers vorigen innerlichen Zustandes gelangen, ohne durch eine Art von *Medium* zu gehen, welches eine falsche Farbe auf uns reflectiert, und unsre wahre Gestalt eine Zeitlang verdunkelt. Wir haben unsern Helden bereits in verschiedenen Situationen gesehen; und in jeder, durch den Einfluß der Umstände, ein wenig anders als er würklich ist. Er schien zu Delphi ein blosser speculativer Enthusiast; und man hat in der Folge gesehen, daß er sehr gut zu handeln wußte. Wir glaubten, nachdem er die schöne Cyane gedemüthiget hatte, daß ihm die Verführungen der Wollust nichts anhaben könnten, und Danae bewieß, daß wir uns betrogen hatten; es wird nicht mehr lange anstehen, so wird eine neue vermeynte Danae, welche seine schwache Seite ausfündig gemacht zu haben glauben mag, sich eben so betrogen finden. Er schien nach und nach

nach ein andächtiger Schwärmer, ein Platonist, ein Republicaner, ein Held, ein Stoiker, ein Wollüstling; und war keines von allen, ob er gleich in verschiedenen Zeiten durch alle diese Classen gieng, und in jeder eine Nüance von derselben bekam. So wird es vielleicht noch eine Zeitlang gehen — Aber von seinem Character, von dem was er würklich war, worinn er sich unter allen diesen Gestalten gleich blieb, und was zulezt, nachdem alles Fremde und Heterogene durch die ganze Folge seiner Umstände davon abgeschieden seyn wird, übrig bleiben mag — davon kan dermalen die Rede noch nicht seyn. Ohne also eben so voreilig über ihn zu urtheilen, wie man gewohnt ist, es im täglichen Leben alle Augenblike zu thun — wollen wir fortfahren, ihn zu beobachten, die wahren Triebräder seiner Handlungen so genau als uns möglich seyn wird auszuspähen, keine geheime Bewegung seines Herzens, welche uns einigen Aufschluß hierüber geben kan, entwischen lassen, und unser Urtheil über das Ganze seines moralischen Wesens so lange zurükhalten, bis — wir es kennen werden.

Agathon.

Agathon.

Zehentes Buch.

Erstes Capitel.

Von Haupt- und Staats-Actionen. Betragen Agathons am Hofe des Königs Dionys.

Man tadelt an Shakespear -- demjenigen unter allen Dichtern seit Homer, der die Menschen, vom Könige bis zum Bettler, und von Julius Cäsar bis zu Jak Fallstaff am besten gekannt, und mit einer Art von unbegreiflicher Intuition durch und durch gesehen hat -- daß seine Stüke keinen, oder doch nur einen sehr fehlerhaften unregelmäßigen und schlecht ausgesonnenen Plan haben; daß comisches und tragisches darinn auf die seltsamste Art durch einander geworfen ist, und oft eben dieselbe Person, die uns durch die rührende Sprache der Natur, Thränen in die Augen gelokt hat, in wenigen Augenbliken darauf uns durch irgend einen seltsamen Einfall

Zehentes Buch, erstes Capitel.

Einfall oder barokischen Ausdruk ihrer Empfindungen wo nicht zu lachen macht, doch dergestalt abkühlt, daß es ihm hernach sehr schwer wird, uns wieder in die Fassung zu sezen, worinn er uns haben möchte. — Man tadelt das — und denkt nicht daran, daß seine Stüke eben darinn natürliche Abbildungen des menschlichen Lebens sind.

Das Leben der meisten Menschen, und (wenn wir es sagen dürften) der Lebenslauf der grossen Staats-Körper selbst, in so fern wir sie als eben so viel moralische Wesen betrachten, gleicht den Haupt- und Staats-Actionen im alten gothischen Geschmak in so vielen Puncten, daß man beynahe auf die Gedanken kommen möchte, die Erfinder dieser leztern seyen klüger gewesen als man gemeiniglich denkt, und hätten, wofern sie nicht gar die heimliche Absicht gehabt, das menschliche Leben lächerlich zu machen, wenigstens die Natur eben so getreu nachahmen wollen, als die Griechen sich angelegen seyn liessen sie zu verschönern. Um izo nichts von der zufälligen Aehnlichkeit zu sagen, daß in diesen Stüken, so wie im Leben, die wichtigsten Rollen sehr oft gerade durch die schlechtesten Acteurs gespielt werden -- was kan ähnlicher seyn, als es beyde Arten der Haupt und Staats-Actionen einander in der Anlage, in der Abtheilung und Disposition der Scenen, im Knoten und in der Entwiklung zu seyn pflegen. Wie selten fragen die Urheber der einen und der andern sich selbst, warum sie dieses oder jenes gerade so und nicht

[Agath. II. Th.]   N   anders

anders gemacht haben? Wie oft überraschen sie uns durch Begebenheiten, zu denen wir nicht im mindesten vorbereitet waren? Wie oft sehen wir Personen kommen und wieder abtreten, ohne daß sich begreiffen läßt, warum sie kamen, oder warum sie wieder verschwinden? Wie viel wird in beyden dem Zufall überlassen? Wie oft sehen wir die grösseßten Würkungen durch die armseligsten Ursachen hervorgebracht? Wie oft das Ernsthafte und Wichtige mit einer leichtsinnigen Art, und das Nichtsbedeutende mit lächerlicher Gravität behandelt? Und wenn in beyden endlich alles so kläglich verworren und durch einander geschlungen ist, daß man an der Möglichkeit der Entwiklung zu verzweiffeln anfängt; wie glüklich sehen wir durch irgend einen unter Blitz und Donner aus papiernen Wolken herabspringenden Gott, oder durch einen frischen Degen-Hieb den Knoten auf einmal zwar nicht aufgelößt, aber doch aufgeschnitten, welches in so fern auf eines hinaus lauft, daß auf die eine oder andere Art das Stük ein Ende hat, und die Zuschauer klatschen oder zischen können, wie sie wollen oder -- dürfen. Uebrigens weiß man, was für eine wichtige Person in den comischen Tragödien, wovon wir reden, der edle Hans Wurst vorstellt, der sich, vermuthlich zum ewigen Denkmal des Geschmaks unsrer Voreltern, auf dem Theater der Hauptstadt des deutschen Reichs erhalten zu wollen scheint. Wollte Gott, daß er seine Person allein auf dem Theater vorstellte! Aber wie viele grosse Aufzüge auf dem Schauplaze der Welt hat man nicht in allen Zeiten mit

Hans

Hans Wurst — oder, welches noch ein wenig ärger ist, durch Hans Wurst — aufführen gesehen? Wie oft haben die grösseſten Männer, dazu gebohren, die ſchüzenden Genii eines Throns, die Wolthäter ganzer Völker und Zeitalter zu ſeyn, alle ihre Weisheit und Tapferkeit durch einen kleinen ſchnakiſchen Streich von Hans Wurſt, oder ſolchen Leuten vereitelt ſehen müſſen, welche ohne eben ſein Wamms und ſeine gelben Hoſen zu tragen, doch gewiß ſeinen ganzen Character an ſich trugen? Wie oft entſteht in beyden Arten der Tragi-Comödien die Verwiklung ſelbſt lediglich daher, daß Hans Wurſt durch irgend ein dummes oder ſchelmiſches Stükchen von ſeiner Arbeit den geſcheidten Leuten, eh ſie ſich's verſehen können, ihr Spiel verderbt? — *Manum de tabula!* — Aber wenn dieſe Vergleichung, wie wir beſorgen, ihren Grund hat; ſo mögen wir wol den Weiſen und Rechtſchaffenen Mann bedauren, den ſein Schikſal dazu verurtheilt hat, unter einem ſchlimmen, oder — welches iſt ärger? — unter einem ſchwachen Fürſten, in die Verwaltung der öffentlichen Angelegenheiten verwikelt zu ſeyn? Was wird es ihm helfen, Einſichten und Muth zu haben, nach den beſten Grundſäzen und nach dem richtigſten Plan zu handeln; wenn das verächtlichſte Ungeziefer, wenn ein Sclave, ein Kuppler, eine Bacchidion, oder etwas noch ſchlimmers, irgend ein Paraſite, deſſen ganzes Verdienſt in Geſchmeidigkeit, Verſtellung und Schalkheit beſteht, es in ihrer Gewalt haben, ſeine Maßregeln zu verrüken, aufzuhalten, oder gar zu hintertreiben? Indeſſen bleibt ihm, wenn er sich einmal an ein so gefahrvolles Abentheuer gewagt hat, wie zum Exempel dasjenige, welches Agathon würklich zu bestehen hat, kein andres Mittel übrig, sich selbst zu beruhigen, und auf alle Fälle sein Betragen vor dem unpartheyischen Gericht der Weisen und der Nachwelt rechtfertigen zu können — als daß er sich, eh er die Hand ans Werk legt, einen regelmässigen Plan seines ganzen Verhaltens entwerfe. Wenn gleich alle Weisheit eines solchen Entwurfs ihm für den Ausgang nicht Gewähr leisten kan; so bleibt ihm doch der tröstende Gedanke, alles gethan zu haben, was ihn, ohne Zufälle die er entweder nicht vorhersehen, oder nicht hintertreiben konnte, des glüklichen Erfolgs hätte versichern können.

Dieses war also die erste Sorge unsers Helden, nachdem er sich anheischig gemacht hatte, die Person eines Rathgebers und Vertrauten bey dem Könige Dionys zu spielen. Er sah alle, oder doch einen grossen Theil der Schwierigkeiten, einen solchen Plan zu machen, der ihm durch den Labyrinth des Hofes und des öffentlichen Lebens zum Leitfaden dienen könnte. Aber er glaubte, daß der mangelhafteste Plan besser sey, als gar keiner; und in der That war ihm die Gewohnheit, seine Ideen worüber es auch seyn möchte, in ein System zu bringen, so natürlich geworden, daß sie sich, so zu sagen, von sich selbst in einen Plan ordneten, welcher vielleicht keinen andern Fehler hatte, als daß Agathon noch nicht völlig so übel von den Menschen denken konnte,

als

Zehentes Buch, erstes Capitel.

als es diejenigen verdienten, mit denen er zu thun hatte. Indessen dachte er doch lange nicht mehr so erhaben von der menschlichen Natur, als ehmals; oder richtiger zu reden, er kannte den unendlichen Unterschied zwischen dem metaphysischen Menschen, welchen man sich in einer speculativen Einsamkeit erträumt; dem natürlichen Menschen, in der rohen Einfalt und Unschuld, wie er aus den Händen der allgemeinen Mutter der Wesen hervorgeht; und dem gekünstelten Menschen, wie ihn die Gesellschaft, ihre Geseze, ihre Gebräuche und Sitten, seine Bedürfnissen, seine Abhänglichkeit, der immer währende Contrast seiner Begierden mit seinem Unvermögen, seines Privat-Vortheils mit den Privat-Vortheilen der übrigen, die daher entspringende Nothwendigkeit der Verstellung, und immerwährenden Verlarvung seiner wahren Absichten, und tausend dergleichen physicalische und moralische Ursachen in unzählige betrügliche Gestalten ausbilden -- er kannte, sage ich, nach allen Erfahrungen, die er schon gemacht hatte, diesen Unterschied der Menschen von dem was sie seyn könnten, und vielleicht seyn sollten, bereits zu gut, um seinen Plan auf platonische Ideen zu gründen. Er war nicht mehr der jugendliche Enthusiast, der sich einbildet, daß es ihm eben so leicht seyn werde, ein grosses Vorhaben auszuführen, als es zu fassen. Die Athenienser hatten ihn auf immer von dem Vorurtheil geheilt, daß die Tugend nur ihre eigene Stärke gebrauche, um über ihre Hasser obzusiegen. Er hatte gelernt, wie wenig man von andern erwarten kan: wie

wenig

wenig man auf sie Rechnung machen, und (was das wichtigste für ihn war) wie wenig man sich auf sich selbst verlassen darf. Er hatte gelernt, wieviel man den Umständen nachgeben muß; daß der vollkommenste Entwurf an sich selbst oft der schlechteste unter den gegebenen Umständen ist; daß sich das Böse nicht auf einmal gut machen läßt; daß sich in der moralischen Welt, wie in der materialischen, nichts in gerader Linie fortbewegt, und daß man selten anders als durch viele Krümmen und Wendungen zu einem guten Zwek gelangen kan — Kurz, daß das Leben, zumal eines ächten Staats-Mannes, einer Schiffart gleicht, wo der Pilot sich gefallen lassen muß, seinen Lauf nach Wind und Wetter einzurichten; wo er keinen Augenblik sicher ist durch widrige Ströme aufgehalten oder seitwärts getrieben zu werden; und wo alles darauf ankommt, mitten unter tausend unfreywilligen Abweichungen von der Linie, die er sich in seiner Carte gezogen hat, endlich dennoch, und so bald und wolbehalten als möglich, an dem vorgesezten Ort anzulangen.

Diesen allgemeinen Grundsäzen zufolge bestimmte er die Absichten bey allem was er unternahm, den Grad des Guten, welches er sich zu erreichen vorsezte, und sein Verhalten gegen diejenige, welche ihm dabey am meisten hinderlich oder beförderlich seyn könnten — jenes nach dem Zusammenhang aller Umstände, worinn er die Sachen antraf — dieses nach Beschaffenheit der Personen mit denen er's zu thun hatte; oder richtiger zu reden,

reden, nach der zum theil wenig sichern Vorstellung, die er sich von ihrem Character machte.

Er konnte, seit dem er den Dionys näher kannte, nicht daran denken, ein Muster eines guten Fürsten aus ihm zu machen; aber er hoffte doch nicht ohne Grund, seinen Lastern ihr schädlichstes Gift benehmen, und seiner guten Neigungen, oder vielmehr seiner guten Launen, seiner Leidenschaften und Schwachheiten selbst, sich zum Vortheil des gemeinen Besten bedienen zu können. Diese Meynung von seinem Prinzen war in der That so bescheiden, daß er sie nicht tiefer herabstimmen konnte, ohne alle Hofnung zu Erreichung seiner Entwürfe aufzugeben; und doch zeigte sich in der Folge, daß er noch zu gut von ihm gedacht hatte. Dionys hatte in der That Eigenschaften, welche viel gutes versprachen; aber unglüklicher Weise hatte er für jede derselben eine andere, welche alles wieder vernichtete, was jene zusagte; und wenn man ihn lange genug in der Nähe betrachtet hatte, so befand sich's, daß seine vermeynten Tugenden würklich nichts anders als seine Laster waren, welche von einer gewissen Seite betrachtet, eine Farbe der Tugend annahmen. Indessen ließ sich doch Agathon durch diese guten Anscheinungen so verblenden, daß er die Unverbesserlichkeit eines Characters von dieser Art, und also den Ungrund aller seiner Hofnungen nicht eher einsah, als bis ihm diese Entdekung zu nichts mehr nuzen konnte.

Die grösseste Schwachheit des Prinzen, seiner Meynung nach, war sein übermäſſiger Hang zur Gemächlichkeit und Wolluſt. Er hoffte dem erſten dadurch zu begegnen, daß er ihm die Geſchäfte ſo leicht und ſo angenehm zu machen ſuchte als möglich war; und dem andern, wenn er ihn wenigſtens von den wilden Ausſchweiffungen abgewöhnte, zu denen er ſich bisher hatte hinreiſſen laſſen. Unſre Vergnügungen werden deſto feiner, edler und ſittlicher, je mehr die Muſen Antheil daran haben. Aus dieſem richtigen Grundſaz bemühte er ſich, dem Dionys mehr Geſchmak an den ſchönen Künſten beyzubringen, als er bisher davon gehabt hatte. In kurzem wurden ſeine Paläſte, Landhäuſer und Gärten, mit den Meiſterſtüken der beſten Mahler und Bildhauer Griechenlandes angefüllt. Agathon zog die berühmteſten Virtuoſen in allen Gattungen von Athen nach Syracus; er führte ein prächtiges Odeon nach dem Muſter deſſen, worauf Perikles den öffentlichen Schaz der Griechen verwendet hatte, auf; und Dionys fand ſo viel Vergnügen an den verſchiedenen Arten von Schauſpielen, womit er, unter der Aufſicht ſeines Günſtlings, faſt täglich auf dieſem Theater beluſtiget wurde, daß er, ſeiner Gewohnheit nach, eine Zeitlang allen Geſchmak an andern Ergözlichkeiten verlohren zu haben ſchien. Indeſſen war doch eine andre Leidenſchaft übrig, deren Herrſchaft über ihn allein hinlänglich war, alle guten Abſichten ſeines neuen Freundes zu hintertreiben. Gegenwärtig befand ſich die Tänzerin Bacchidion im Beſiz derſelben; aber es fiel bereits

in

in die Augen, daß die unmäſſige Liebe, welche ſie ihm beygebracht, ſehr viel von ihrer erſten Heftigkeit verlohren hatte. Es würde vielleicht nicht ſchwer gehalten haben, die Würkung ſeiner natürlichen Unbeſtändigkeit um etliche Wochen zu beſchleunigen. Aber Agathon hatte Bedenklichkeiten, die ihm wichtig genug ſchienen, ihn davon abzuhalten. Die Gemalin des Prinzen war in keinerley Betrachtung dazu gemacht, einen Verſuch, ihn in die Grenzen der ehlichen Liebe einzuſchränken, zu unterſtüzen. Dionys konnte nicht ohne Liebeshändel leben; und die Gewalt, welche ſeine Maitreſſen über ſein Herz hatten, machte ſeine Unbeſtändigkeit gefährlich. Bacchidion war eines von dieſen gutartigen fröhlichen Geſchöpfen, in deren Phantaſie alles roſenfarb iſt, und welche keine andre Sorge in der Welt haben, als ihr Daſeyn von einem Augenblik zum andern wegzuſcherzen, ohne ſich jemals einen Gedanken von Ehrgeiz und Habſucht, oder einigen Kummer über die Zukunft anfechten zu laſſen. Sie liebte das Vergnügen über alles; immer aufgelegt es zu geben und zu nehmen, ſchien es unter ihren Tritten aufzuſproſſen; es lachte aus ihren Augen, und athmete aus ihren Lippen. Ohne daran zu denken, ſich durch die Leidenſchaft des Prinzen für ſie wichtig zu machen, hatte ſie aus einer Art von mechaniſcher Neigung, vergnügte Geſichter zu ſehen, ihre Gewalt über ſein Herz ſchon mehrmalen dazu verwandt, Leuten die es verdienten, oder auch nicht verdienten (denn darüber ließ ſie ſich in keine Unterſuchung ein) gutes zu thun. Agathon beſorgte, daß ihre

ihre Stelle leicht durch eine andere besezt werden könnte, welche sich versuchen lassen möchte, einen schlimmern Gebrauch von ihren Reizungen zu machen. Er hielt es also seiner nicht unwürdig, mit guter Art, und ohne daß es schien, als ob er einige besondern Aufmerksamkeit auf sie habe, die Neigung des Prinzen zu ihr mehr zu unterhalten als zu bekämpfen. Er verschafte ihr Gelegenheit, ihre belustigende Talente in einer Mannichfaltigkeit zu entfalten, welche ihr immer die Reizungen der Neuheit gab. Er wußte es zu veranstalten, daß Dionys durch öftere kleine Entfernungen verhindert wurde, sich zu bald an dem Vergnügen zu ersättigen, welches er in den Armen dieser angenehmen Creatur zu finden schien. Er gieng endlich gar so weit, daß er bey Gelegenheit eines Gesprächs, wo die Rede von den allzustrengen Grundsäzen des Plato über diesen Artikel war, sich kein Bedenken machte, zu sagen: Daß es unbillig sey, einen Prinzen, welcher sich die Erfüllung seiner grossen und wesentlichen Pflichten mit gehörigem Ernst angelegen seyn lasse, in seinen Privat-Ergözungen über die Grenzen einer anständigen Mässigung einschränken zu wollen. Alles, was ihm hierüber wiewol in allgemeinen Ausdrüken, entfiel, schien die Bedeutung einer stillschweigenden Einwilligung in die Schwachheit des Prinzen für die schöne Bacchidion zu haben, und in der That war dieses sein Gedanke. Wir lassen dahin gestellt seyn, ob die gute Absicht die er dabey hatte, hinlänglich seyn mag, eine so gefährliche Aeusserung zu rechtfertigen; aber es ist gewiß, daß Dionys, der bis-

her

her aus einer gewissen Schaam vor der Tugend unsers Helden sich bemüht hatte, seine schwache Seite vor ihm zu verbergen, von dieser Stunde an weniger zurükhaltend wurde, und aus dem vielleicht unrichtigen aber sehr gemeinen Vorurtheil, daß die Tugend eine erklärte Feindin der Gottheiten von Cythere seyn müsse, einen Argwohn gegen unsern Helden faßte, wodurch er um einige Stuffen herab, und mit ihm selbst und den übrigen Erdenbewohnern, in Absicht gewisser Schwachheiten, in die nehmliche Linie gestellt wurde — ein Verdacht, der zwar durch die sich selbst immer gleiche Aufführung Agathons bald wieder zum Schweigen gebracht, aber doch nicht so gänzlich unterdrükt wurde, daß sein geheimer Einfluß in der Folge den Beschuldigungen der Feinde Agathons, den Zugang in das Gemüth eines Prinzen nicht erleichtert hätte, welcher ohnehin so geneigt war, die Tugend entweder für Schwärmerey oder für Verstellung zu halten. Indessen gewann Agathon durch seine Nachsicht gegen die Lieblings-Fehler dieses Prinzen, daß er sich desto williger bewegen ließ, an den Geschäften der Regierung mehr Antheil zu nehmen, als er gewohnt war; und wir an unserm theil können es ihm verzeyhen, daß er das viele Gute, welches er dadurch erhielt, für eine hinlängliche Vergütung des Tadels ansah, den er sich durch diese Gefälligkeit bey gewissen Leuten von strengen Grundsäzen zuzog, welche in der weiten Entfernung von der Welt, worinn sie leben, gute Weile haben, an andern zu verdammen, was sie an derselben Plaz, vielleicht noch schlimmer gemacht haben würden.

Ausser

Auſſer der ſchönen Bacchidion, welche, wie wir geſehen haben, allen ihren Ehrgeiz darein ſezte, das Vergnügen eines Prinzen, den ſie liebte, auszumachen — war Philiſtus, durch die Gnade, worinn er bey Dionyſen ſtuhnd, die beträchtlichſte Perſon unter allen denjenigen, mit denen Agathon in ſeiner neuen Stelle mehr oder weniger in Verhältniß war. Dieſer Mann ſpielt in dieſem Stük unſrer Geſchichte eine Rolle, welche begierig machen kan, ihn näher kennen zu lernen. Und über dem iſt es eine von den geheiligten Pflichten der Geſchichte, den verfälſchenden Glanz zu zerſtreuen, welchen das Glük und die Gunſt der Groſſen ſehr oft über nichtswürdige Creaturen ausbreitet, um der Nachwelt, zum Exempel, zu zeigen, daß dieſer Pallas, welchen ſo viele Decrete des Römiſchen Senats, ſo viele Statuen und öffentliche Ehren-Mähler eben dieſer Nachwelt als einen Wolthäter des menſchlichen Geſchlechts, als einen Halb-Gott ankündigen, nichts beſſers noch gröſſers als ein ſchamloſer laſterhafter Sclave war. Wenn Philiſtus in Vergleichung mit einem Pallas oder Tigellin nur ein Zwerg gegen einen Rieſen ſcheint, ſo kommt es in der That allein von dem unermeßlichen Unterſchied zwiſchen der Römiſchen Monarchie im Zeitpunct ihrer äuſſerſten Höhe, und dem kleinen Staat, worinn Dionys zu gebieten hatte, her. Eben dieſer Teufel, der ſeinem ſchlimmen Humor Luft zu machen, eine Heerde Schweine erſäufte, würde mit ungleich gröſſerm Vergnügen den ganzen Erdboden unter Waſſer geſezt haben, wenn er Gewalt dazu gehabt hätte: Und

Philiſtus

Philistus würde Pallas gewesen seyn, wenn er das Glük gehabt hätte, in den Vorzimmern eines Claudius aufzuwachsen. Die Proben, welche er in seiner kleinen Sphäre von dem was er in einer grössern fähig gewesen wäre, ablegte, lassen uns nicht daran zweifeln. Ein gebohrner Sclave, und in der Folge einer von den Freygelassenen des alten Dionys, hatte er sich schon damals unter seinen Cameraden durch den schlauesten Kopf und die geschmeidigste Gemüths-Art hervorgethan, ohne daß es ihm jedoch einigen besondern Vorzug bey seinem Herrn verschaffet hätte. Philistus grämte sich billig über diese wiewol nicht ungewöhnliche Laune des Glüks; aber er wußte sich selbst zu helfen. Glüklichere Vorgänger hatten ihm den Weg gezeigt, sich ohne Mühe und ohne Verdienste zu dieser hohen Stuffe emporzuschwingen, nach welcher ihm eine Art von Ambition, die sich in gewissen Seelen mit der verächtlichsten Niederträchtigkeit vollkommen wol verträgt, ein ungezähmtes Verlangen gab. Wir haben schon bemerkt, daß der jüngere Dionys von seinem Vater ungewöhnlich hart gehalten wurde. Philistus war der einzige, der den Verstand hatte zu sehen, wieviel Vortheil sich aus diesem Umstande ziehen lasse. Er fand Mittel, die Nächte des jungen Prinzen angenehmer zu machen als seine Tage waren. Brauchte es mehr, um als ein Wolthäter von ihm angesehen zu werden, dessen gute Dienste er niemals genug werde belohnen können? Philistus ließ es nicht dabey bewenden; er fiel auf den Einfall, zu gleicher Zeit, und durch einen einzigen kleinen Handgrif,

grif, sich dieser Belohnung würdiger und bälder theilhaft zu machen. Eine bösartige Colik, wozu er das Recept hatte, beschleunigte das Ende des alten Tyrannen; Philistus war der erste, der seinem jungen Gebieter die freudige Nachricht brachte, und nun sah er sich auf einmal in dem geheimesten Vertrauen eines Königs, und in kurzem am Ruder des Staats. Diese wenigen Anecdoten sind zureichend, uns einen so sichern Begrif von dem moralischen Character dieses würdigen Ministers zu geben, daß er nunmehr das ärgste dessen ein Mensch fähig ist, begehen könnte, ohne daß wir uns darüber verwundern würden. Aber was für ein Physiognomist müßte der gewesen seyn, der diese Anecdoten in seinen Augen hätte lesen können? Es ist wahr, Agathon dachte anfangs nicht allzuvortheilhaft von ihm; aber wie hätte er, ohne besondere Nachrichten zu haben, oder selbst ein Philistus zu seyn, sich vorstellen sollen, daß Philistus das seyn könnte, was er war? Wenige kannten die innwendige Seite dieses Mannes; und diese wenige waren zu gute Hofmänner, um ihren bisherigen Gönner eher zu verrathen, als sein Sturz gewiß war, und sie wissen konnten, was sie dadurch gewinnen würden; und Aristipp, für den sein wahrer Character gleichfalls kein Geheimniß war, hatte sich vorgesezt, einen blossen Zuschauer abzugeben. Agathon konnte also desto leichter hintergangen werden, da Philistus alle seine Verstellungs-Kunst anstrengte, sich bey ihm in Achtung zu sezen. Zu seinem grossen Mißvergnügen konnte er mit aller Kenntniß, die er (nach einem ge-

wöhnlichen,

wöhnlichen, wiewol sehr betrüglichen Vorurtheil der Hofleute) von den Menschen zu haben glaubte, die schwache Seite unsers Helden nicht ausfündig machen. Es blieb ihm also kein andrer Weg übrig, als durch eine grosse Arbeitsamkeit und Pünctlichkeit in den Geschäften sich bey dem neuen Günstling in das Ansehen eines brauchbaren Mannes, und durch Tugenden, die er eben so leicht als man eine Maskerade-Kleidung anzieht, affectiren konnte, so bald er ihrer vonnöthen hatte, sich endlich so gar in das Ansehen eines ehrlichen Mannes zu sezen. Da zu diesen Eigenschaften, welche Agathon in ihm zu finden glaubte, noch die Achtung, welche Dionys für ihn trug, und die Betrachtung hinzukam, daß es für den Staat weniger sicher sey, einen ehrgeizigen Minister abzudanken, als ihn mit scheinbarer Beybehaltung seines Ansehens in engere Schranken zu sezen: So geschah es, daß sich diejenige in ihrer Meynung betrogen fanden, welche den Fall des Philistus für eine unfehlbare Folge der Erhebung Agathons gehalten hatten. Das Ansehen desselben schien sich eher zu vermehren, indem er zum Vorsteher aller der verschiednen Tribunalien ernennt wurde, unter welche Agathon, mit der erforderlichen Einschränkung und Subordination, diejenige Gewalt vertheilte, welche vormals von den Vertrauten des Prinzen willkührlich ausgeübt worden war: In der That aber wurde er dadurch beynahe in die Unmöglichkeit gesezt, böses zu thun, wofern ihn etwan eine Versuchung dazu ankommen sollte; da er bey allen seinen Handlungen von so vielen Augen beobachtet, und verbunden war, von allem Rechenschaft zu geben, und nichts ohne die Einstimmung des Prinzen, oder, welches eine Zeitlang einerley war, seines Repräsentanten, zu unternehmen.

Wir könnten ohne Zweifel viel schönes von der Staats-Verwaltung Agathons sagen, wenn wir uns in eine ausführliche Erzählung aller der nüzlichen Ordnungen und Einrichtungen ausbreiten wollten, welche er in Absicht der Staats-Oeconomie, der Einziehung und Verwaltung der öffentlichen Einkünfte, der Policey, der Landwirthschaft, des Handlungs-Wesens, und (welches in seinen Augen eines der wesentlichsten Stüke war) der öffentlichen Sitten und der Bildung der Jugend, theils würklich zu machen anfieng, theils gemacht haben würde, wenn ihm die Zeit dazu gelassen worden wäre. Allein alles dieses gehört nicht zu dem Plan des gegenwärtigen Werkes; und es wäre in der That nicht abzusehen, wozu ein solcher Détail in unsern Tagen nuzen sollte, worinn die Kunst zu regieren einen Schwung genommen zu haben scheint, der die Maasregeln und das Beyspiel unsers Helden eben so unnüz macht, als die Projecte des guten Abbts von *Saint Pierre*, patriotischen Gedächtnisses. Die Art, wie sich Agathon ehmals seines Ansehens und Vermögens zu Athen bedient hat, kan unsern Lesern einen hinlänglichen Begrif davon geben, wie er sich einer beynahe unumschränkten Macht und eines königlichen Vermögens bedient haben werde.

Nur einen Umstand können wir nicht vorbeygehen, weil er einen merklichen Einfluß in die folgende Begebenheiten unsers Helden hatte. Dionys befand sich, als Agathon an seinen Hof kam, in einen Krieg mit den Carthaginensern verwikelt, welche durch verschiedene kleine Republiken des südlichen und westlichen Theils von Sicilien unterstüzt, unter dem Schein sie gegen die Uebermacht von Syracus zu schüzen, sich der innerlichen Zwietracht der Sicilianer, als einer guten Gelegenheit bedienen wollten, diese für ihre Handlungs-Absichten unendlich vortheilhaft gelegene Insel in ihre Gewalt zu bringen. Einige von diesen kleinen Republiken wurden von so genannten Tyrannen beherrscht; und diese hatten sich bereits in die Arme der Carthaginenser geworfen; die andren hatten sich bisher noch in einer Art von Freyheit erhalten, und schwankten, zwischen der Furcht von Dionysen überwältiget zu werden, und dem Mißtrauen in die Absichten ihrer anmaßlichen Beschüzer, in einem Gleichgewicht, welches alle Augenblike auf die Seite der leztern überzuziehen drohte. Timocrates dem Dionys die oberste Befehlhabers-Stelle in diesem Kriege anvertraute, hatte sich bereits durch einige Vortheile über die Feinde den oft wolfeilen Ruhm eines guten Generals erworben; aber mehr darauf bedacht, bey dieser Gelegenheit Lorbeern und Reichthümer zu sammeln, als das wahre Interesse seines Prinzen zu besorgen, hatte er das Feuer der innerlichen Unruhen Siciliens mehr ausgebreitet als gedämpft, und durch seine Aufführung sich bey denenjenigen, welche noch

[Agath. II. Th.] O keine

keine Parthey genommen hatten, so verhaßt gemacht, daß sie im Begrif waren sich für Carthago zu erklären. Agathon glaubte, daß seine Beredsamkeit dem Dionys in diesen Umständen grössere Dienste thun könne, als die ganze, wiewol nicht verächtliche Land- und Seemacht, welche Timocrates unter seinen Befehlen hatte. Er hielt es für besser Sicilien zu beruhigen, als zu erobern; besser es zu einer Art von freywilliger Uebergabe an Syracus zu bewegen, als es den Gefahren und verderblichen Folgen eines Kriegs ausgesezt zu lassen, der, wenn er auch am glüklichsten für den Dionys ausfiele, ihm doch nichts mehr als den zweydeutigen Vortheil verschaffen würde, seine Unterthanen um eine Anzahl gezwungner und mißvergnügter Leute vermehrt zu haben, auf deren guten Willen er keinen Augenblik hätte zählen können. Dionys konnte den Gründen, womit Agathon sein Vorhaben, und die Hofnung des gewünschten Ausgangs unterstüzte, seinen Beyfall nicht versagen. Ueberhaupt galt es ihm gleich, durch was für Mittel er zu ruhigem Besiz der höchsten Gewalt in Sicilien gelangen könnte, wenn er nur dazu gelangte; und ob er gleich klein genug war, sich auf die zwar wenig entscheidende aber desto pralerischer vergrösserte Siege seines Feldherrn eben so viel einzubilden, als ob er sie selbst erhalten hätte; so war er doch auch feigherzig genug, sich zu dem unrühmlichsten Frieden geneigt zu fühlen, so bald er mit einiger Aufmerksamkeit an die Unbeständigkeit des Kriegs-Glükes dachte. Die edlern Beweggründe unsers Helden fanden also leicht Eingang bey

ihm,

ihm, oder richtiger zu reden, Agathon schrieb die gefällige Disposition, die er bey ihm fand, dem Eindruk seiner eignen Vorstellungen zu, ohne wahrzunehmen, daß sie ihren eigentlichen Grund in der niederträchtigen Gemüthsart des Prinzen hatte. Er begab sich also ingeheim (denn es war ihm daran gelegen, daß Timocrates von seinem Vorhaben keinen Wink bekäme) in diejenige Städte, welche im Begrif stuhnden, die Parthey von Carthago zu verstärken. Es gelang ihm, die widrigen Vorurtheile zu zernichten, womit er alle Gemüther gegen die gefürchtete Tyrannie Dionysens eingenommen fand; er überzeugte sie so vollkommen davon, daß das Beste eines jeden besondern Theils von dem Besten des ganzen Sicilien unzertrennlich sey; machte ihnen ein so schönes Gemählde von dem glüklichen Zustande dieser Insel, wenn alle Theile derselben durch die Bande des Vertrauens und der Freundschaft, sich in Syracus als in dem gemeinschaftlichen Mittelpunct vereinigen würden -- daß er mehr erhielt als er gehoft hatte, und so gar mehr als er verlangte. Er wollte nur Bundsgenossen, und es fehlte wenig, so würden sie in einem Anstoß von überfliessender Zuneigung zu ihm, sich ohne Bedingung zu Unterthanen eines Prinzen ergeben haben, von dessen Minister sie so sehr bezaubert waren.

Die Veränderung, welche hiedurch in den öffentlichen Angelegenheiten gemacht wurde, brachte den Krieg so schnell zu Ende, daß Timocrates keine Gelegenheit bekam, durch ein entscheidendes Treffen (es möchte allenfalls

falls gewonnen oder verlohren seyn) Ehre einzulegen. Man kan sich vorstellen, ob Agathon sich dadurch die Freundschaft dieses Mannes, den sein grosses Vermögen und die Verschwägerung mit dem Prinzen zu einer wichtigen Person máchte, erworben; und mit welchen Augen Timocrates den allgemeinen Beyfall, die frohlokenden Segnungen der Nation, welche unsern Helden nach Syracus zurükbegleiteten, die Merkmale der Hochachtung, womit er von dem Prinzen empfangen wurde, und das ausserordentliche Ansehen, worinn er sich durch diese friedsame Eroberung befestigte, angeschielt haben werde. Genöthigt, seinen Unwillen und Haß gegen einen so siegreichen Nebenbuhler in sich selbst zu verschliessen, laurte er nur desto ungeduldiger auf Gelegenheiten, in geheim an seinem Untergang zu arbeiten; und wie hätte es ihm an einem Hofe, und an dem Hofe eines solchen Fürsten, an Gelegenheiten fehlen können?

Zweytes Capitel.

Beyspiele, daß nicht alles, was gleißt, Gold ist.

Wenn Agathon während einer Staats-Verwaltung, welche nicht ganz zwey Jahre daurte, das vollkommenste Vertrauen seines Prinzen und die allgemeine Liebe der Nation, welche er regierte, gewann, und sich dadurch auf diese hohe Stuffe des Ansehens und der schein-

baren

Zehentes Buch, zweytes Capitel.

baren Glükseligkeit emporschwang, welche unverdienter Weise, der Gegenstand der Bewunderung aller kleinen, und des Neides aller-zugleich boßhaften Seelen zu seyn pflegt: So müssen wir gestehen, daß diese launische unerklärbare Macht, welche man Glük oder Zufall nennt, den wenigsten Antheil daran hatte. Die Verdienste, die er sich in so kurzer Zeit um den Prinzen sowol als die Nation machte, die Beruhigung Siciliens, das befestigte Ansehen von Syracus, die Verschönerung dieser Hauptstadt, die Verbesserung ihrer Policey, die Belebung der Künste und Gewerbe, und die allgemeine Zuneigung, welche er einer vormals verabscheueten Regierung zuwandte -- alles dieses legte ein unverwerfliches Zeugniß für die Weisheit seiner Staats-Verwaltung ab; und da alle diese Verdienste durch die Uneigennüzigkeit und Regelmässigkeit seines Betragens in ein Licht gestellt wurden, welches keine Mißdeutung zu zulassen schien; so blieb seinen heimlichen Feinden, ohne die ungewisse Hülfe irgend eines Zufalls, von dem sie selbst noch keine Vorstellung hatten, wenig Hofnung übrig, ihn so bald wieder zu stürzen, als sie es für ihre Privat-Absichten wünschen mochten.

Die heimlichen Feinde Agathons -- wie konnte ein Mann, der sich so untadelich betrug, und um jedermann Gutes verdiente, Feinde haben? -- werden diejenige vielleicht denken, welche bey Gelegenheit, zu vergessen scheinen, daß der weise Mann nothwendig alle Narren, und der Rechtschaffene, unvermeidlicher Weise, alle die es nicht sind, zu öffentlichen, oder doch gewiß zu immerwährenden heimlichen Feinden haben muß. Eine Wahrheit, welche in der Natur der Sachen so gegründet, und durch eine nie unterbrochene Erfahrung so bestätiget ist, daß wir weit bessere Ursache zu fragen haben: Wie sollte ein Mann, der sich so wol betrug, keine Feinde gehabt haben? Es konnte nicht anders seyn als daß derjenige, dessen beständige Bemühung dahin gieng, seinen Prinzen tugendhaft, oder doch wenigstens seine Schwachheiten unschädlich zu machen, sich den herzlichen Haß dieser Höflinge zuziehen mußte, welche (wie Montesquieu von allen Hofleuten behauptet) nichts so sehr fürchten, als die Tugend des Fürsten, und keinen zuverläßigern Grund ihrer Hofnungen kennen, als seine Schwachheiten. Sie konnten nicht anders als den Agathon für denjenigen ansehen, der allen ihren Absichten und Entwürfen im Wege stuhnd. Er verlangte zum Exempel, daß man vorher Verdienste haben müsse, eh man an Belohnungen Ansprüche mache; sie wußten einen kürzern und bequemern Weg; einen Weg auf welchem zu allen Zeiten (die Regierungen der Antonine und Juliane ausgenommen) die nichtswürdigsten Leute an Höfen ihr Glük gemacht haben — kriechende Schmeicheley, blinde Gefälligkeit gegen die Leidenschaften unsrer Obern, Gefühllosigkeit gegen alle Regungen des Gewissens und der Menschlichkeit, Taubheit gegen die Stimme aller Pflichten, unerschrokne Unverschämtheit sich selbst Talente und Verdienste beyzulegen, die man nie gehabt hat; fertige Bereitwilligkeit

keit jedes Bubenstük zu begehen, welches eine Stuffe zu unsrer Erhebung werden kan — und diesen Weg hatte ihnen Agathon auf einmal versperrt. Sie sahen, so lange dieser seltsame Mann den Plaz eines Günstlings bey Dionysen behaupten würde, keine Möglichkeit, wie Leute von ihrer Art sollten gedeyhen können. Sie hasseten ihn also; und wir können versichert seyn, daß in den Herzen aller dieser Höflinge eine Art von Zusammem-Verschwörung gegen ihn brütete, ohne daß es dazu einiger geheimen Verabredung bedurfte. Allein von allem diesem wurde noch nichts sichtbar. Die Maske, welche sie vorzunehmen für gut fanden, sah einem Gesicht so gleich, daß Agathon selbst dadurch betrogen wurde; und sich gegen die Philiste und Timocrate, und ihre Creaturen eben so bezeugte, als ob die Hochachtung, welche sie ihm bewiesen, und der Beyfall, den sie allen seinen Maßnehmungen gaben, aufrichtig gewesen wäre. Diese wakern Männer hatten einen gedoppelten Vortheil über ihn — daß er, weil er sich nichts Böses zu ihnen versah, nicht daran dachte, sie scharf zu beobachten — und daß sie, weil sie sich ihrer eigenen Boßheit bewußt waren, desto vorsichtiger waren, ihre wahren Gesinnungen in eine undurchdringliche Verstellung einzuhüllen. Versichert wie sie waren, daß ein Mensch nothwendig eine schwache Seite haben müsse, gaben sie sich alle mögliche Mühe die seinige zu finden, und stellten ihn, ohne daß er einen Verdacht deßwegen auf sie werfen konnte, auf alle mögliche Proben. Da sie ihn aber gegen Versuchungen, denen sie

selbst

selbst zu unterliegen pflegten, gleichgültig oder gewafnet fanden; so blieb ihnen, bis auf irgend eine günstige Gelegenheit nichts übrig, als ihn durch den magischen Dunst einer subtilen Schmeicheley einzuschläfern, welche er desto leichter für Freundschaft halten konnte, da sie alle Anscheinungen derselben hatte; und je mehr er berechtiget war, in einem Lande, worinn er sich um alle verdient machte, einen jeden für seinen Freund zu halten. Diese Absicht gelang ihnen, und man muß gestehen, daß sie dadurch schon ein grosses über ihn gewonnen hatten.

Uebrigens können wir nicht umhin, es mag nun unserm Helden nachtheilig seyn oder nicht, zu gestehen, daß zu einer Zeit, da sein Ansehen den höchsten Gipfel erreicht hatte; da Dionys ihn mit Beweisen einer unbegrenzten Gunst überhäufte; da er von dem ganzen Sicilien für seinen Schuzgott angesehen wurde, und das seltne, wo nicht ganz unerhörte Glük zu geniessen schien, in einem so blendenden Glüksstande lauter Bewundrer und Freunde, und keinen Feind zu haben — die Damen zu Syracus die einzigen waren, welche ihre wenige Zufriedenheit mit seinem Betragen ziemlich deutlich merken liessen. Mit einer Figur wie die seinige, mit allem dem was den Augen und Herzen nachstellt in so ausserordentlichem Grade begabt, war es sehr natürlich, daß er die Aufmerksamkeit der Schönen auf sich ziehen mußte. Die Damen zu Syracus hatten so gut Augen wie die zu Smyrna --- und Herzen dazu --

zu – oder wenn sie keine hatten, so hatten sie doch etwas, dessen Bewegungen sehr gewöhnlich mit den Bewegungen des Herzens verwechselt werden; oder wenn sie auch das nicht hatten, so hatten sie doch Eitelkeit, und konnten also nicht gleichgültig gegen die eigensinnige Unempfindlichkeit eines Mannes seyn, welcher eben dadurch ein Feind wurde, dessen Ueberwindung seine Siegerin zur Liebenswürdigsten ihres Geschlechts zu erklären schien. In den Augen der meisten Schönen ist der Günstling eines Monarchen allezeit ein Adonis; wie natürlich war also der Wunsch, einen Adonis empfindlich zu machen, der noch dazu der Liebling eines Königs, und in der That, den Namen, und eine gewisse Binde um den Kopf ausgenommen, der König selbst war? Man kan sich auf die Geschiklichkeit der schönen Sicilianerinnen verlassen, daß sie nichts vergessen haben werden, seiner Kaltsinnigkeit auch nicht den Schatten einer anständigen Entschuldigung übrig zu lassen. Und womit hätte sie wol entschuldiget werden können? Es ist wahr, ein Mann, der mit der Sorge für einen ganzen Staat beladen ist, hat nicht so viel Muße als ein junger Herr, der sonst nichts zu thun hat, als sein Gesicht alle Tage ein paarmal im Vorzimmer zu zeigen, und die übrige Zeit von einer Schönen, und von einer Gesellschaft zur andern fortzuflattern. Aber man mag so beschäftiget seyn als man will, so behält man doch allezeit Stunden für sich selbst, und für sein Vergnügen übrig; und obgleich Agathon sich seinen Beruf etwas schwerer machte, als er in unsern Zeiten zu seyn pflegt, nachdem man das Geheimniß erfunden hat, die schwersten Dinge mit einer gewissen unsern plumpern Vorfahren unbekannten Leichtigkeit — vielleicht nicht so gut, aber doch artiger — zu thun; so war es doch Augenscheinlich, daß er solche Stunden hatte. Der Einfluß, den er in die Staats-Verwaltung hatte, schien ihm so wenig zu schaffen zu machen; er brachte so viel Freyheit des Geistes, so viel Munterkeit und guten Humor zur Gesellschaft, und zu den Ergözlichkeiten, wo ihn Dionys fast immer um sich haben wollte, daß man die Schuld seiner seltsamen Aufführung unmöglich seinen Geschäften beymessen konnte. Man mußte also sie begreiflich zu machen auf andere Hypothesen verfallen. Anfangs hielt eine jede die andere im Verdacht, die geheime Ursache davon zu seyn; und so lange dieses daurte, hätte man sehen sollen, mit was für Augen die guten Damen einander beobachteten, und wie oft man in einem Augenblike eine Entdekung gemacht zu haben glaubte, welche der folgende Augenblik wieder vernichtigte. Endlich befand sich's, daß man einander Unrecht gethan hatte; Agathon war gegen alle gleich verbindlich, und liebte keine. Auf eine Abwesende konnte man keinen Argwohn werfen; denn was hätte ihn bewegen sollen, den Gegenstand seiner Liebe von sich entfernt zu halten? Es blieben also keine andre als solche Vermuthungen übrig, welche unserm Helden auf die eine oder andre Art nicht sonderliche Ehre machten; ohne daß sie den gerechten Verdruß vermindern konnten, den man über ein so wenig natürliches und in

jeder

jeder Betrachtung so verhaßtes Phänomen empfinden mußte.

Unsre Leser, welche nicht vergessen haben können, was Agathon zu Smyrna war, werden so gleich auf einen Gedanken kommen, welcher freylich den Damen zu Syracus unmöglich einfallen konnte -- nehmlich, daß es ihnen vielleicht an Reizungen gefehlt habe, um einen hinlänglichen Eindruk auf ein Herz zu machen, welches nach einer Danae (welch ein Gemählde macht dieses einzige Wort!) nicht leicht etwas würdig finden konnte, seine Neugier rege zu machen. Allein wenn die Nachrichten, denen wir in dieser Geschichte folgen, Glauben verdienen, so hat eine den mehr bemeldten Damen so wenig schmeichelnde Vermuthung nicht den geringsten Grund: Syracus hatte Schönen, welche so gut als Danae, den Polycleten zu Modellen hätten dienen können; und diese Schönen hatten alle noch etwas dazu, das die Schönheit gelten macht; einige Wiz, andre Zärtlichkeit; andre wenigstens ein gutes Theil von dieser edeln Unverschämtheit, welche eine gewisse Classe von modernen Damen zu caracterisiren scheint, und zuweilen schneller zum Zwek führt als die vollkommensten Reizungen, welche unter dem Schleyer der Bescheidenheit verstelt, ein nachtheiliges Mißtrauen in sich selbst zu verrathen scheinen. Es konnte also nicht das seyn -- Gut! So wird er sich etwan des Socratischen Geheimnisses bedient, und in den verschwiegenen Liebkosungen irgend einer gefälligen Cypassis das leichteste Mittel gefunden

funden haben, sich vor der Welt die Mine eines Xenocrates zu geben? -- Das auch nicht! wenigstens sagen unsre Nachrichten nichts davon. Ohne also den Leser mit vergeblichen Muthmaſſungen aufzuhalten, wollen wir gestehen, daß die Ursache dieser Kaltsinnigkeit unsers Helden, etwas so natürliches und einfältiges war, daß, so bald wir es entdekt haben werden, Schah Baham selbst sich einbilden würde, er habe wo nicht eben das, doch ungefehr so etwas erwartet.

Der Kaufmann, mit welchem Agathon nach Syracus gekommen war, war einer von denjenigen, welchen er ehmals zu Athen das Bildniß seiner Psyche zu dem Ende gegeben hatte, damit sie mit desto besserm Erfolg aller Orten möchte aufgesucht werden können. Gleichwol erinnerte er sich dieses Umstands nicht eher, bis er einsmals bey einem Besuch, den er ihm machte, dieses Bildnis von ungefehr in dem Cabinet seines Freundes ansichtig wurde. Dasjenige was Agathon in diesem Augenblik empfand, war wenig von dem unterschieden, was er empfunden hätte, wenn es Psyche selbst gewesen wäre. Die Ideen seiner ersten Liebe wurden dadurch wieder so lebhaft, daß er, so schwach auch seine Hofnung war, das Urbild jemals wieder zu sehen, sich aufs Neue in dem Entschluß bestätigte, ihrem Andenken getreu zu bleiben. Die Damen von Syracus hatten also würklich eine Nebenbuhlerin, ob sie gleich nicht errathen konnten, daß diese zärtlichen Seufzer, welche jede unter ihnen seinem Herzen abzugewinnen
wünschte,

wünschte, in mitternächtlichen Stunden vor einer gemahlten Gebieterin ausgehaucht wurden.

Unter allen denjenigen, welche sich durch die Unempfindlichkeit unsers Helden beleidiget fanden, konnte keine der schönen Cleonissa in Absicht aller Vollkommenheiten, welche Natur und Kunst in einem Frauenzimmer vereinigen können, den Vorzug streitig machen. Eine vollkommen regelmäßige Schönheit ist (mit Erlaubnis aller derjenigen, welche dabey interessiert seyn mögen, die Grazien ihrer Königin vorzuziehen) unter allen Eigenschaften, die eine Dame haben kan, diejenige welche den allgemeinsten, geschwindesten und stärksten Eindruk macht; und für tugendhafte Personen hat sie noch diesen Vortheil, daß sie das Verlangen von der Besitzerin eines so seltnen Vorzugs geliebt zu seyn, in dem nehmlichen Augenblik durch eine Art von mechanischer Ehrfurcht zurükscheucht, deren sich der verwegenste Satyr kaum erwehren kan. Cleonissa besaß diese Vollkommenheit in einem so hohen Grade, der den kaltsinnigsten Kennern des Schönen nichts daran zu tadeln übrig ließ; es war unmöglich sie ohne Bewunderung anzusehen. Aber die ungemeine Zurükhaltung, welche sie affectierte, das Majestätische, das sie ihrer Mine, ihren Bliken und allen ihren Bewegungen zu geben wußte, mit dem Ruf einer strengen Tugend, worein sie sich dadurch gesezt hatte, verstärkte die bemeldte natürliche Würkung ihrer Schönheit so sehr, daß niemand kühn genug war, sich in die Gefahr zu wagen, den

Ixion

Irion dieser Juno abzugeben. Die Mittelmäßigkeit ihrer Herkunft, und sowol der Stand als die Vorsicht eines eyfersüchtigen Ehmannes, hatten sie während ihrer ersten Jugend in einer so grossen Entfernung von der Welt gehalten, daß sie eine ganz neue Erscheinung war, als Philistus (der sie, wir wissen nicht wie, aufgespürt, und Mittel gefunden hatte, sie mit guter Art zur Wittwe zu machen) sie in Qualität seiner Gemahlin an den Hof der Princeßinnen brachte; unter welchen Namen die Mutter, die Gemahlin, und die Schwestern des Dionys begriffen wurden. Nicht viel geneigter als sein Vorgänger, eine Frau von so besondern Vorzügen mit einem andern, und wenn es Jupiter selbst gewesen wäre, zu theilen, hatte er anfangs alle Behutsamkeit gebraucht, welche der geizige Besizer eines kostbaren Schazes nur immer anwenden kan, um ihn vor der schlauesten Nachstellung zu verwahren. Aber die Tugend der Dame, und die herrschende Neigung, welche Dionys in den ersten Jahren seiner Regierung für diejenige Classe von Schönen zeigte, welche nicht so viel Schwierigkeiten machen; vielleicht auch eine gewisse Laulichkeit, welche die Eigenthümer dieser wunderthätigen Schönheiten gemeiniglich nach Verfluß zweyer oder dreyer Jahre, oft auch viel früher, unvermerkt zu überschleichen pflegt; hatten seine Eifersucht so zahm gemacht, daß er in der Folge kein Bedenken trug, sie den Princeßinnen so oft sie wollten zur Gesellschaft zu überlassen. Wir wollen nicht untersuchen, ob Cleonissa damals würklich so tugendhaft war, als die Sprödigkeit ihres Betragens kragens gegen die Manns-Personen und die strengen Maximen, wornach sie andre von ihrem Geschlecht beurtheilte, zu beweisen schienen. Genug daß die Princessinnen, und was noch mehr ist, ihr Gemahl, vollkommen davon überzeugt waren, und daß sich noch keiner von den Höflingen unterstanden hatte, eine so ehrwürdige Tugend auf die Probe zu sezen. Während der Zeit, da Plato in so grossem Ansehen bey Dionysen stubnd, war Cleonissa eine von den eyfrigsten Verehrerinnen dieses Weisen, und diejenige, welche den erhabenen Jargon seiner Philosophie am geläuffigsten reden lernte. Es mag nun aus Begierde sich durch ihren Geist eben so sehr als durch ihre Figur über die übrigen ihres Geschlechts zu erheben, (eine ziemlich gewöhnliche Schwachheit der eigentlich so genannten Schönen,) oder aus irgend einem reinern Beweggrunde geschehen seyn; so ist gewiß, daß sie alle Gelegenheiten den göttlichen Plato zu hören mit solcher Begierlichkeit suchte, eine so ausnehmende Hochachtung für seine Person, einen so unbedingten Glauben an seine Begriffe von Schönheit und Liebe, und alle übrige Theile seines Systems zeigte, und mit einem Wort, in kurzer Zeit, an Leib und Seele einer Platonischen Idee so ähnlich sah: Daß dieser weise Mann, stolz auf eine solche Schülerin, durch den besondern Vorzug, den er ihr gab, die allgemeine Meynung von ihrer Weisheit unendlich erhöhte. Es ist wahr, es wäre nur auf ihn angekommen, bey gewissen Gelegenheiten gewisse Beobachtungen in ihren schönen Augen zu machen, welche ihn ohne

eine

eine lange Reyhe von Schlüssen auf die Vermuthung hätten bringen können, daß es nicht unmöglich seyn würde, diese Göttin zu humanisiren. Aber der gute Plato hatte damals schon über sechzig Jahre, und machte keine solche Beobachtungen mehr. Cleonissa blieb also in dem Ansehen eines lebendigen Beweises des Platonischen Lehrsazes, daß die äusserliche Schönheit ein Widerschein der intellectualischen Schönheit des Geistes sey; das Vorurtheil für ihre Tugend hielt dem Eindruk, welchen ihre Reizungen hätten machen können, das Gleichgewicht; und sie hatte das Vergnügen, die vollkommne Gleichgültigkeit, welche Dionys für sie behielt, der Weisheit ihres Betragens zu zuschreiben, und sich dadurch ein neues Verdienst bey den Princessinnen zu machen.

Aber -- o! wie wol läßt sich jener Solonische Ausspruch, daß man niemand vor seinem Ende glücklich preisen solle, auch auf die Tugend der Heldinnen anwenden! Cleonissa sah den Agathon, und -- hörte in diesem Augenblik auf Cleonissa zu seyn -- Nein, das eben nicht; ob es gleich nach dem Platonischen Sprachgebrauch richtig gesprochen wäre; aber sie bewies, daß die Princessinnen, und sie selbst, und ihr Gemahl, und der Hof, und die ganze Welt, den göttlichen Plato mit eingeschlossen, sich sehr geirret hatten, sie für etwas anders zu halten als sie war, und als sie einem jeden mit Vorurtheilen unbefangenen Beobachter, einem Aristipp zum Exempel, in der ersten Stunde zu seyn scheinen mußte.

Zehentes Buch, zweytes Capitel.

Sich über einen so natürlichen Zufall zu verwundern, würde unserm Bedünken nach, eine grosse Sünde gegen das nie genug anzupreisende *Nil admirari* seyn, in welchem (nach der Meynung erfahrner Kenner der menschlichen Dinge) das eigentliche grosse Geheimnis der Weisheit, dasjenige was einen wahren Adepten macht, verborgen liegt. Die schöne Cleonissa war ein Frauenzimmer, und hatte also ihren Antheil an den Schwachheiten, welche die Natur ihrem Geschlecht eigen gemacht hat, und ohne welche diese Hälfte der menschlichen Gattung weder zu ihrer Bestimmung in dieser sublunarischen Welt so geschikt, noch in der That, so liebenswürdig seyn würde als sie ist. Ja wie wenig Verdienst würde selbst ihrer Tugend übrig bleiben, wenn sie nicht durch eben diese Schwachheiten auf die Probe gesezt würde?

Dem sey nun wie ihm wolle, die Dame fühlte, so bald sie unsern Helden erblikte, etwas, das die Tugend einer gewöhnlichen Sterblichen hätte beunruhigen können. Aber es giebt Tugenden von einer so starken Complexion, daß sie durch nichts beunruhiget werden; und die ihrige war von dieser Art. Sie überließ sich den Eindrüken, welche ohne Zuthun ihres Willens auf sie gemacht wurden, mit aller Unerschrokenheit, welche ihr das Bewustseyn ihrer Stärke geben konnte. Die Vollkommenheit des Gegenstandes rechtfertigte die ausserordentliche Hochachtung, welche sie für ihn bezeugte. Grosse Seelen sind am geschikte sten, einander Gerechtigkeit wiederfahren zu lassen; und ihre Eigenliebe ist so sehr dabey interessirt, daß sie die Partheylichkeit für einander sehr weit treiben können, ohne sich dadurch besonderer Absichten verdächtig zu machen. Ein so unedler Verdacht konnte ohnehin nicht auf die erhabene Cleonissa fallen; indessen war doch nichts natürlicher, als die Erwartung, daß sie in unserm Helden eben diesen, wo nicht einen noch höhern Grad der Bewunderung erwecken werde, als sie für ihn empfand. Diese Erwartung verwandelte sich eben so natürlich in ein mit Unmuth vermischtes Erstaunen, da sie sich darinn betrogen sah; und was konnte aus diesem Erstaunen anders werden, als eine heftige Begierde, ihrer durch seine Gleichgültigkeit äußerst beleidigten Eigenliebe eine vollständige Genugthuung zu verschaffen? Auch wenn sie selbst gleichgültig gewesen wäre, hätte sie mit Recht erwarten können, daß ein so feiner Kenner ihren Werth zu empfinden, und eine Cleonissa von den kleinern Sternen, welchen nur in ihrer Abwesenheit zu glänzen erlaubt war, zu unterscheiden wissen werde. Wie sehr mußte sie sich also beleidiget halten, da sie mit diesem edeln Enthusiasmus, womit die privilegirte Seelen sich über die kleinen Bedenklichkeiten gewöhnlicher Leute hinwegsetzen, ihm entgegengeflogen war, und die Beweise ihrer sympathetischen Hochachtung nicht so lange zurückzuhalten gewürdiget hatte, bis sie von der seinigen überzeugt worden wäre? Da es nur von ihrer Eigenliebe abhieng, die Größe des Unrechts nach der Empfindung ihres eignen Werths zu bestimmen; so war die Rache, welche

sie

sie sich an unserm Helden zu nehmen vorsezte, die grausamste, welche nur immer in das Herz einer beleidigten Schönen kommen kan. Sie wollte die ganze vereinigte Macht aller ihrer intellectualischen und körperlichen Reizungen, verstärkt durch alle Kunstgriffe der schlauesten Coketterie (wovon ein so allgemeines Genie als das ihrige wenigstens die Theorie besizen mußte) dazu anwenden, ihren Undankbaren zu ihren Füssen zu legen; und wenn sie ihn durch die gehörige Abwechslungen von Furcht und Hofnung endlich in den kläglichen Zustand eines von Liebe und Sehnsucht verzehrten Seladons gebracht, und sich an dem Schauspiel seiner Seufzer, Thränen, Klagen, Ausruffungen und aller andern Ausbrüche der verliebten Thorheit lange genug ergözt haben würde — ihn endlich auf einmal die ganze Schwere der kaltsinnigsten Verachtung fühlen lassen. So wol ausgesonnen diese Rache war; so eyfrig und mit so vieler Geschiklichkeit wurden die Anstalten dazu ins Werk gesezt; und wir müssen gestehen, daß wenn der Erfolg eines Projects allein von der guten Ausführung abhienge, die schöne Cleonissa den vollständigsten Triumph hätte erhalten müssen, der jemals über den Troz eines widerspenstigen Herzens erhalten worden wäre. Ob diese Dame, wenn Agathon sich in ihrem Neze gefangen hätte, fähig gewesen wäre, die Rache so weit zu treiben als sie sich selbst versprochen hatte? — ist eine problematische Frage, deren Entscheidung vielleicht sie selbst, wenn der Fall sich ereignet hätte, in keine kleine Verlegenheit gesezt haben würde. Aber Agathon ließ es nicht so weit kommen. Er legte eine neue Probe ab, daß es nur der Danae gegeben war, die schwache Seite von seinem Herzen ausfündig zu machen. Cleonissa hatte bereits die Hälfte ihrer Künste erschöpft, ehe er nur gewahr wurde, daß ein Anschlag gegen ihn im Werke sey; und von dem Augenblik, da er es gewahr wurde, stieg sein Kaltsinn, nach dem Verhältniß wie ihre Bemühungen sich verdoppelten, auf einen solchen Grad; oder deutlicher zu reden, der Absaz, den ihre zulezt bis zur Unanständigkeit getriebene Nachstellungen mit der affectirten Erhabenheit ihrer Denkungs-Art, und mit der Majestät ihrer Tugend machten, that eine so schlimme Würkung bey ihm, daß die schöne Cleonissa sich genöthiget sah, die Hofnung des Triumphs, womit sich ihre Eitelkeit geschmeichelt hatte, gänzlich aufzugeben. Die Wuth, in welche sie dadurch gesezt wurde, verwandelte sich nach und nach in den vollständigsten Haß, der jemals (mit Shakespear zu reden) die Milch einer weiblichen Brust in Galle verwandelt hat. Alles was sie ihrer Tugend in diesen Umständen zu thun gab, war, die Bewegungen dieser Leidenschaft so geschikt zu verbergen, daß weder der Hof nach Agathon selbst gewahr wurde, mit welcher Ungeduld sie sich nach einer Gelegenheit sehnte, ihn die Würkungen davon empfinden zu lassen.

In dieser Situation befanden sich die Sachen, als Dionys, des ruhigen Besizes der immer gefälligen Bacchidion, und ihrer Tänze überdrüssig, sich zum erstenmal einfallen

Zehentes Buch, zweytes Capitel.

einfallen ließ, die Beobachtung zu machen, daß Cleonissa schön sey. Er hatte sie noch nicht lange mit einiger Aufmerksamkeit beobachtet, so däuchte ihn, daß er noch nie keine so schöne Creatur gesehen habe; und nun fieng er an sich zu verwundern, daß er diese Beobachtung nicht eher gemacht habe. Endlich erinnerte er sich, daß die Dame sich jederzeit durch eine sehr spröde Tugend und einen erklärten Hang für die Metaphysik unterschieden hatte; und nun zweifelte er nicht mehr, daß es dieser Umstand gewesen seyn müsse, was ihn verhindert habe, ihrer Schönheit eher Gerechtigkeit wiederfahren zu lassen. Eine Art von maschinalischer Ehrfurcht vor der Tugend, die von seiner Indolenz und der furchtbaren Vorstellung herkam, welche er sich von den Schwierigkeiten sie zu besiegen in den Kopf gesezt hatte, würde ihn vielleicht auch diesesmal in den Grenzen einer unthätigen Bewunderung gehalten haben, wenn nicht einer von diesen kleinen Zufällen, welche so oft die Ursachen der grössesten Begebenheiten werden, seine natürliche Trägheit auf einmal in die ungeduldigste Leidenschaft verwandelt hätte. Da dieser Zufall jederzeit eine Anecdote geblieben ist, so können wir nicht gewiß sagen, ob es (wie einige Sicilianische Geschichtschreiber vorgeben) der nehmliche gewesen, wodurch in neuern Zeiten die Schwester des berühmten Herzogs von Marlborough den ersten Grund zu dem ausserordentlichen Glük ihrer Familie gelegt haben soll; oder ob er sie vielleicht von ungefehr in dem Zustand überrascht haben mochte, worinn der Actäon der Poeten das Unglük hatte, die

schöne

schöne Diana zu erbliken. Das ist indessen ausgemacht, daß von dieser geheimen Begebenheit an, die Leidenschaft und die Absichten des Dionys einen Schwung nahmen, wodurch sich die Tugend der allzuschönen Cleonissa in keine geringe Verlegenheit gesezt befand, wie sie in einer so schlüpfrigen Situation dasjenige, was sie sich selbst schuldig war, mit den Pflichten gegen ihren Prinzen vereinigen wollte. Dionys war so dringend, so unvorsichtig -- und sie hatte so viele Personen in Acht zu nehmen -- sie, die in jedem andern Frauenzimmer eine Nebenbuhlerin hatte, und bey jedem Schritt von hundert eifersüchtigen Augen belauret wurde, welche nicht ermangelt haben würden, den kleinsten Fehltritt, den sie gemacht hätte, durch eben so viele Zungen der ganzen Welt in die Ohren flüstern zu lassen. Auf der einen Seite, ein von Liebe brennender König zu ihren Füssen, bereit eine unbegrenzte Gewalt über ihn selbst und über alles was er hatte, um die kleinste ihrer Gunstbezeugungen hinzugeben -- auf der andern, der glänzende Ruhm einer Tugend, welche noch kein Sterblicher für fehlbar zu halten sich unterstanden hatte, das Vertrauen der Princessinnen, die Hochachtung ihres Gemahls -- Man muß gestehen, tausend andre würden sich zwischen zweyen auf so verschiedene Seiten ziehenden Kräften nicht zu helfen gewußt haben. Aber Cleonissa wußte es, ob sie sich gleich zum ersten mal in dieser Schwierigkeit befand, so gut, daß der ganze Plan ihres Betragens sie schwerlich eine einzige schlaflose Nacht kostete. Sie sah beym ersten Blik, wie wichtig die
Vortheile

Vortheile waren, welche sie in diesen Umständen von ihrer Tugend ziehen konnte. Das nehmliche Mittel, wodurch sie ihren Ruhm sicher stellen, und die Freundschaft der Princeßinnen erhalten konnte, war unstreitig auch dasjenige, was den unbeständigen Dionys, bey dem vorsichtigen Gebrauch der erforderlichen Aufmunterungen, auf immer in ihren Fesseln behalten würde. Sie sezte also seinen Erklärungen, Verheissungen, Bitten, Drohungen, (zu den feinern Nachstellungen war er weder zärtlich noch schlau genug) eine Tugend entgegen, welche ihn durch ihre Hartnäkigkeit nothwendig hätte ermüden müssen, wenn das Mitleiden mit dem Zustand, worein sie ihn zu sezen gezwungen war, sie nicht zu gleicher Zeit vermocht hätte, seine Pein durch alle die kleinen Palliative zu lindern, welche im Grunde für eine Art von Gunstbezeugungen angesehen werden können, ohne daß gleichwol die Tugend, bey einem Liebhaber wie Dionys war, dadurch zuviel von ihrer Würde zu vergeben scheint. Die zärtliche Empfindlichkeit ihres Herzens -- die Gewalt welche sie sich anthun mußte, einem so liebenswürdigen Prinzen zu wiederstehen -- die stillschweigenden Geständnisse ihrer Schwachheit, welche zu eben der Zeit, da sie ihm den entschlossensten Widerstand that, ihrem schönen Busen wider ihren Willen entflohen --- o! tugendhafte Cleonissa! Was für eine gute Actrice warest du! -- Was hätte Dionys seyn müssen, wenn er bey solchen Anscheinungen die Hofnung aufgegeben hätte, endlich noch glüklich zu werden?

P 4   Inzwischen

Inzwischen war, ungeachtet aller Behutsamkeit, welche Cleonissa, und Dionys selbst gebrauchte, die Leidenschaft dieses Prinzen, und die unüberwindliche Tugend seiner Göttin, ein Geheimniß, welches der ganze Hof wußte, wenn man schon nicht dergleichen that, als ob man Augen oder Ohren hätte. Cleonissa hatte die Vorsicht gebraucht, die Schwestern des Prinzen, von dem Augenblike, da sie an seiner Leidenschaft nicht mehr zweifeln konnte, zu ihren Vertrauten zu machen; diese hatten wieder im Vertrauen alles seiner Gemalin entdekt, und die Gemalin seiner Mutter. Die Princessinnen, welche seine bisherigen Ausschweiffungen immer vergebens beseufzet, und besonders gegen die arme Bacchidion einen Widerwillen gefaßt hatten, wovon sich kein andrer Grund, als die launische Denkungs-Art dieser Damen angeben läßt, waren erfreut, daß seine Neigung endlich einmal auf einen tugendhaften Gegenstand gefallen war. Die ausnehmende Klugheit der schönen Cleonissa machte ihnen Hofnung, daß es ihr gelingen würde, ihn unvermerkt auf den rechten Weg zu bringen. Cleonissa erstattete ihnen jedes mal getreuen Bericht von allem was zwischen ihr und ihrem Liebhaber vorgegangen war -- oder doch von allem, was die Princessinnen davon zu wissen nöthig hatten; alle Maßregeln, wie sie sich gegen ihn betragen sollte, wurden in dem Cabinet der Königin abgeredet; und diese gute Dame, welche das Unglük hatte, die Kaltsinnigkeit ihres Gemahls gegen sie lebhafter zu empfinden, als es für ihre Ruhe gut war, gab sich alle mögliche Bewegungen, die Bemühungen zu befördern, welche von der

tugend-

tugendhaften Cleonissa angewandt wurden, den Prinzen in die Schranken der Gebühr zurükzubringen. Alles dieses machte eine Art von Intrigue aus, bey welcher, ungeachtet der anscheinenden Ruhe, der ganze Hof in innerlicher Bewegung war. Der einzige Philistus, derjenige der am meisten Ursache hatte, aufmerksam zu seyn, wußte nichts von allem was jedermann wußte; oder bewies doch wenigstens in seinem ganzen Betragen eine so seltsame Sicherheit, daß wir, wenn uns das ausserordentliche Vertrauen nicht bekannt wäre, welches er in die Tugend seiner Gemalin zu sezen Ursache hatte, fast nothwendig auf den Argwohn gerathen müßten, als ob er gewisse Absichten bey dieser Aufführung gehabt haben könnte, welche seinem Character keine sonderliche Ehre machen würden.

Alles gieng wie es gehen sollte; Dionys sezte die Belagerung mit der äussersten Hartnäkigkeit und mit Hofnungen fort, welche der tapfre Widerstand der weisen Cleonissa ziemlich zweydeutig machte — die Liebe schien noch wenig über ihre Tugend erhalten zu haben, obgleich diese allmählich anfieng, von ihrer Majestät nachzulassen, und zu erkennen zu geben, daß sie nicht ganz ungeneigt wäre, unter hinlänglicher Sicherheit sich in ein geheimes Verständniß, in so fern es eine blosse Liebe der Seele zur Absicht hätte, einzulassen -- Die Princeßinnen sahen mit dem vollkommensten Vertrauen auf die keuschen Reizungen ihrer Freundin, der Entwiklung des Stüks entgegen -- und Philistus war von einer Gefälligkeit, von einer Indolenz, wie man niemals gesehen hat:

hat: Als Agathon, zum Unglük für ihn und für Sicilien, durch einen Eifer, der an einem Staats-Mann von so vieler Einsicht kaum zu entschuldigen war, sich verleiten ließ, den glüklichen Fortgang der verschiedenen Absichten, welchen Dionys -- Cleonissa -- die Princeßinnen -- und vielleicht auch Philistus -- schon so nahe zu seyn glaubten, durch seine unzeitige Dazwischenkunft zu unterbrechen.

Drittes Capitel.

Grosse Fehler wider die Staats-Kunst, welche Agathon begieng --- Folgen davon.

Die Vertraulichkeit, worin Dionys mit seinen Günstlingen zu leben pflegte, und das natürliche Bedürfnis eines Verliebten, jemand zu haben, dem er sein Leiden oder seine Glükseligkeit entdeken kan -- hatten ihm nicht erlaubt, dem Agathon aus seiner neuen Liebe ein Geheimniß zu machen; und dieser trieb die Gefälligkeit anfänglich so weit, sich von dem schwazhaftesten Liebhaber, der jemals gewesen war, mit den Angelegenheiten seines Herzens ganze Stunden durch langeweile machen zu lassen, in denen es dem guten Prinzen kein einziges mal einfiel, daß diese Angelegenheiten einem dritten unmöglich so wichtig vorkommen könnten, als sie ihm selbst waren. Ohne seine Wahl geradezu zu mißbilligen (wovon er eine schlechte Würkung hätte hoffen können) begnügte er sich anfangs, ihm die Schwierigkeiten, welche er bey einer Dame von so strenger und systematischer

Tugend

Tugend finden würde, so fürchterlich abzumahlen, daß
er ihn von einer Unternehmung, welche sich dem Ansehen nach, wenigstens in eine entsezliche Länge hinaus-
ziehen würde, abzuschreken hofte. Wie er aber sah,
daß Dionys anstatt durch den Widerstand, über den er
sich beklagte, ermüdet zu werden, von Tag zu Tag
mehr Hofnung schöpfte, diese beschwerliche Tugend
durch hartnäkig wiederholte Anfälle endlich selbst abzu-
matten: So glaubte er der schönen Cleonissa nicht zu
viel zu thun, wenn er sie im Verdacht eines gekünstelten Betragens hätte, welches die Leidenschaft des Prinzen zu eben der Zeit aufmunterte, da sie ihm alle Hofnung zu verbieten schien. Je schärfer er sie beobachtete,
je mehr Umstände entdekte er, welche ihn in diesem
Argwohn bestärkten; und da seine natürliche Antipathie
gegen die majestätischen Tugenden das ihrige mit bey-
trug, so hielt er sich nun vollkommen überzeugt, daß
die weise und tugendhafte Cleonissa weder mehr noch
weniger als eine Betrügerin sey, welche durch einen er-
dichteten Widerstand zu gleicher Zeit sich in dem Ruf
der Unüberwindlichkeit zu erhalten, und den leichtgläubi-
gen Dionys desto fester in ihrem Garn zu verstriken im
Sinne habe. Nunmehr sieng er an die Sache für ernsthaft anzusehen, und sich so wol durch die Pflichten der
Freundschaft für einen Prinzen, für den er bey allen
seinen Schwachheiten eine Art von Zuneigung fühlte,
als aus Sorge für den Staat, verbunden zu halten,
einem Verständniß, welches für beyde sehr schlimme
Folgen haben könnte, sich mit Nachdruk zu widersezen.
Bacchidion, welche, ohne eine so regelmäßige Schönheit

zu

zu seyn, in seinen Augen unendlichmal liebenswürdiger war als Cleonissa, schien ihm ihres Herzens -- oder richtiger zu reden, ihrer glüklichen Organisation wegen -- ungeachtet des gemeinen und gerechten Vorurtheils gegen ihren Stand, in Vergleichung mit dieser tugendhaften Dame eine sehr schäzbare Person zu seyn: Und da sie in der Unruhe, worein sie die immer zunehmende Kaltsinnigkeit des Prinzen zu sezen anfieng, ihre Zuflucht zu ihm nahm, so machte er sich desto weniger Bedenken, sich ihrer mit etwas mehr Eifer als die Würde seines Characters vielleicht gestatten mochte, anzunehmen. Dionys liebte sie nicht mehr; aber er maßte sich noch immer Rechte über sie an, welche nur die Liebe geben sollte. Die schöne Bacchidion wurde nur zu deutlich gewahr, daß sie nur die Stelle ihrer Nebenbulerin in seinen Armen vertreten sollte; und ob sie gleich nur eine Tänzerin war, so däuchte sie sich doch zu gut, Flammen zu löschen, welche eine andere angezündet hatte. Dionys schien bey der anhaltenden Strenge seiner neuen Gebieterin, einer solchen Gefälligkeit mehr als jemals benöthiget zu seyn; und eben darum gab ihr Agathon den Rath, an ihrem Theil auch die Grausame zu machen, und zu versuchen, ob sie durch ein sprödes und launisches Betragen, mit einer gehörigen Dosi von Coketterie vermischt, nicht mehr als durch zärtliche Klagen und verdoppelte Gefälligkeit gewinnen würde. Dieser Rath hatte einen so guten Erfolg, daß Agathon, der sich des Sieges zu früh versichert hielt, izo den gelegenen Augenblik gefunden zu haben glaubte, dem Dionys offenherzig zu gestehen, wie wenig Achtung er für die angebliche Tugend der Dame Cleonissa trage.

Die

Zehentes Buch, drittes Capitel.

Die Folgen der geheimen Unterredung, welche sie mit einander über diese Materie hatten, entsprachen der Erwartung unsers Helden nicht. Alles Nachtheilige, was Agathon dem Prinzen von seiner neuen Göttin sagen konnte, bewies höchstens, daß sie nicht so viel Hochachtung verdiene als er geglaubt hatte; aber es verminderte seine Begierden nicht; desto besser für seine Absichten, wenn sie nicht so tugendhaft war. Diesen edlen Gedanken ließ er zwar den Agathon nicht sehen; aber Cleonissa wurde ihn desto deutlicher gewahr. Dionys hatte nicht so bald erfahren, daß die Tugend der Dame nur ein Popanz sey, so eilte er was er konnte, Gebrauch von dieser Entdekung zu machen, und sezte sie durch ein Betragen in Erstaunen, welches mit seinem vorigen, und noch mehr mit der Majestät ihres Characters, einen höchst beleidigenden Contrast machte. Er war zwar Discret genug, ihr nicht geradezu zu sagen, was für Begriffe man ihm von ihr beygebracht habe; aber sein Bezeugen sagte es so deutlich, daß sie nicht zweiffeln konnte, es müßte ihr jemand schlimme Dienste bey ihm geleistet haben. Dieser Umstand sezte sie in der That in keine geringe Verlegenheit, wie sie dasjenige was sie ihrer beleidigten Würde schuldig war, mit der Besorgnis, einen Liebhaber von solcher Wichtigkeit durch allzuweit getriebene Strenge gänzlich abzuschreken, zusammenstimmen wollte. Allein ein Geist wie der ihrige weiß sich aus den schwierigsten Situationen herauszuwikeln; und Dionys gieng überzeugter als jemals von ihr, daß sie die Tugend selbst, und allein durch die Stärke der Sympathie, wodurch ihre zum ersten mal

gerührte

gerührte Seele gegen die seinige gezogen werde, fähig werden könnte, die Hofnungen dereinst zu erfüllen, welche sie ihm weder erlaubte noch gänzlich verwehrte. Von dieser Zeit an nahm seine Leidenschaft und das Ansehen dieser Dame von Tag zu Tag zu; die schöne Bacchidion wurde förmlich abgedankt; und Agathon würde in den Augen seines Herrn gelesen haben, wenn er es nicht aus seinem eignen Munde vernommen hätte, daß er gute Hofnung habe, in wenigen Tagen den letzten Seufzer der sterbenden Tugend von den Lippen der zärtlichen, und nur noch schwach widerstehenden Cleonissa aufzufassen. Izo glaubte er, daß es die höchste Zeit sey einen Schritt zu thun, der nur durch die äusserste Nothwendigkeit gerechtfertiget werden konnte, aber seiner Meynung nach, das unfehlbarste Mittel war, dieser gefährlichen Intrigue noch in Zeiten ein Ende zu machen. Er ließ also den Philistus zu sich ruffen, und entdekte ihm mit der ganzen Vertraulichkeit eines ehrlichen Mannes, der mit einem ehrlichen Manne zu reden glaubt, die nahe Gefahr, worinn seine Ehre und die Tugend seiner Gemalin schwebe. Freylich entdekte er dem edeln Philistus nichts, als was dieser in der That schon lange wußte; aber Philistus machte nichts desto weniger den Erstaunten; indessen dankte er ihm mit der lebhaftesten Empfindung für ein so unzweifelhaftes Merkmals seiner Freundschaft, und versicherte, daß er auf ein schikliches Mittel bedacht seyn wollte, seine Gemalin, von welcher er übrigens die beste Meynung von der Welt habe, gegen alle Nachstellungen der Liebesgötter sicher zu stellen.

Man

Zehentes Buch, drittes Capitel.

Man hat wol sehr recht, uns die Lehre bey allen Gelegenheiten einzuschärfen, daß man sich die Leute nach ihrer Weise verbindlich machen müsse, und nicht nach der unsrigen. Agathon glaubte sich kein geringes Verdienst um den Philistus gemacht zu haben, und würde nicht wenig über die Apostrophen erstaunt gewesen seyn, welche dieser würdige Minister an ihn machte, so bald er sich wieder allein sah. In der That mußte es diesen nothwendig ungehalten machen, sich durch eine so unzeitige Vorsorge für seine Ehre auf einmal aller Vortheile seiner bisherigen discreten Unachtsamkeit verlustiget zu sehen. Indessen konnte er nun, ohne sich in Agathons Augen zum Verräther seiner eigenen Ehre zu machen, nicht anders; er mußte den Eifersüchtigen spielen. Die Comödie bekam dadurch auf etliche Tage einen sehr tragischen Schwung -- Wie viel Mühe hätten sich die Haupt-Personen dieser Farce ersparen können, wenn sie die Maske hätten abnehmen, und sich einander *in puris naturalibus* zeigen wollen? Aber diese Leute aus der grossen Welt sind so pünctliche Beobachter des Wolstands! -- und sind darum zu beloben; denn es beweiset doch immer, daß sie sich ihrer wahren Gestalt schämen, und die Verbindlichkeit etwas bessers zu seyn als sie sind, stillschweigend anerkennen — Cleonissa rechtfertigte sich also gegen ihren Gemahl, indem sie sich auf die Princessinnen, als unverwerfliche Zeugen der untadelhaften Unschuld ihres Betragens berief. Niemals ist ein erhabneres und pathetischeres Stük von Beredsamkeit gehört worden, als die Rede war, wodurch sie ihm die Unbilligkeit seines Verdachts vorhielt; und der gute Mann wußte sich endlich nicht anders zu helfen, als daß er den Freund nannte, von dem er, wiewol aus guter Absicht, in diesen kleinen Anstoß einer, wie er nun vollkommen erkannte, höchst unnöthigen und sträflichen Eifersucht gesezt worden sey. Die Wuth einer stürmischen See — einer zur Rache gereizten Hornisse — oder einer Löwin, der ihre Jungen geraubt worden, sind nur schwache Bilder in Vergleichung mit der Wuth, in welche Cleonissens tugendhafter Busen bey Nennung des Namens Agathon auflöderte. Würtlich war nichts mit ihr zu vergleichen, als die Wollust, womit der Gedanke sie berauschte, daß sie es nun endlich in ihrer Gewalt habe, die lange gewünschte Rache an diesem undankbaren Verächter ihrer Reizungen zu nehmen. Sie mißhandelte den Dionys, (den sie für die unerträgliche Beleidigung, welche sie von ihrem Gemahl erduldet hatte, zur Rechenschaft zog) so lange und so grausam, bis er ihr, wiewol ungern, (denn er wollte seinen Günstling nicht aufopfern) entdekte, wie wenig sie dem Agathon für seine Meynung von ihr verbunden sey. Nunmehr klärte sich, wie sie sagte, das ganze Geheimniß auf; und in der That mußte sie sich nur über ihre eigene Einfalt verwundern, da sie sich eines bessern zu einem Manne versehen hatte, von dessen Rache sie natürlicher Weise das Schlimmste hätte erwarten sollen — Wenn Dionys bey diesen Worten stuzte, so kan man sich einbilden, was er für eine Mine machte, da sie ihm, vermittelst einer Confidenz, wozu

Zehentes Buch, drittes Capitel.

wozu sie durch ihre eigene Rechtfertigung gezwungen war, umständlich entdekte, daß der Haß Agathons gegen sie allein daher entsprungen sey, weil sie nicht für gut befunden habe, seine Liebe genehm zu halten. Dieses war nun freylich nicht nach der Schärfe wahr. Aber da sie nun einmal dahin gebracht war, sich selbst vertheidigen zu müssen; so war natürlich, daß sie es lieber auf Unkosten einer Person, die ihr verhaßt war, als auf ihre eigene that. So viel ist gewiß, daß sie ihre Absicht dadurch mehr als zu gut erreichte. Dionys gerieth in einen so heftigen Anfall von Eifersucht über seinen unwürdigen Liebling — dieser Mann, der dir Liebe eines Dionys unwürdig war, war Agathon! — daß Cleonissa, (welche besorgte, daß ein plözlicher Ausbruch zu mißbeliebigen Erläuterungen Anlaß geben könnte) alle ihre Gewalt über ihn anwenden mußte, ihn zurükzuhalten. Sie bewies ihm die Nothwendigkeit, einen Mann, der zu allem Unglük der Abgott der Nation wäre, vorsichtig zu behandeln. Dionys fühlte die Stärke dieses Beweises, und hassete den Agathon nur um so viel herzlicher. Die Princessinnen mischten sich auch in die Sache, und legten unserm Helden sehr übel aus, daß er, anstatt den Prinzen von Ausschweifungen abzuhalten, eine Creatur wie Bacchidion mit so vielem Eifer in seinen Schuz genommen hatte. Man scheuete sich nicht, diesem Eifer so gar einen geheimen Beweggrund zu leyhen; und Philistus brachte unter der Hand verschiedene Zeugen auf, welche in dem Cabinet des Prinzen verschiedene Umstände aussagten, die ein

[Agath. II. Th.]   Q   zwey-

zweydeutiges Licht auf die Enthaltsamkeit unsers Helden und die Treue der schönen Bacchidion zu werfen schienen. Dieser Minister fand vermuthlich die Absichten seines Herrn auf seine tugendhafte Gemahlin so rein und unschuldig, daß es anstössig, und lächerlich gewesen wäre, über die Freundschaft, womit er sie beehrte, eifersüchtig zu seyn. Ein täglicher Zuwachs der königlichen Gunst rechtfertigte und belohnte eine so edelmüthige Gefälligkeit. Timocrat fand bey diesen Umständen Gelegenheit, sich gleichfalls wieder in das alte Vertrauen zu setzen; und beyde vereinigten sich nunmehr mit der triumphirenden Cleonissa, den Fall unsers Helden desto eifriger zu beschleunigen, je mehr sie ihn mit Versicherungen ihrer Freundschaft überhäuften.

Wir haben in diesem und dem vorigen Capitel ein so merkwürdiges Beyspiel gesehen, (und wollte Gott! diese Beyspiele kämen uns nicht so oft im Leben selbst vor) wie leicht es ist, einem lasterhaften Character, einer schwarzen, hassenswürdigen Seele, den Anstrich der Tugend zu geben. Agathon erfuhr nunmehr, daß es eben so leicht ist, die reineste Tugend mit verhaßten Farben zu übersudeln. Er hatte dieses zu Athen schon erfahren; aber bey der Vergleichung die er zwischen jenem Fall und seinem izigen anstellte, schienen ihm seine Athenienfische Feinde, im Gegensaz mit den verächtlichen Creaturen, denen er sich nun auf ein mal aufgeopfert sah, so weiß zu werden, als sie ihm ehmals, da er noch keine schlimmere Leute kannte, schwarz vorgekommen

kommen waren. Vermuthlich verfälschte die Lebhaftigkeit des gegenwärtigen Gefühls sein Urtheil über diesen Punct ein wenig; denn in der That scheint der ganze Unterschied zwischen der republicanischen und höfischen Falschheit darinn zu bestehen, daß man in Republiken genöthiget ist, die ganze äusserliche Form tugendhafter Sitten anzunehmen; da man hingegen an Höfen genug gethan hat, wenn man den Lastern, welche des Fürsten Beyspiel adelt, oder wodurch seine Absichten befördert werden, tugendhafte Namen giebt. Allein im Grunde ist es nicht ekelhafter, einen hüpfenden, schmeichelnden, unterthänigen, vergoldeten Schurken zu eben der Zeit, da er sich vollkommen wol bewußt ist, nie keine Ehre gehabt zu haben, oder in diesem Augenblik im Begriff ist, wofern er eine hätte, sie zu verliehren — von den Pflichten gegen seine Ehre reden zu hören; als einen gesezten, schwerfälligen, gravitätischen Schurken zu sehen, der unter dem Schuz seiner Nüchternheit, Eingezogenheit und pünctlichen Beobachtung aller äusserlichen Formalitäten der Religion und der Geseze, ein unversöhnlicher Feind aller derjenigen ist, welche anders denken als er, oder nicht zu allen seinen Absichten helfen wollen; und sich nicht das mindeste Bedenken macht, so bald es seine Convenienz erfordert, eine gute Sache zu unterdrüken, oder eine böse mit seinem ganzen Ansehen zu unterstüzen. Unpartheyisch betrachtet, ist dieser noch der schlimmere Mann; denn er ist ein eigentlicher Heuchler: Da jener nur ein Comödiant ist, der nicht verlangt, daß man ihn würklich für das halten solle,

wofür

wofür er sich ausgiebt; vollkommen zufrieden, wenn die Mitspielenden und Zuschauer nur dergleichen thun, ohne daß es ihm einfällt sich zu bekümmern, ob es ihr Ernst sey, oder nicht.

Agathon hatte nunmehr gute Musse, dergleichen Betrachtungen anzustellen; denn sein Ansehen und Einfluß nahm zusehends ab. Aeusserlich zwar schien alles noch zu seyn, wie es gewesen war. Dionys und der ganze Hof liebkoseten ihm so sehr als jemals, und die Dame Cleonissa selbst schien es ihrer unwürdig zu halten, ihm einige Empfindlichkeit zu erkennen zu geben. Aber desto mehr Mißvergnügen wurde ihm durch geheime, schleichende, und indirecte Wege gemacht. Er mußte zusehen, wie nach und nach, unter tausend falschen und nichtswürdigen Vorwänden, seine besten Anordnungen als schlecht ausgesonnen, überflüssig, oder schädlich, wieder aufgehoben, oder durch andere unnüze gemacht - wie die wenigen von seinen Creaturen, welche in der That Verdienste hatten, entfernt -- wie alle seine Absichten mißdeutet, alle seine Handlungen aus einem willkührlich falschen Gesichts-Punct beurtheilt, und alle seine Vorzüge oder Verdienste lächerlich gemacht wurden. Zu eben der Zeit, da man seine Talente und Tugenden erhob, behandelte man ihn eben so, als ob er nicht das geringste von den einen noch von den andern hätte. Man behielt zwar noch, aus politischen Absichten (wie man es zu nennen pflegt) den Schein bey, als ob man nach den nehmlichen Grundsäzen handle, denen er in

seiner

seiner Staats-Verwaltung gefolget war: In der That aber geschah in jedem vorkommenden Falle gerade das Widerspiel von dem, was er gethan haben würde; und kurz, das Laster herrschte wieder mit so despotischer Gewalt als jemals.

Hier wäre es Zeit gewesen, die Clausul gelten zu machen, welche er seinem Vertrag mit dem Dionys angehängt hatte, und sich zurükzuziehen, da er nicht mehr zweiffeln konnte, daß er am Hofe dieses Prinzen zu nichts mehr nüze war. Und dieses war auch der Rath, den ihm der einzige von seinen Hoffreunden, der ihm getreu blieb, der Philosoph Aristippus gab. Du hättest, sagte er ihm in einer vertraulichen Unterredung über den gegenwärtigen Lauf der Sachen, du hättest dich entweder niemals mit einem Dionysius einlassen, oder an dem Plaz, den du einmal angenommen hattest, deine moralische Begriffe — oder doch wenigstens deine Handlungen nach den Umständen bestimmen sollen. Auf diesem Theater der Verstellung, der Betrügerey, der Intriguen, der Schmeicheley und Verrätherey, wo Tugenden und Pflichten blosse Rechen-Pfenninge, und alle Gesichter Masken sind; kurz, an einem Hofe, gilt keine andre Regel als die Convenienz, keine andre Politik, als einen jedem Umstand mit unsern eignen Absichten so gut vereinigen als man kan. Im übrigen ist es vielleicht eine Frage, ob du so wol gethan hast, dich um einer an sich wenig bedeutenden Ursache willen mit Dionysen abzuwerfen. Ich gestehe es,

in den Augen eines Philosophen ist die Tänzerin Bacchidion viel schäzbarer, als diese majestätische Cleonissa,
welche mit aller ihrer. Metaphysik und Tugend weder
mehr noch weniger als eine falsche, herrschsüchtige und
boßhafte Creatur ist. Bacchidion hat dem Staat keinen
Schaden gethan, und Cleonissa wird unendlich viel Böses thun -- Aus dieser Betrachtung (unterbrach ihn
Agathon) habe ich mich für jene und gegen diese erklärt -- Und doch war es leicht vorherzusehen, daß
Cleonissa siegen würde, sagte Aristipp -- Aber ein rechtschaffener Mann, Aristipp, erklärt sich nicht für die
Parthey, welche siegen wird, sondern für die, welche
Recht, oder doch am wenigsten Unrecht hat -- Mein
lieber Agathon, ein rechtschaffener Mann muß, so bald
er an einem Hofe leben will, sich eines guten Theils
von seiner Rechtschaffenheit abthun, um ihn seiner Klugheit zu zulegen. Ist es nicht Schade, daß so viel
Gutes, das du schon gethan hast, so viel Gutes, das
du noch gethan haben würdest, bloß darum verlohren
seyn soll, weil du eine schöne Dame nicht verstehen
wolltest, da sie dir's so deutlich, daß es der ganze Hof
(einen einzigen ausgenommen) verstehen konnte, zu
erkennen gab, daß sie schlechterdings -- geliebt seyn
wollte. Doch dieser Fehler hätte sich vielleicht wieder
gut machen lassen, wenn du nur gefällig genug gewesen
wärest, ihre Absichten auf Dionysen zu befördern.
Wolltest du auch dieses nicht, war es denn nöthig ihr
entgegen zu seyn? Was für Schaden würde daraus er-
folgt seyn, wenn du neutral geblieben wärest? Die

kleine

kleine Bacchidion würde nicht mehr getanzt haben, und Cleonissa hätte die Ehre gehabt, ihren Plaz einzunehmen, bis er ihrer eben so wol überdrüssig geworden wäre als so vieler andrer. Das wäre alles gewesen. Und gesezt, du hätteſt auch die Gewalt über ihn mit ihr theilen müſſen; so würdeſt du ihr wenigſtens das Gleichgewicht gehalten, und noch immer Anſehen genug behalten haben, viel Gutes zu thun. Dem Schein nach in gutem Vernehmen mit ihr, würde dir dein Plaz, und die Vertraulichkeit mit dem Prinzen tauſend Gelegenheiten gegeben haben, ſie, ſo bald ihre Gunſt-Bezeugungen aufgehört hätten, etwas neues für ihn zu ſeyn, unvermerkt und mit der beſten Art von der Welt wieder auf die Seite zu ſchaffen -- Aber ich kenne dich zu gut, Agathon; du biſt nicht dazu gemacht dich zu Verſtellung, Ränken und Hofkünſten herabzulaſſen; dein Herz iſt zu edel, und wenn ich es ſagen darf, deine Einbildungs-Kraft zu warm, um dich jemals zu der Art von Klugheit zu gewöhnen, ohne welche es unmöglich iſt, ſich lange in der Gunſt der Groſſen zu erhalten. Auch kenne ich den Hof nicht, welcher werth wäre, einen Agathon an ſeiner Spize zu haben. Das alles hätte ich dir ungefehr vorher ſagen können, als ich dich überreden half, dich mit Dionyſen einzulaſſen; aber es war beſſer durch deine eigne Erfahrung davon überzeugt zu werden. Ziehe dich izt zurük, ehe das Ungewitter, das ich aufſteigen ſehe, über dich ausbrechen kan. Dionys verdient keinen Freund wie du biſt. Wie ſehr hätteſt du dich betrogen, wenn du jemals geglaubt hätteſt,

teſt, daß er dich hochachte! Woher ſollte denen von ſeiner Art die Fähigkeit dazu kommen? Selbſt damals, da er am ſtärkſten für dich eingenommen war, liebte er dich aus keinem andern Grunde, als warum er ſeinen Affen und ſeine Papagayen liebt — weil du ihm Kurzweil machteſt. Seine Gunſt hätte eben ſo leicht auf einen andern Neuangekommenen fallen können, der die Cither noch beſſer geſpielt hätte als du. Nein, Agathon, du biſt nicht gemacht, mit ſolchen Leuten zu leben ziehe dich zurük; du haſt genug für deine Ehre gethan. Die Thorheit der neuen Staats-Verwaltung wird die Weisheit der deinigen am beſten rechtfertigen. Deine Handlungen, deine Tugenden, und ein ganzes Volk, welches deine Zeiten zurükwünſchen, und dein Andenken ſegnen wird, werden dich am beſten gegen die Verläumdungen und den albernen Tadel eines kleinen Hofes voll Thoren und ſchelmiſcher Sclaven vertheidigen, deren Haß dir mehr Ehre macht als ihr Beyfall. Du befindeſt dich in Umſtänden, in einem unabhängigen Privatſtande mit Würde leben zu können. Deine Freunde zu Tarent werden dich mit ofnen Armen empfangen. Ich wiederhohle es, Agathon, verlaß einen Fürſten, der ſeiner Sclaven, und Sclaven die eines ſolchen Fürſten werth ſind; und denke nun daran, wie du ſelbſt des Lebens genieſſen wolleſt, nachdem du den Verſuch gemacht, wie ſchwer, wie gefährlich, und insgemein wie vergeblich es iſt, für andrer Glük zu arbeiten.

Zehentes Buch, drittes Capitel.

So sprach Aristipp; und Agathon würde wol gethan haben, einem so guten Rathe zu folgen. Aber wie sollte es möglich seyn, daß derjenige, welcher selbst eine Haupt-Rolle in einem Stüke spielt, so gelassen davon urtheilen sollte, als ein blosser Zuschauer? Agathon sah die Sachen aus einem ganz andern Gesichts-Punct. Er betrachtete sich als einen Mann, der die Verbindlichkeit auf sich genommen habe, die Wolfahrt Siciliens zu befördern. „Warum kam ich nach Syracus? — sagte er zu sich selbst — und mit welchen Absichten übernahm ich das Amt eines Freundes und Rathgebers bey diesem Tyrannen? That ich es, um ein Sclave seiner Leidenschaften, oder ein Werkzeug der Tyrannie zu seyn? Oder hatte ich einen grossen und rechtschaffenen Zwek? Würde ich mich jemals mit ihm eingelassen haben, wenn er mir nicht Hofnung gemacht hätte, daß die Tugend endlich die Oberhand über seine Laster erhalten würde? Er hat mich betrogen, und die Erfahrungen, die ich von seiner Gemüths-Art habe, überzeugen mich, daß er unverbesserlich ist. Aber würde es edel von mir gehandelt seyn, ein Volk, dessen Wolfahrt der Endzwek meiner Bemühungen war, ein Volk, welches mich als seinen Wolthäter ansieht, den Launen dieses weibischen Menschen, und der Raubsucht seiner Schmeichler und Sclaven Preis zu geben? Was für Pflichten hab' ich gegen ihn, welche sein undankbares, niederträchtiges Verfahren gegen mich nicht aufgehoben, und vernichtet hätte? Oder wenn ich noch Pflichten gegen ihn habe; sind nicht diejenigen unendlichmal heiliger, welche mich an ein Land binden, das durch meine Wahl, und die Dienste, die ich ihm geleistet habe, mein zweytes Vaterland worden ist? — Wer ist denn dieser Dionys? Was für ein Recht hat er an die höchste Gewalt, der er sich anmaßt? Wem anders als dem Agathon hat er das einzige Recht zu danken, worauf er sich mit einigem Schein beruffen kan? Seit wenn ist er aus einem von aller Welt verabscheueten Tyrannen ein König geworden, als seit dem ich ihm durch eine gerechte und wolthätige Regierung die Liebe des Volks zugewandt habe? Er ließ mich arbeiten; er verbarg seine Laster hinter meine Tugenden; eignete sich meine Verdienste zu, und genoß die Früchte davon, der Undankbare! — und nun, da er sich stark genug glaubt, mich entbehren zu können, überläßt er sich wieder seinem eigenen Character, und fängt damit an, alles Gute das ich in seinem Namen gethan habe, wieder zu vernichten; gleich als ob er sich schäme, eine Zeitlang aus seinem Character getreten zu seyn, und als ob er nicht genug eilen könne, die ganze Welt zu belehren, daß es Agathon, nicht Dionys gewesen sey, der den Sicilianern eine Morgenröthe beßrer Zeiten gezeigt, und Hofnung gemacht, sich von den Mißhandlungen einer Reyhe schlimmer Regenten wieder zu erholen. Was würd' ich also seyn, wenn ich sie in solchen Umständen verlassen wollte, wo sie meiner mehr als jemals benöthiget sind? Nein — Dionys hat Beweise genug gegeben, daß er unverbesserlich ist, und durch die Nachsicht gegen seine Laster nur in der lächerlichen Einbildung bestärkt wird,

daß

daß man ihnen Ehrfurcht schuldig sey. Es ist Zeit der Comödie ein Ende zu machen, und diesem kleinen Theater-Könige den Platz anzuweisen, wozu ihn seine persönliche Eigenschaften bestimmen.

Unsere Leser sehen aus dieser Probe der geheimen Gespräche, welche Agathon mit sich selbst hielt, daß er noch weit davon entfernt ist, sich von diesem enthusiastischen Schwung der Seele Meister gemacht zu haben, der bisher die Quelle seiner Fehler sowol als seiner schönsten Thaten gewesen ist. Wir haben keinen Grund in die Aufrichtigkeit dieses Monologen einigen Zweifel zu sezen; seine Seele war gewohnt, aufrichtig gegen sich selbst zu seyn. Wir können also als gewiß annehmen, daß er zu dem Entschluß, eine Empörung gegen den Dionys zu erregen, durch eben so tugendhafte Gesinnungen getrieben zu werden glaubte, als diejenigen waren, welche fünfzehn Jahre später einen der edelsten Sterblichen, die jemals gelebt haben, den Timoleon von Corinth, aufmunterten, die Befreyung Siciliens zu unternehmen. Allein es ist darum nicht weniger gewiß, daß die lebhafte Empfindung des persönlichen Unrechts, welches ihm zugefüget wurde, der Unwille über die Undankbarkeit des Dionys, und der Verdruß sich einer verachtenswürdigen Buhler-Intrigue aufgeopfert zu sehen, einen grossen Einfluß in seine gegenwärtige Denkens-Art gehabt, und zur Entzündung dieses heroischen Feuers, welches in seiner Seele brannte, nicht wenig beygetragen habe. Im Grunde hatte er keine andre Pflichten
gegen

gegen die Sicilianer, als welche aus seinem Vertrag mit dem Dionys entsprangen, und vermöge eben dieses Vertrags aufhörten, so bald diesem seine Dienste nicht mehr angenehm seyn würden. Syracus war nicht sein Vaterland. Dionys hatte durch die stillschweigende Anerkenntniß der Erbfolge, kraft deren er nach seines Vaters Tode den Thron bestieg, eine Art von Recht erlangt. Agathon selbst würde sich nicht in seine Dienste begeben haben, wenn er ihn nicht für einen rechtmäßigen Fürsten gehalten hätte. Die nehmlichen Gründe, welche ihn damals bewogen hatten, die Monarchie der Republik vorzuziehen, und aus diesem Grunde sich bisher den Absichten des Dion zu widersezen, bestuhnden noch in ihrer ganzen Stärke. Es war sehr ungewiß, ob eine Empörung gegen den Dionys die Sicilianer würklich in einen glüklichern Stand sezen, oder ihnen nur einen andern, und vielleicht noch schlimmern Herrn geben würde, da sie schon so viele Proben gegeben hatten, daß sie die Freyheit nicht ertragen könnten. Dionys hatte Macht genug, seine Absezung schwer zu machen; und die verderblichen Folgen eines Bürgerkriegs waren die einzigen gewissen Folgen, welche man von einer so zweifelhaften Unternehmung voraussehen konnte. Alle diese Betrachtungen würden kein geringes Gewicht auf der Wagschale einer kalten unpartheyischen Ueberlegung gemacht, und vermuthlich den entgegenstehenden Gründen das Gleichgewicht gehalten haben. Aber Agathon war weder kalt noch unpartheyisch; er war ein Mensch. Seine Eigenliebe war an ihrem empfindlichsen Theil verletzt worden. Der Affect, in welchen er dadurch gesezt werden mußte, gab allen Gegenständen, die er vor sich hatte, eine andre Farbe. Dionys, dessen Laster er ehmals mit freundschaftlichen Augen als Schwachheiten betrachtet hatte, stellte sich ihm izt in der häßlichen Gestalt eines Tyrannen dar. Je besser er vorhin von Philistus gedacht hatte, desto abscheulicher fand er izt seinen Character, nachdem er ihn einmal falsch und niederträchtig gefunden hatte; es war nichts so schlimm und schändlich, daß er einem solchen Manne nicht zutraute. Die reizenden Bilder, welche er sich von der Glükseligkeit Siciliens unter seiner Verwaltung gemacht hatte, erhielten durch den Unmuth, sie vor seinen Augen vernichten zu sehen, eine desto gröſsere Gewalt über seine Einbildungs-Kraft. Es war ihm unerträglich, Leute, welche nur darum seine Feinde waren, weil sie Feinde alles Guten, Feinde der Tugend und der öffentlichen Wolfahrt waren, einen solchen Sieg davontragen zu lassen. Er hielt es für eine allgemeine Pflicht, sich den Unternehmungen der Bösen zu widersezen, und die Stelle, welche er beynahe zwey Jahre lang in Sicilien behauptet hatte, machte (wie er glaubte) seinen Beruf zur besondern Ausübung dieser Pflicht in gegenwärtigem Falle unzweifelhaft. Diese Betrachtungen hatten, ausser ihrer eigenthümlichen Stärke, noch sein Herz und seine Einbildungs-Kraft auf ihrer Seite; und mußten also nothwendig alles überwägen, was die Klugheit dagegen einwenden konnte.

Sobald

Sobald Agathon seinen Entschluß genommen hatte, so arbeitete er an der Ausführung desselben. Dion, welcher sich damals zu Athen befand, hatte einen beträchtlichen Anhang in Sicilien, durch welchen er bisher alle mögliche Bewegungen gemacht hatte, seine Zurückberuffung von dem Prinzen zu erhalten. Er hatte sich deßhalben vorzüglich an den Agathon gewandt, so bald ihm berichtet worden war, in welchem Ansehen er bey Dionysen stehe. Aber Agathon dachte damals nicht so gut von dem Character Dions als die Academie zu Athen eine Tugend, welche mit Stolz, Unbiegsamkeit und Austerität vermischt war, schien ihm, wo nicht verdächtig, doch wenig liebenswürdig; er besorgte mit einiger Wahrscheinlichkeit, daß die Gemüths-Art dieses Prinzen ihn niemals ruhig lassen, und daß er, ungeachtet seiner republicanischen Grundsäze, eben so ungelehrig seyn würde, das höchste Ansehen im Staat mit jemand zu theilen, als ohne Ansehen zu leben. Er hatte also, anstatt seine Zurückberuffung bey dem Dionys zu befördern, diesen der äussersten Abneigung, die er davor zeigte, überlassen, und sich durch diese Aufführung einiges Mißvergnügen von Seiten der Freunde Dions zugezogen, welche es ihm eben so übel nahmen, daß er nichts für diesen Prinzen that, als ob er gegen ihn agirt hätte. Allein seitdem seine eigene Erfahrung das schlimmste, was Dionysens Feinde von ihm denken konnten, rechtfertigte, hatte sich auch seine Gesinnung gegen den Dion gänzlich umgewandt. Dieser Prinz, welcher unstreitig grosse Eigenschaften besaß, stellte sich ihm itzt unter dem Bilde eines rechtschaffenen Mannes dar, in welchem der langwierige Anblik des gemeinen Elendes

unter

unter einer heillosen Regierung, und die immer vergeb-
liche Bemühung, dem reissenden Strom der Verderbniß
entgegen zu arbeiten, einen anhaltenden gerechten Unmuth erregt hat, der ungeachtet des Scheins einer gall-
süchtigen Melancholie, im Grunde die Frucht der edelsten Menschenliebe ist. Er beschloß also, mit ihm gemeine
Sache zu machen. Er entdekte sich den Freunden Dions,
welche, erfreut über den Beytritt eines Mannes, der
durch seine Talente und seine Gunst beym Volke ihrer
Parthey das Uebergewicht zu geben vermögend war,
ihm hinwieder die ganze Beschaffenheit der Angelegenheiten Dions, die Anzahl seiner Freunde, und die geheimen Anstalten entdekten, welche in Erwartung irgend
eines günstigen Zufalls, bereits zu seiner Zurükkunft
nach Sicilien gemacht worden waren: Und so wurde
Agathon in kurzer Zeit aus einem Freund und ersten
Minister des Dionys, das Haupt einer Conspiration
gegen ihn, an welcher alle diejenigen Antheil nahmen,
die aus edlern oder eigennüzigern Bewegursachen, mit
der gegenwärtigen Verfassung unzufrieden waren. Agathon entwarf einen Plan, wie die ganze Sache geführt
werden sollte; und dieses sezte ihn in einen geheimen
Briefwechsel mit Dion, wodurch die bessere Meynung,
welche einer von dem andern zu fassen angefangen hatte,
immer mehr befestiget wurde. Der Hof, in Lustbarkeiten und ein wollüstiges Vergessen aller Gefahren ver-
sunken, begünstigte den Fortgang der Conspiration
durch eine Sorglosigkeit, welche so wenig natürlich
schien, daß die Zusammenverschwohrnen dadurch beunruhiget wurden. Sie verdoppelten ihre Wachsamkeit,
und (was bey Unternehmungen von dieser Art am meisten

ſten zu bewundern, und dennoch ſehr gewöhnlich iſt) ungeachtet der groſſen Anzahl derjenigen, die um das Geheimniß wußten, blieb alles ſo verſchwiegen, daß dem Anſehen nach niemand auf einigen Argwohn verfallen wäre, wenn nicht auf der einen Seite die Unwahrſcheinlichkeit, daß Agathon ſeinen Fall würklich ſo gleichgültig anſehen könne, als er es zu thun ſchien; und auf der andern die Nachrichten, welche von den nicht ſehr geheimen Zurüſtungen des Dion eingiengen, den von Natur mißtrauiſchen Philiſtus endlich aufmerkſam gemacht hätten. Von dieſem Augenblik an wurde Agathon und alle diejenige, welche als Freunde Dions bekannt waren, von tauſend unſichtbaren Augen aufs ſchärfſte beobachtet; und es glükte endlich dem Philiſt, ſich eines Sclaven zu bemächtigen, der mit Briefen an Agathon von Athen gekommen war. Aus dieſen Briefen, welche die Urſachen enthielten, warum Dion die vorhabende Landung in Sicilien nicht ſobald, als es unter ihnen verabredet geweſen, ausführen könne, erhellete zwar deutlich, daß Agathon und die übrigen Freunde Dions an der eigenmächtigen Wiederkunft deſſelben Antheil hätten; aber von einem Anſchlag gegen die gegenwärtige Regierung und die Perſon des Dionys, war auſſer einigen unbeſtimmten Ausdrüken, welche ein Geheimniß zu verbergen ſcheinen konnten, nichts darinn enthalten. Man kan ſich die Bewegung vorſtellen, welche dieſe Entdekung in dem Cabinet des Dionys verurſachte. Man war ſich Urſachen genug bewußt, das ärgſte zu beſorgen; aber eben darum hielt

Philiſtus

Philistus für rathsamer, die Sache als ein Staats-Geheimniß zu behandeln. Agathon wurde, unter dem Vorwande verschiedener Staats-Verbrechen in Verhaft genommen, ohne daß dem Publico etwas bestimmtes, am allerwenigsten aber die wahre Ursache, bekannt wurde. Man fand für besser, die Parthey des Dion, (welche man sich aus Panischem Schreken grösser vorstellte als sie würklich war) in Verlegenheit zu sezen, als zur Verzweiflung zu treiben; und gewann indessen, daß man sich begnügte sie aufs genaueste zu beobachten, Zeit, sich gegen einen feindlichen Ueberfall in gehörige Verfassung zu sezen.

Wir sind es schon gewohnt, unsern Helden niemals grösser zu sehen als im widrigen Glüke. Auf das ärgste gefaßt, was er von seinen Feinden erwarten konnte, sezte er sich vor, ihnen den Triumph nicht zu gewähren, den Agathon zu etwas das seiner unwürdig wäre, erniedriget zu haben. Er weigerte sich schlechterdings, dem Philistus und Timocrates, welche zu Untersuchung seiner angeblichen Verbrechen ernannt waren, Antwort zu geben. Er verlangte von dem Prinzen selbst gehört zu werden, und berief sich deßhalb auf den Vertrag, der zwischen ihnen errichtet worden war. Aber Dionys hatte den Muth nicht, eine geheime Unterredung mit seinem ehmaligen Günstling auszuhalten. Man versuchte es, seine Standhaftigkeit durch eine harte Begegnung und Drohungen zu erschüttern; und die schöne Cleonissa würde ihre Stimme zu dem strengesten Ur-

[Agath. II. Th.] R theil

theil gegeben haben, wenn die Furchtsamkeit des Tyrannen, und die Klugheit seines Ministers gestattet hätten, ihren Eingebungen zu folgen. Sie mußte sich also durch die Hofnung zufrieden stellen lassen, die man ihr machte, ihn, sobald man sich den Dion, auf eine oder die andere Art, vom Halse geschafft haben würde, zu einem öffentlichen Opfer ihrer Rache-dürstenden Tugend zu machen.

Inzwischen stuhnden die Freunde Agathons seinetwegen in desto grössern Sorgen, da sie seinen Feinden Bosheit genug zutrauten, dem Tyrannen das ärgste gegen ihn einzugeben; und diesem Schwachheit genug, sich von ihnen verführen zu lassen. Denn das Unvermögen ihren Lieblingen zu widerstehen, macht öfters wollüstige Fürsten, wider ihre natürliche Neigung, grausam. Sie wendeten also unter der Hand alles an, was ohne einen Aufstand zu wagen, dessen Erfolg allzu unsicher gewesen wäre, die Rettung Agathons befördern konnte. Dion gab bey dieser Gelegenheit eine Probe seiner Großmuth, indem er durch ein freundschaftliches Schreiben an Dionysen sich verbindlich machte, seine Kriegs-Völker wieder abzudanken, und seine Zurükberuffung als eine blosse Gnade von dem guten Willen seines Prinzen zu erwarten, in so fern Agathon freygesprochen würde, dessen einziges Verbrechen darinn bestehe, daß er sich für seine Zurükkunft in sein Vaterland interessiert habe. So edel dieser Schritt war, und so wolfeil dem Dionys dadurch die Aussöhnung mit

dem

dem Dion angetragen wurde; so würde er doch dem Agathon wenig geholfen haben, wenn seine italiänischen Freunde nicht geeilet hätten, dem Tyrannen einen noch dringendern Beweggrund vorzulegen. Aber zu eben dieser Zeit langten Gesandte von Tarent an, um im Namen des Archytas, welcher alles in dieser Republik vermochte, die Freylassung seines Freundes zu bewürken, und im Nothfall zu erklären, daß diese Republik sich genöthiget sehen würde, die Partey Dions mit ihrer ganzen Macht zu unterstüzen, wofern Dionys sich länger weigern wollte, diesem Prinzen sowol als dem Agathon vollkommne Gerechtigkeit wiederfahren zu lassen. Dionys kannte den Character des Archytas zu gut, um an dem Ernst dieser Drohung zweifeln zu können. Er hofte sich also am besten aus der Sache zu ziehen, wenn er unter der Versicherung, daß er von einer Aussöhnung mit seinem Schwager nicht abgeneigt sey, in die Entlassung Agathons einwilligte. Aber dieser erklärte sich, daß er seine Entlassung weder als eine Gnade von dem Dionys annehmen, noch der Fürbitte seiner Freunde zu danken haben wolle. Er verlangte, daß die Verbrechen, um derentwillen er in Verhaft genommen worden, öffentlich angezeigt, und in Gegenwart des Dionys, der Gesandten von Tarent und der Vornehmsten zu Syracus, untersucht, seine Rechtfertigung gehört, und sein Urtheil nach den Gesezen ausgesprochen werden sollte. Da er sich bewußt war, daß ausser seinen neuerlichen Verbindungen mit dem Dion, welche leicht zu rechtfertigen waren, seine boßhaftesten Hasser nichts mit einigem

Schein der Wahrheit gegen ihn aufbringen könnten; so hatte er gut auf eine so feyerliche Untersuchung zu dringen. Aber dazu konnten es die Cleonissen und die Philiste, und der Tyrann selbst, der bey allem diesem sehr verlegen war, nicht kommen lassen; und da die Tarentiner ihnen keine Zeit lassen wollten, die Sache in die Länge zu ziehen; so sahe Dionys sich endlich genöthiget, öffentlich zu erklären: Daß eine starke Vermuthung, als ob Agathon sich in eine Conspiration gegen ihn habe verwikeln lassen, die einzige Ursache seines Verhafts gewesen sey; und daß er keinen Augenblik anstehen wolle, ihm seine Freyheit wiederzugeben, sobald er sich, unter Verbürgung der Tarentiner, durch ein feyrliches Versprechen, auf keinerley Weise künstighin gegen Dionysen etwas zu unternehmen, sich von diesem Verdacht am besten gereiniget haben werde. Die Bereitwilligkeit, womit die Gesandten von Tarent sich diesen Antrag gefallen liessen, bewieß, daß es dem Archytes allein um die Befreyung Agathons zu thun war; und wir werden vielleicht in der Folge den Grund entdeken, warum dieses Haupt einer in diese Sache nicht unmittelbar verwikelten Republik, sich dieses Puncts mit so ausserordentlichem Eifer annahm. Aber Agathon, der seine Freyheit keinem unedeln Schritt zu danken haben wollte, konnte lange nicht überredet werden, eine Erklärung von sich zu geben, welche als eine Art von Geständnis angesehen werden konnte, daß er die Partey, die er genommen hatte, verläugne. Doch diese in Ansehung seiner Umstände, in der That allzuspiz-

fündige

fündige Delicateſſe mußte endlich der gründlichern Betrachtung weichen, daß er durch Ausſchlagung eines ſo billig ſcheinenden Verglichs ſich ſelbſt in Gefahr ſezen würde, ohne daß ſeiner Partey einiger Vortheil dadurch zugienge; indem Dionys viel eher einwilligen würde, ihn in der Stille aus dem Wege räumen zu laſſen, als zu zugeben, daß er mit ſoviel neuen Reizungen zur Rache die Freyheit bekommen ſollte, der Faction des Dions wieder neues Leben einzuhauchen, und ſich mit dieſem Prinzen zu ſeinem Untergang zu vereinigen. Die reizenden Schilderungen, ſo ihm die Tarentiner von dem glüklichen Leben machten, welches in dem ruhigen Schooſſe ihres Vaterlandes, und in der Geſellſchaft ſeiner Freunde auf ihn warte, vollendeten die Würkung, welche natürlicher Weiſe der gewaltſame Zuſtand von Unruhe, Sorgen und heftigen Leidenſchaften, worinn er einige Zeit her gelebt hatte, auf ein Gemüthe wie das ſeinige machen mußte; und gaben ihm zu gleicher Zeit den ganzen Abſcheu vor dem geſchäftigen Leben, welchen er nach ſeiner Verbannung von Athen dagegen gefaßt, und den ganzen Hang, welchen er zu Delphi für das Contemplative gehabt hatte, wieder. Er bequemte ſich alſo endlich, einen Schritt zu thun, der ihm von den Freunden Dions für eine feigherzige Verlaſſung der guten Sache ausgelegt wurde; in der That aber das einzige war, was ihm in den Umſtänden, worinn er ſich befand, vernünftiger Weiſe zu thun übrig blieb. Wie viel dunkle Stunden würde er ſich ſelbſt, und wie viele Sorgen und Mühe ſeinen Freunden erſpart haben, wenn er dem Rathe des weisen Aristippus ein paar Monate früher gefolget hätte!

Einer von den zuverläßigsten und seltensten Beweisen der Tugend eines ersten Ministers ist, wenn er ärmer oder doch wenigstens nicht reicher in seine einsame Hütte zurückkehrt, als er gewesen war, da er auf den Schauplaz des öffentlichen Lebens versezt wurde. Die Epaminondas, die Walsinghams, die More, und Tessins sind freylich zu allen Zeiten selten; aber wenn etwas, welches den verstoktesten Tugend-Läugner, einen Hippias selbst, zwingen muß, die Würklichkeit der Tugend zu gestehen, und auch wider seinen Willen ihre Göttlichkeit zu erkennen: So sind es die Beyspiele solcher Männer. Der Himmel verhüte, daß ich die Hippiasse jemals einer andern Widerlegung würdigen sollte! Sie mögen nach Akeros reisen! Und wenn sie den einzigen Anblik unter dem Himmel, auf welchen (nach dem Ausdruk eines weisen Alten) die Gottheit selbst mit Vergnügen herabsieht, wenn sie den ehrwürdigen Greis gesehen haben, der daselbst, zufrieden mit der edeln beneidenswürdigen Armuth des Fabricius und Cincinnatus, doch zu tugendhaft um stolz darauf zu seyn, die einzige Belohnung eines langen, ruhmwürdigen, Gott, seinem Könige und seinem Vaterland aufgeopferten Lebens in dem stillen Bewußtseyn seiner Selbst, und (so oft er seinen Telemach erblikt) in der Hofnung, nicht ganz umsonst gearbeitet zu haben, findet — und vergessen, vielleicht; so gar verfolgt von einer undankbaren

Zeit,

Zeit, sich ruhig in seine Tugend und den Glauben einer bessern Unsterblichkeit einhüllt — wenn sie ihn gesehen haben, diesen wahrhaftig grossen Mann, und dieser Anblik nicht zu wege bringt, was alle Discurse der Platonen und Seneca nicht vermocht haben -- Nun, so mögen sie glauben was sie wollen, und thun, was sie ungestraft thun können; sie verdienen eben so wenig Widerlegung, als ihre Besserung möglich ist -- Und du, ruhmvoller und liebenswürdiger alter Mann, empfange dieses wiewol allzuvergängliche Denkmal von einem, dessen Feder niemals durch feiles, oder gewinnsüchtiges Lob der Grossen dieser Welt entweyht worden ist -- Ich habe keine Belohnung, keinen Vortheil von dir zu hoffen -- du wirst dieses niemals lesen -- Meine Absicht ist rein, wie deine Tugend -- empfange dieses schwache Merkmal einer aufrichtigen Hochachtung von einem, der wenig Hochachtungswürdiges unter der Sonne sieht -- diese, und die Dankbarkeit für die stillen Thränen der Entzükung, die ihm (in einem Alter, wo seine Augen zu dieser reinsten Wollust der Menschlichkeit noch nicht versieget waren) das Lesen deiner Tugend-athmenden Briefe aus den Augen lokte -- diese Empfindungen allein haben ihn bey dieser Gelegenheit dahingerissen -- er hat sich nicht entschliessen können, seinem Herzen Gewalt anzuthun — und bittet niemand, der dieses Buch lesen wird, wegen dieser Abschweiffung um Verzeihung.

Agathon hatte über den Sorgen für die Wolfahrt Siciliens, und über der Bemühung andre glüklich zu machen,

machen, sich selbst so vollkommen vergessen, daß er nicht reicher aus Syracus gegangen wäre, als er gewesen war, da er Delphi verließ, oder da er aus Athen verbannt wurde; wenn ihm nicht zu gutem Glücke, bald nach seiner Erhebung zu einer Würde, welche ihm in allen Griechischen Staaten kein geringes Ansehen gab, ein Theil seines väterlichen Vermögens wieder zugefallen wäre. Die Athenienser waren damals eben zu gewissen Handlungs-Absichten der Freundschaft des Königs Dionys benöthiget; und fanden daher für gut, ehe sie sich um die Vermittlung Agathons bewarben, ihm durch ihre Abgesandte ein Decret überreichen zu lassen, kraft dessen nicht nur sein Verbannungs-Urtheil aufgehoben, sondern auch der ganze Proceß, wodurch er ehmals seines väterlichen Erbguts beraubt worden war, cassiert, und der unrechtmäßige Innhaber desselben verurtheilt wurde, ihm alles unverzüglich wieder abzutreten. Agathon hatte zwar großmüthiger Weise nur die Hälfte davon angenommen; und diese war nicht so beträchtlich, daß sie für die Bedürfnisse eines Alcibiades oder Hippias zureichend gewesen wäre: Aber es war noch immer mehr, als ein Weiser selbst von der Secte des Aristippus, nöthig hätte, um frey, gemächlich und angenehm zu leben; und soviel war für einen Agathon genug.

Unser Held verweilte sich, nach dem er wieder in Freyheit war, nicht längere Zeit zu Syracus, als er gebrauchte, sich von seinen Freunden zu beurlauben. Dionys, welcher (wie wir wissen) den Ehrgeiz hatte, alles

alles mit guter Art thun zu wollen, verlangte, daß er in Gegenwart seines ganzen Hofes Abschied von ihm nehmen sollte. Er überhäufte ihn, bey dieser Gelegenheit, mit Lobsprüchen und Liebkosungen, und glaubte, einen sehr feinen Staatsmann zu machen, indem er sich stellte, als ob er ungern in seine Entlassung einwillige, und als ob sie als die besten Freunde von einander schieden. Agathon hatte die Gefälligkeit, diesen lezten Auftritt der Comödie mitspielen zu helfen; und so entfernte er sich, in Gesellschaft der Gesandten von Tarent, von jedermann beurtheilt, von vielen getadelt, und von den wenigsten, selbst unter denen, welche günstig von ihm dachten, gekannt, aber von allen Rechtschaffenen vermißt und oft zurückgeseufzt, aus einer Stadt und aus einem Lande, worinn er das Vergnügen hatte, viele Denkmäler seiner ruhmwürdigen Administration zu hinterlassen; und aus welchem er nichts mit sich hinausnahm, als eine Reihe von Erfahrungen, welche ihn in dem Entschluß bestärkten — keine andre von dieser Art mehr zu machen.

Viertes Capitel.

Nachricht an den Leser.

Dank sey (so ruft hier der Autor des griechischen Manuscripts, als einer, dem es auf einmal ums Herz leichter wird, aus.) Dank sey den Göttern, daß wir unsern Helden aus dem gefährlichsten aller schlimmen Orte, wohin ein ehrlicher Mann verirren kan, unversehrt, und was beynahe unglaublich ist, mit seiner ganzen Tugend davon gebracht haben! Er hat allerdings von Glük zu sagen, fährt das Manuscript fort; aber beym Hund (dem grossen Schwur des weisen Socrates) was hatte er auch an einem Hofe zu thun? Er, der sich weder zu einem Sclaven, noch zu einem Schmeichler, noch zu einem Narren gebohren fühlte, was wollte er am Hofe eines Dionysius machen? – Was für ein Einfall – und wenn ist jemals ein solcher Einfall in das Gehirn eines klugen Menschen gekommen? – einen lasterhaften Prinzen tugendhaft zu machen! – Oder welcher rechtschaffene Mann, der einen Fond von gesunder Vernunft und gutem Willen in sich gefühlt, ist jemals damit an einen Hof gegangen, wenn er im Sinne hatte, von dem einen oder dem andern Gebrauch zu machen? – Man muß gestehen, es ist eine ganz hübsche Sache um den Enthusiasmus – eines Lycurgus, der aus einem Monarchen ein Bürger wird, um sein Vaterland glüklicher zu machen – oder eines Leonidas, der mit dreyhundert eben so entschlossenen Männern als er selbst, sich dem Tode weiht, um eben so vielen Myriaden von Barbaren den Muth, mit Griechen zu fechten, zu benehmen. Doch so groß, so schön diese Thaten sind; so sind sie durch die Kräfte der Natur möglich, und diejenige, welche sie unternahmen, konnten sich versprechen, daß sie ihre Absichten erreichen würden. Aber wenn hat man jemals gehört,

Zehentes Buch, viertes Capitel.

hört, daß ein Mensch, oder ein Held, der Sohn einer Göttin, oder eines Gottes, oder ein Gott selbst, dasjenige zu Stande gebracht hätte, was Agathon unternahm, da er mit der Cither in der Hand sich überreden ließ, der Mentor eines Dionys zu werden.

Auf diesen humoristischen Eingang, womit unser Autor dieses Capitel beginnt, folget eine lange, und wie es scheint, ein wenig milzsüchtige Declamation gegen diejenige Classe der Sterblichen, welche man grosse Herren nennt; mit verschiedenen Digressionen über die Maitressen -- über die Jagdhunde -- und über die Ursachen, warum es für einen ersten Minister gefährlich sey, zuviel Genie, zuviel Uneigennüzigkeit, und zuviel Freundschaft für seinen Herrn zu haben -- So viel man sehen kan, ist dieses Capitel eines von den merkwürdigsten, und sonderbarsten in dem ganzen Werke. Aber unglüklicher Weise, befindet sich das Manuscript an diesem Ort halb von Ratten aufgegessen; und die andre Hälfte ist durch Feuchtigkeit so übel zugerichtet worden, daß es leichter wäre, aus den Blättern der Cumäischen Sibylle, als aus den Bruchstüken von Wörtern, Säzen und Perioden, welche noch übrig sind, etwas Zusammenhängendes herauszubringen. Wir gestehen, daß uns dieser Verlust so nahe geht, daß wir uns eher der sinnreichen Ergänzungen, welche Herr Naudot zum Petronius in seinem Kopfe gefunden hat, oder der sämtlichen Werke des Ehrwürdigen Paters *** beraubt wissen wollten. Indessen ist doch dieser Verlust in Abſicht des Lobes der groſſen Herren um ſo leichter zu ertragen, da wir über den weiten Umfang der Einſichten, die Gröſſe der Seelen, die edlen Geſinnungen und den guten Geſchmak, welcher ordentlicher Weiſe die groſſen Herren von den übrigen Erden-Söhnen zu unterſcheiden pflegt, in dem beſten und ſchlimmſten Buche (je nachdem es Leſer bekommt; welches wir übrigens ganz unpräjudicierlich und niemand zu Leibe geſagt haben wollen) das in unſerm Jahrhundert zur Welt gekommen iſt, in dem Buche des Herrn Helvetius, alles geſagt finden, was ſich über einen ſo reichen und edeln Stoff nur immer ſagen läßt. Eine gleiche Bewandtniß hat es mit der Digreſſion über die Maitreſſen, und über die Jagdhunde; über welche Materien der geneigte Leſer in des Grafen Anton Hamiltons Beyträgen zur *Histoire amoureuse* des Hofes Carls des zweyten von England, und in den bewundernswürdigen Schriften eines gewiſſen neuern Staatsmannes (den wir ſeiner Beſcheidenheit zu ſchonen, nicht nennen wollen) mehr als hinlängliche Auskunft finden kan. Aber den Verluſt der dritten Digreſſion bedauren wir von Herzen, indem, (nach der Verſicherung eines der gröſſten Bücher-Kenner von Europa) dermalen noch kein Buch in der Welt iſt, in welchem dieſe intereſſante und ziemlich verwikelte Materie recht auseinandergeſezt und gründlich ausgeführt wäre. Zum Unglük iſt dieſes Capitel eben an dieſem Ort am mangelhafteſten. Doch läßt ſich aus einigen Worten, welche zum Schluſſe dieſer Digreſſion zu gehören ſcheinen, abnehmen, daß der

Verfaſſer

Verfasser neun und dreißig Ursachen angegeben habe; und wir gestehen, daß wir begierig wären, diese neun und dreißig Ursachen zu wissen.

Fünftes Capitel.

Moralischer Zustand unsers Helden.

Der Autor der alten Handschrift, aus welcher wir den grössesten Theil dieser Geschichte gezogen zu haben gestehen, triumphiert, wie man gesehen hat, darüber, daß er seinen Helden mit seiner ganzen Tugend von einem Hofe hinweggebracht habe. Es würde allerdings etwas seyn, daß einem Wunder ganz nahe käme, wenn es sich würklich so verhielte; aber wir besorgen, daß er mehr gesagt habe, als er der Schärfe nach zu beweisen im Stande wäre. Wenn es nicht etwan moralische Amulete giebt, welche der ansteckenden Beschaffenheit der Hofluft auf eben die Art widerstehen, wie der Krötenstein dem Gift, so däucht uns ein wenig unbegreiflich, daß das Getümmel des beschäftigten Lebens, die schädlichen Dünste der Schmeicheley, welche ein Günstling, er wolle oder wolle nicht, unaufhörlich einsaugt -- die Nothwendigkeit, von den Forderungen der Weisheit und Tugend immer etwas nachzulassen, um nicht alles zu verliehren -- und was noch schädlicher als dieses alles ist, die unzähligen Zerstreuungen, wodurch die Seele aus sich selbst herausgezogen wird, und über der Auf-

merksamkeit auf eine Menge kleiner vorbeyrauschender
Gegenstände, die Aufmerksamkeit auf sich selbst verliehrt — nicht einige nachtheilige Einflüsse in den Character seines Geistes und Herzens gehabt haben sollten.
Indessen müssen wir gestehen, daß es ihm hierinn eben
so ergieng, wie es, vermöge der täglichen Erfahrung,
allen andern Sterblichen zu gehen pflegt. Er wurde
diese eben so unmerkliche als unläugbare Einflüsse, und
die Veränderungen, welche sie verstohlner Weise in seiner Seele verursacheten, eben so wenig gewahr, als
ein gesunder Mensch die geheimen und schleichenden
Zerrüttungen empfindet, welche die Unbeständigkeit der
Witterung, die kleinen Unordnungen in der Lebensart,
die heterogene Beschaffenheit der Nahrungs-Mittel, und
das langsam würkende Gift der Leidenschaften, stünd-
lich in seiner Maschine verursachen. Die Veränderungen, die in unsrer innerlichen Verfassung vorgehen,
müssen beträchtlich seyn, wenn sie in die Augen fallen
sollen; und wir fangen gemeiniglich nicht eher an, sie
deutlich wahrzunehmen, bis wir uns genöthigt finden,
zu stuzen, und uns selbst zu fragen, ob wir noch eben
dieselbe Person seyen, die wir waren? Aus diesem
Grunde geschah es vermuthlich, daß Agathon die Progressen, welche die schon zu Smyrna angefangene Revolution in seiner Seele während seinem Aufenthalt zu
Syracus machte, ohne das mindeste Mißtrauen in sie
zu sezen, ganz allein den neuen oder bestätigten Erfahrungen zuschrieb, welche er in dieser ausgebreiteten
Sphäre zu machen, so viele Gelegenheiten hatte.

Es

Es ist unstreitig einer der grössesten Vortheile, wo nicht der einzige, den ein denkender Mensch aus dem Leben in der grossen Welt mit sich nimmt, wofern es ihm jemals so gut wird, sich wieder aus derselben herauswinden zu können — daß er die Menschen darinn kennen gelernt hat. Es läßt sich zwar gegen diese Art von Kenntniß der Menschen, aus guten Gründen eben so viel einwenden, als gegen diejenige, welche man aus der Geschichte, und den Schriften der Dichter, Sittenlehrer, Satyristen und Romanenmacher zieht — oder gegen irgend eine andere: Aber man muß hingegen auch gestehen, daß sie wenigstens eben so zuverläßig ist, als irgend eine andre; ja daß sie es noch in einem höhern Grade ist, wenn anders das Subject, bey dem sie sich befindet, mit allen den Eigenschaften versehen ist, die zu einem Beobachter erfordert werden. Denn freylich kan nichts lächerlicher seyn als ein Gek, der nachdem er zehn oder fünfzehn Jahre seine Figur durch alle Länder und Höfe der Welt herumgeführt, etliche Duzend zweydeutige Tugenden besiegt, und eben so viel schaale Histörchen oder verdächtige Beyträge zur *Chronique scandaleuse* eines jeden Ortes, wo er gewesen ist, zusammengebracht hat, mit deren Hülfe er zween oder drey Tage eine Tischgesellschaft lachen oder gähnen machen kan — sich selbst mit dem Besitz einer vollkommenen Kenntniß der Welt und der Menschen schmeichelt, und denjenigen mit dummem Hohnlächeln von der Seite ansieht, der vermöge einer vieljährigen tieffen Erforschung der menschlichen Natur, gelegenheitlich von

Charactern und Sitten urtheilt, ohne die sieben Thürme gesehen, oder der Vermählung des Doge von Venedig mit dem adriatischen Meer beygewohnt zu haben. Wir wissen nicht, wie groß ungefehr die Anzahl der so genannten Welt-Leute seyn mag, die in diese Classe gehören: Aber das scheint uns gewiß zu seyn, daß ein Mann von Genie und aufgeklärtem Verstande (denn die blosse Empirie reicht hier so wenig zu, als in irgend einer andern practischen Wissenschaft) durch das Leben in der grossen Welt, (in so fern wir dieses Wort in seiner ächten Bedeutung nehmen) durch die Verhältnisse, worinn er an einem beträchtlichen Plaze mit allen Arten von Ständen und Charactern kömmt, durch die häuffigen Gelegenheiten die er hat, diejenige so er beobachtet, unter allerley Umständen, mit und ohne Maske zusehen, sie auf allerley Proben zu sezen, und so wol durch den Gebrauch, den man von ihnen macht, als den sie von andern zu machen suchen, ihre herrschenden Neigungen und geheime Springfedern ausfündig zu machen -- daß er dadurch zu einer unmittelbarern, ausgebreitetern und richtigern Kenntniß der Menschen gelangt, als andre, welche ihre Theorie lediglich den Geschichtschreibern, Metaphysikern und Moralisten (drey sehr wenig zuverläßigen Gattungen von Lehrern) zu danken -- oder welche ihre Beobachtungen nur in dem Microcosmus ihres eigenen Selbst angestellt haben.

Es ist oben schon bemerkt worden, daß Agathon bey seinem Auftritt auf dem Schauplaz, von dem er nun wieder abgetreten ist, lange nicht mehr so erhaben und

und idealisch von der menschlichen Natur dachte, als zu Delphi; denn es macht einen beträchtlichen Unterschied, ob man unter Bildsäulen von Göttern und Helden, oder unter Menschen lebt; aber nachdem er die Beobachtungen, die er zu Athen und Smyrna schon gesammelt, noch durch die nähere Bekanntschaft mit den Grossen, und mit den Hofleuten bereichert hatte, sank seine Meynung von der angebohrnen Schönheit und Würde dieser menschlichen Natur, von Grade zu Grade so tief, daß er zuweilen in Versuchung gerieth, gegen die Stimme seines Herzens (welche eben so wol, dachte er, die Stimme der Eigenliebe oder des Vorurtheils seyn könnte,) alles was der göttliche Plato erhabenes und herrliches davon gesagt und geschrieben hatte, für Mährchen aus einer andern Welt zu halten. Unvermerkt kamen ihm die Begriffe, welche sich Hippias davon machte, nicht mehr so ungeheuer vor, als damals, da er sich in den Garten dieses wollüstigen Weisen in den Mondschein hinsezte, und Betrachtungen über den Zustand der entkörperten Geister anstellte. Endlich kam es gar so weit, daß ihm diese Begriffe wahrscheinlich genug däuchten, um sich vorstellen zu können, wie Leute, die in ihrem eigenen Herzen nichts fanden, das ihnen eine eblere Meynung von ihrer Natur zu geben geschikt wäre, durch einen langen Umgang mit der Welt dazu gelangen könnten, sich gänzlich von der Wahrheit desselben zu überreden.

[Agath. II. Th.]   S   Soweit

Soweit hätte Agathon gehen können, ohne die Grenzen der weisen Mäßigung zu überschreiten, welche uns in unsern Urtheilen über diesen wichtigen Gegenstand, und alles was sich auf ihn bezieht, langsam und zurükhaltend machen sollen. Aber in Stunden, da der Unmuth seine schönsten Hofnungen durch die Thorheit oder Boßheit derjenigen mit denen er leben mußte, vor seinen Augen vernichten zu sehen, eine mehr als gewöhnliche Verdüsterung in seiner Seele verursachte, gieng er noch um einen Schritt weiter. Nein, sagte er dann zu sich selbst, die Menschen sind nicht wofür ich sie hielt, da ich sie nach mir selbst, und mich selbst nach den jugendlichen Empfindungen eines gefühlvollen Herzens, und nach einer noch ungeprüften Unschuld beurtheilte. Meine Erfahrungen rechtfertigen das Schlimmste, was Hippias von ihnen sagte; und wenn sie nichts besfers sind, was für Ursache habe ich, mich darüber zu beschweren, daß sie sich nicht nach Grundsäzen behandeln lassen, die in keinem Ebenmaß mit ihrer Natur stehen? An mir war der Fehler, an mir, der einen Mercur aus einem knottichten Feigenstok schnizeln wollte. Sagte er mir nicht vorher, daß ich nichts anders zu gewarten hätte, wenn ich den Plan meines Lebens nach meinen Ideen einrichten würde. Seine Vorhersagung hätte nicht richtiger eintreffen können. Hätte ich seinen Grundsäzen gefolgt, hätte ich mich ehmals zu Athen, oder hier zu Syracus so betragen, wie Hippias an meinem Plaze gethan haben würde — so würde ich meine Absichten ausgeführt haben; so würde ich glüklich

Zehentes Buch, fünftes Capitel.

lich gewesen seyn -- und der Himmel weiß, ob es den Sicilianern desto schlimmer ergangen wäre. Dieses ist nun das zweyte mal, daß Phlistus, ein ächter Anhänger des Systems meines Sophisten, ob er gleich nicht fähig wäre es so zusammenhängend und scheinbar vorzutragen, über Weisheit und Tugend den Sieg davon getragen hat. -- Und habe ich noch der Erfahrung vonnöthen, um zu wissen, daß er eben so gewiß über einen andern Plato, und über einen andern Agathon siegen würde? -- Wieviel ließ ich von meinen Grundsäzen nach, wie tief stimmte ich mich selbst herab, da ich die Unmöglichkeit sah, diejenigen mit denen ich's zu thun hatte, so weit zu mir heraufzuziehen? Wozu half es mir? -- ich konnte mich nicht entschliessen niederträchtig zu handeln, ein Schmeichler, ein Kuppler, ein Verräther an dem wahren Interesse des Fürsten und des Landes zu werden -- und so verlor' ich die Gunst des Fürsten, und die einzige Belohnung, die ich für meine Arbeiten verlange, die Vortheile, welche dieses Land von meiner Verwaltung zu geniessen anfieng, auf einmal, weil ich mich nicht dazu bequemen konnte, alles für anständig und recht zu halten, was nüzlich ist -- O! gewiß Hippias, deine Begriffe und Maximen, deine Moral, deine Staatskunst, gründen sich auf die Erfahrung aller Zeiten. Wenn sind die Menschen jemals anders gewesen? Wenn haben sie jemals die Tugend hochgeschäzt, als wenn sie ihrer Dienste benöthigt waren; und wenn ist sie ihnen nicht verhaßt gewesen, so bald sie ihren Leidenschaften im Lichte stuhnd?

Diese Betrachtungen führten unsern Helden bis an die äusserste Spize des tiefen Abgrunds, der zwischen dem Snstem der Tugend, und dem System des Hippias liegt; aber der erste schüchterne Blik, den er hinunter wagte, war genug, ihn mit Entsezen zurükfahren zu machen. Die Begriffe des wesentlichen Unterschieds zwischen Recht und Unrecht, und die Ideen des sittlichen Schönen, hatten zu tiefe Wurzeln in seiner Seele gefaßt, waren zu genau mit den zartesten Fibern derselben verflochten und zusammengewachsen, als daß es möglich gewesen wäre, daß irgend eine zufällige Ursache, so stark sie immer auf seine Einbildung und auf seine Leidenschaften würken mochte, sie hätte ausreuten können. Die Tugend hatte bey ihm keinen andere Sachwalter nöthig als sein eignes Herz. In eben dem Augenblik, da eine nur allzugegründete Misanthropie ihm die Menschen in einem verächtlichen Lichte, und vielleicht wie gewisse Spiegel, um ein gutes Theil häßlicher zeigte, als sie würklich sind, fühlte er mit der vollkommensten Gewißheit, daß er, um die Crone des Monarchen von Persien selbst, weder Hippias noch Philistus seyn wollte; und daß er, sobald er sich wieder in die nehmliche Umstände gesezt sähe, eben so handeln würde, wie er gehandelt hatte, ohne sich durch irgend eine Folge davon erschreken zu lassen. Hingegen konnte es nicht wol anders seyn, als daß diese Betrachtungen, denen er sich seit seinem Fall, und sonderheitlich während seiner Gefangenschaft, fast gänzlich überließ, den Ueberrest des moralischen Enthusiasmus, von dem wir

ihn

ihn bey seiner Flucht aus Smyrna erhizt gesehen haben, vollends verzehren mußten. Der Gedanke für das Glük der Menschen, für das allgemeine Beste der ganzen Gattung zu arbeiten, verliehrt seinen mächtigen Reiz, sobald wir klein von dieser Gattung denken. Die Grösse dieses Vorhabens ist es eigentlich, was den Reiz derselben ausmacht — und diese schrumpft natürlicher Weise sehr zusammen, sobald wir uns die Menschen als eine Heerde von Creaturen vorstellen, deren grössester Theil seine ganze Glükseligkeit, den lezten Endzwek aller seiner Bemühungen auf seine körperliche Bedürfnisse einschränkt, und dabey dumm genug ist, durch eine niederträchtige Unterwürfigkeit unter eine kleine Anzahl der schlimmsten seiner Gattung, sich fast immer in den Fall zu sezen, auch dieser bloß thierischen Glükseligkeit nur selten oder auf kurze Zeit, bittweise oder verstohlner Weise habhaft zu werden. Jedes Thier sucht seine Nahrung — gräbt sich eine Höhle, oder baut sich ein Nest — begattet sich — schläft — und stirbt. Was thut der grösseste Theil der Menschen mehr? Das beträchtlichste Geschäfte, das sie von den übrigen Thieren voraus haben, ist die Sorge sich zu bekleiden, welche die hauptsächlichste Beschäftigung vieler Millionen ausmacht. Und ich sollte, (sagte Agathon in einer von seinen schlimmsten Launen zu sich selbst) ich sollte meine Ruhe, meine Vergnügungen, meine Kräfte, mein Daseyn der Sorge aufopfern, damit irgend eine besondere Heerde dieser edeln Creaturen besser esse, schöner wohne, sich häuffiger begatte, sich besser kleide, und weicher schlafe als sie zuvor thaten,

ten, oder als andere ihrer Gattung thun? — Ist das
nicht alles was sie wünschen? Und gebrauchen sie mich
dazu? Was sollte mich bewegen, mir diese Verdienste
um sie zu machen? Ist vielleicht nur ein einziger unter
ihnen, der bey allem was er unternimmt, eine edlere
Absicht hat, als seine eigne Befriedigung? Bin ich
ihnen etwan einige Hochachtung oder Dankbarkeit dafür
schuldig, daß sie für meine Bedürfnisse oder für mein
Vergnügen arbeiten? Ich bin schuldig, sie dafür zu bezahlen; das ist alles was sie wollen, und alles was sie
an mich fordern können.

Himmel! — so däucht mich, höre ich hier einige
rührende Stimmen ausruffen — ist's möglich? Konnte
Agathon so denken? So klein, so unedel — so kalt,
meine schönen Damen, so kalt! Und sie werden mir gestehen, daß man in einer Einkerkerung von zween
oder drey Monaten, die man sich ganz allein durch
grosse und edle Gesinnungen zugezogen, gute Gelegenheit hat, sich von der Hize der großmüthigen Schwärmerey ein wenig abzukühlen — Aber was wird nun
aus der Tugend unsers Helden werden? — Was ist die
Tugend ohne dieses schöne Feuer, ohne diese erhabene
Begeisterung, welche den Menschen über die übrigen
seiner Gattung, welche ihn über sich selbst erhöht, und
zu einem allgemeinen Wolthäter, zu einem Genius, zu
einer subalternen Gottheit macht? — Wir gestehen es,
sie ist ohne diese ätherische Flamme ein sehr unansehn-
liches, sehr wenig glänzendes Ding — „Und wie traurig
„ist

„ ist es, die Tugend unsers Helden gerade da unter-
„ liegen zu sehen, wo sie sich in ihrer grössesten Stärke
„ zeigen sollte? -- Wie? -- erliegen, weil man Wider-
„ stand findet? Die gute Sache aufgeben, weil man,
„ und vielleicht ohne Noth, an einem glücklichen Aus-
„ gang verzweifelt? Was ist denn die wahre Tugend
„ anders, als ein immerwährender Streit mit den Lei-
„ denschaften, Thorheiten und Lastern -- in uns, und
„ ausser uns?„ -- Vortreflich! -- und in Bunyans
Reise so wol ausgeführt, meine Herren, daß ihr uns
hier weiter nichts zu sagen braucht. Es ist bedaurlich,
daß unser Held seine Rolle nicht besser behauptet --
Aber allem Ansehen nach, war er wol niemals ein
Held -- und wir hatten Unrecht ihm einen so ehren-
vollen Namen beyzulegen -- „Das eben nicht; er fieng
„ vortreflich an; er war ein Held, da er sich den zu-
„ dringlichen Liebkosungen der verführischen Pythia ent-
„ riß„ -- Das konnte die scheue und schaamhafte Unschuld der unbärtigen Jugend gethan haben; und liebte
er damals nicht die schöne Psyche? -- „So verdiente
„ er doch ein Held genennt zu werden, als er den Muth
„ hatte, sich eines verlassenen Unschuldigen gegen eine
„ mächtige Parthey anzunehmen?„ -- Ihr könntet
vielleicht eben soviel aus Ehrgeiz -- oder aus Haß gegen
einen der Feinde eures Clienten -- oder aus einer geheimen Absicht auf die Gemalin eures Clienten -- oder
um vierzig tausend Livres aus der Casse eures Clienten
thun? -- und ihr hättet in keinem von diesen Fällen
eine Heldenthat gethan. Daß Agathon damals aus

edeln

edeln Gesinnungen handelte, wissen wir — von ihm
selbst; und wir haben Gründe, es ihm zu glauben –
aber er konnte sich mit der grössesten Wahrscheinlichkeit
einen glänzenden Succeß versprechen; und was für ein
Triumph war das für die Ruhmbegierde eines Jüng-
lings von zwanzig Jahren? — „Nun, so war er doch
„gewiß ein Held, da er gleichmüthig und unerschütter-
„lich sich dem ungerechten Verbannungs-Urtheil der
„Athenienser unterzog, und lieber das äusserste erdul-
„den, als seine Loßsprechung einer Niederträchtigkeit
„zu danken haben wollte! — So war er's damals,
„da er von sich sagen konnte: „Ich verwieß es der
„Tugend nicht, daß sie mir den Haß und die Verfol-
„gungen der Bösen zugezogen hatte; ich fühlte, daß
„sie sich selbst belohnt.„ — In der That, er war in
diesem Augenblik groß; aber wir müssen nicht vergeß-
sen, daß er sich damals in einem ausserordentlichen
Zustande, auf dem äussersten Grade dieses Enthusiasmus der Tugend befand, der den Menschen vergessen
macht, daß er nur ein Mensch ist. Diese Art von Heldenthum daurt natürlicher Weise nicht länger, als der
Paroxysmus des Affects. Agathon war sich damals,
als er so dachte, einer unbeflekten Tugend bewußt; und
zu was für einem Stolz mußte dieses Gefühl seine
Seele in einem Augenblik aufschwellen, da sich ganz
Athen zusammenverschworen zu haben schien, ihn zu
demüthigen; in einem Augenblik, da dieser Stolz der
ganzen Last seines Unglüks das Gleichgewicht halten
mußte, und ihm den Triumph verschafte, die Herren

über

über sein Schiksal die ganze Obermacht, die ihm seine Tugend über sie gab, fühlen zu lassen? Diese Art von Stolz gleicht in ihren Würkungen der Wuth eines tapfern Mannes der zur Verzweiflung getrieben wird. Die Gewißheit des Todes, in den er sich hineinstürzt, macht, daß er Thaten eines Unsterblichen thut. Aber Agathon hatte dermalen nicht mehr soviel Ursache, auf seine Tugend stolz zu seyn. Eben diese enthusiastische Gemüths-Beschaffenheit, welche ihm bey seiner Verbannung zu Athen die Gesinnungen eines Gottes eingehaucht, hatte ihn zu Smyrna den Schwachheiten eines gemeinen Menschen ausgesezt. Er dachte nicht mehr so groß von sich selbst, und da ihm nun, in ähnlichen Umständen, dieser heroische Stolz nicht mehr zu statten kommen konnte, so mußte sich derselbe nothwendig in diejenige Art von Misanthropie verwandeln, welche sich über die ganze Gattung erstrekt. In diesem Stüke, wie in vielen andern, ist die Geschichte Agathons die Geschichte aller Menschen. Wir denken so lange groß von der menschlichen Natur, als wir groß von uns selber denken; unsere Verachtung hat alsdann nur einzelne Menschen oder kleinere Gesellschaften zum Gegenstand. Aber sobald wir in unsrer Meynung von uns selbst fallen, sinkt durch eine innerliche Gewalt über welche wir nicht Meister sind, unsre Meynung von der ganzen Gattung zu welcher wir gehören; wir verwundern uns, daß wir nicht eher wahrgenommen, daß die Thorheiten, die Laster derjenigen, unter denen wir leben, Gebrechen der Natur selbst sind, denen (mehr oder weniger, auf diese oder eine andre Art, je nachdem Zeit, Umstände, Temperament und Gewohnheit es mit sich bringen) ein jeder unterworfen ist; je genauer wir die Menschen untersuchen, je mehr Gründe finden wir, so zu denken; und diese Denkungsart flösset uns, zu eben der Zeit, da sie uns eine gewisse Geringschäzung gegen die ganze Gattung giebt, mehr Nachsicht gegen die Fehler und Gebrechen der einzelnen Personen, und besondern Gesellschaften, mit denen wir in Verhältniß stehen, ein; so daß wir das, was wir an jenem tugendhaften Schwulst, welchen die Einfalt übereilter Weise für die Tugend selbst hält, verliehren, zu eben der Zeit an den nothwendigsten und liebenswürdigsten Tugenden, an Geselligkeit und Mäßigung gewinnen: Tugenden, welche zwar nichts blendendes haben, aber desto mehr Wärme geben, und uns desto geschikter machen, unter Geschöpfen zu leben, welche ihrer alle Augenblike benöthiget sind.

Es ist ein gemeiner und oft getadelter Fehler des menschlichen Geschlechts, daß sie das Wunderbare mehr lieben als das Natürliche, und das Glänzende mehr als was nicht so gut in die Augen fällt, wenn es gleich brauchbarer und dauerhafter ist. Diese Art von dem Werthe der Sachen zu urtheilen ist nirgends betrüglicher, als wenn sie auf moralische Gegenstände angewendet wird. Der Schluß, den man öfters von der Erhabenheit der Begriffe und Empfindungen einer Person, und von der Fertigkeit eine gewisse Sprache der Begeistrung zu reden, welche (wie die homerische Götterſprache) allen Dingen andre Namen giebt, ohne daß die Dinge ſelbſt darum etwas anders ſind, als ſie unter ihren gewöhnlichen Namen ſind, auf eine auſſerordentliche Vortreflichkeit des Characters dieſer Perſon zu machen pflegt, iſt eben ſo falſch, als das Vorurtheil, welches viele gegen eine gelaſſene und beſcheidene Tugend gefaßt haben, welche, ohne ſich durch feyrliches Gepränge, hochfliegende Ideen, anmaßliche Privilegien von den Gebrechen der menſchlichen Natur, und unerbittliche Strenge gegen dieſelben anzukündigen, nur darum weniger zu verſprechen ſcheint, um im Werke ſelbſt deſto mehr zu leiſten. Dieſes vorausgeſezt könnten wir vielleicht mit gutem Grunde behaupten, daß die Tugend unſers Helden, durch die neuerliche Veränderung, die in ſeiner Denkensart vorgieng, in verſchiedenen Betrachtungen, groſſe Vortheile erhalten habe. Aber (wir wollen es nur geſtehen) was ſie dabey auf einer Seite gewann, verlohr ſie auf einer andern wieder. Die Begriffe, welche wir uns von unſrer eignen Natur machen, haben einen entſcheidenden Einfluß auf alle unſre übrigen Begriffe. So irrig, ſo lächerlich und kindiſch es iſt, wenn wir uns einbilden (und doch bilden ſich das die Meiſten ein) daß der Menſch die Hauptfigur in der ganzen Schöpfung, und alles andere bloß um ſeinetwillen da ſey -- So natürlich iſt hingegen, daß er es in dem beſondern Syſtem ſeiner eignen Ideen iſt. In dieſer kleinen Welt iſt und bleibt er, er wolle oder wolle nicht, der Mittelpunct -- der Held des Stüks, auf

den

den alles sich bezieht, und dessen Glük oder Fall alles entscheidet. Alles ist groß, wichtig, interessant, wenn die Hauptperson wichtig ist, und eine grosse Rolle zu spielen hat; aber wenn Scapin oder Harlekin der Held ist, was kann das ganze Stük anders seyn, als eine Farce?

Man erinnert sich vermuthlich noch der Zweifel, worinn sich Agathon verwikelt fand, als er die bezauberten Ufer von Jonien verließ, wo er, vielleicht zu seinem Vortheil, erfahren hatte, daß die Ideen, welche sich in den Haynen zu Delphi seiner jugendlichen Seele bemächtiget, und durch den Unterricht und Umgang des göttlichen Platons zu Athen noch mehr darinn befestiget hatten, ihm bey einer Gelegenheit, wo er sich mit vollkommner Sicherheit auf ihre Stärke und beschüzende Kraft verlassen hatte, mehr nachtheilig als nüzlich gewesen waren, ja sich endlich (zu einem billigen Verdacht gegen ihre Realität) von ganz entgegengesetzten so unmerklich und gutwillig hatten verdrängen lassen, daß er die Veränderung nicht eher wahrgenommen, als da sie schon völlig zu Stande gekommen war. Agathon hatte damals keine Zeit, dieser Zweifel wegen mit sich selbst einig zu werden; er glaubte zwar, oder hofte vielmehr überhaupt, daß dasjenige was in seinen vormaligen Grundsäzen wahres sey, sich mit seinen neuerlangten Begriffen sehr wol vereinigen lassen werde — aber er sah doch noch nicht deutlich genug, wie? — und wurde beym ersten Anblik Lüken gewahr, welche ihm

desto

desto mehr Sorge machten, je weniger er geneigt war, sie nach dem Exempel der Meisten, die sich in dieser Schwierigkeit befinden, mit dem ersten Besten, es möchte Stroh, Leimen, Lumpen oder was ihm sonst in die Hände fiele, seyn, auszustopfen. Indeß hatten doch damals seine vorigen Lieblings-Ideen noch einen starken Anhang in seinem Herzen, und er beruhigte sich, auf die Eingebungen desselben hin, mit der Hofnung, daß es ihm, sobald er in ruhigere Umstände käme, leicht seyn würde, die Harmonie zwischen seinem Kopf und seinem Herzen vollkommen wieder herzustellen. Allein die Geschäfte und die Zerstreuungen, welche zu Syracus alle seine Zeit verschlangen, hatten ihn genöthigt, eine für ihn so wichtige Arbeit lange genug aufzuschieben, um sie durch immer neu hervorbrechende Schwierigkeiten ungleich schwerer zu machen, als sie anfangs gewesen wäre. Die ungereimte und lächerliche Seite der menschlichen Meynungen, Leidenschaften, und Gewohnheiten ist gemeiniglich die erste, welche sie einem Manne von Verstand und Wiz zeigen, der die Muße nicht hat, sie mit anhaltender Aufmerksamkeit zu betrachten. Agathon gewöhnte sich also unvermerkt an diese Art, die Sachen anzuschauen; die natürliche Heiterkeit und Lebhaftigkeit seiner Sinnesart disponirte ihn ohnehin dazu; und die Syracusaner, deren Character eine Vermischung des Athenienfischen und Corinthischen, oder eine Composition von den widersprechendesten Eigenschaften, welche ein Volk nur immer haben kan, ausmachte -- und ein Hof, wie Dionysens Hof war --- versahen ihn so reichlich mit comischen Cha-

ractern,

ractern, Bildern und Begebenheiten, daß der Abſaz, welchen der gegenwärtige Ton ſeiner Seele (wenn man uns dieſes mahleriſche Kunſt-Wort hier erlauben will) mit ſeinem ehmaligen machte, von Tag zu Tag immer ſtärker werden mußte. Der Oromasdes und Arimanius der alten Perſen werden uns nicht als tödlichere Feinde vorgeſtellt, als es der comiſche Geiſt, und der Geiſt des Enthuſiaſmus ſind; und die natürliche Antipathie dieſer beyden Geiſter wird dadurch nicht wenig vermehrt, daß beyde gleich geneigt ſind, über die Grenzen der Mäſſigung hinauszuſchweiffen. Der Enthuſiaſtiſche Geiſt ſieht alles in einem ſtrengen feyerlichen Licht; der Comiſche alles in einem milden und lachenden; nichts iſt dem erſten leichter als ſo weit zu gehen, bis ihm alles, was Spiel und Scherz heißt, verdammlich vorkommt; nichts dem andern leichter, als gerade in demjenigen, was jener mit der gröſſeſten Ernſthaftigkeit behandelt, am meiſten Stof zum Scherzen und Lachen zu finden.

Nehmen wir zu dieſem noch, daß der leichtſinnige und ſcherzhafte Ton von jeher den Höfen vorzüglich eigen geweſen iſt — und den beſondern Umſtand, daß die anmaßlichen Academiſten, oder Hof-Philoſophen des Dionys, den einzigen Ariſtipp ausgenommen, eine Art von Tragi-comiſchen Narren vorſtellten, welche recht mit Fleiß dazu ausgeſucht zu ſeyn ſchienen, um die erhabenen Wiſſenſchaften, für deren Prieſter und Myſtagogen ſie ſich ausgeben, ſo verächtlich zu machen, als ſie ſelbſt waren — Nehmen wir alles dieſes zuſammen, ſo werden wir uns kaum verwundern können, wie es

möglich

Zehentes Buch, fünftes Capitel. 287

möglich gewesen, daß unser Held nach und nach sich endlich auf einem Punct befand, wo ihn damals, da er in der Grotte der Nymphen auf Erscheinungen der Götter wartete — oder da er die Grundsäze, die Verheissungen und die Freundschaft des Sophisten Hippias mit einem so feurigen Unwillen von sich stieß — vermuthlich niemand, oder nur die schlauesten Kenner des menschlichen Herzens erwartet haben mögen — nehmlich da, wo ihm ein grosser Theil seiner vormaligen Ideen, an denen er zu Smyrna nur zu zweiffeln angefangen hatte, nun selbsten ganz schimärisch und belachenswerth, und diejenigen, deren Gegenstände ihm zwar ehrwürdig bleiben mußten, doch subjectivisch betrachtet, in der barokischen Gestalt, wie sie in der Einbildung der Sterblichen verkleinert, verzerrt, vermischt oder verkleidet werden, zu nichts anderm zu taugen schienen, als lustig damit zu machen.

Unsere nachdenkenden Leser werden nunmehr ganz deutlich begreiffen, warum wir Bedenken getragen haben, dem Urheber der Griechischen Handschrift in seinem allzugünstigen Urtheil von dem gegenwärtigen moralischen Zustande unsers Helden, Beyfall zu geben. Wir können uns nicht verbergen, daß dieser Zustand für seine Tugend gefährlich ist, und desto gefährlicher, je mehr man in demselben durch eine gewisse Behaglichkeit, Munterkeit des Geistes, und andre Anscheinungen einer völligen Gesundheit, sicher gemacht zu werden pflegt, sich in seinem natürlichen Zustande zu glauben. Nicht als ob es uns eben so leid sey, unsern Helden (den wir mit allen seinen Fehlern eben so sehr lieben,

als

als ob er ein Sir Carl Grandison wäre) auf dem Wege zu sehen, von allen Arten der Schwärmerey von Grund aus geheilt zu werden — Denn so viel schönes und gutes sich immer zu ihrem Vortheil sagen lassen mag, so bleibt doch gewiß, daß es besser ist gesund seyn, und keine Enzükungen haben, als die Harmonie der Sphären hören, und an einem hizigen Fieber liegen — aber wir besorgen billig, daß die allzustarke Nachlassung, welche in der Seele eben sowol als im Leibe, auf eine übermässige Spannung zu folgen pflegt, seinem Herzen wenigstens so nachtheilig werden könnte, als es die liebenswürdige Schwärmerey, womit wir ihn behaftet gesehen haben, seiner Vernunft seyn mochte. Der neue Schwung, den seine Denkungsart zu Syracus bekam, würde uns ziemlich gleichgültig seyn, wenn die Veränderung sich bloß auf speculative Begriffe oder den Ton und die Vertheilung des Lichts und Schattens in seiner Seele erstrekte: Aber wenn er dadurch weniger rechtschaffen, weniger ein Liebhaber der Wahrheit, weniger empfindlich für das Beste des menschlichen Geschlechts, weniger edelgesinnt, und wolthätig, weniger zur vorzüglichen Theilnehmung an der Glükseligkeit irgend einer besondern Gesellschaft (ohne welche die anmaßliche Welt-Bürgerschaft gewisser Leute blosse Großsprecherey oder höchstens eine Art von Don-Quischotterie ist) und zur Freundschaft, diesem Lieblings-Phantom schöner Seelen, weniger aufgelegt würde — erlaubet mir, ihr strengen Anti-Platonisten, denen alles Schimäre heißt, was sich nicht geometrisch beweisen läßt, erlaubet mir noch weiter zu gehen — wenn dieser schöne

herz

Zehentes Buch, fünftes Capitel.

herzerhöhende, wolthätige, und der Tugend so vortheilhafte Gedanke -- für eine grössere Sphäre als dieses animalische Leben, für eine edlere Art von Existenz, für vollkomnere Gegenstände, und zu einer vollkomnern Art von Activität, als unsre dermalige bestimmt zu seyn -- und die begeisternden, wiewol träumerischen Aussichten, die uns dieser Beste aller Gedanken giebt -- wenn er keinen Reiz, keine Macht auf seine Seele mehr hätte -- O! Agathon, Agathon! dann würdest du, nicht unsern Haß, nicht eine lieblose Beurtheilung, nicht eine triumphirende Freude über deinen Fall, aber -- unser Mitleiden verdienen.

Die Gemüths-Verfassung worinn wir ihn in diesem Capitel gesehen haben, scheint allerdings nicht sehr geschikt zu seyn, uns über diesen Punct seinetwegen ausser Sorgen zu sezen. Es ist eine so unbeständige Sache um die Begriffe, Meynungen und Urtheile eines Menschen! Die Umstände, der besondere Gesichts-Punct, in den sie uns stellen, die Gesellschaft worinn wir leben, tausend kleine Einflüsse, die wir einzeln nicht gewahr werden, haben soviel Gewalt über dieses unerklärbare, launische, widersinnische Ding, unsre Seele! -- daß wir nicht Bürge dafür seyn wollten, was aus unserm Helden hätte werden können, wofern er mit solchen Dispositionen in eine Gesellschaft von Hippiassen und Alcibiaden, oder zurük in die schöne Welt zu Smyrna versezt worden wäre. Zu gutem Glük sehen wir ihn im Begriff, zu Leuten zukommen, welche ihn mit der Menschheit wieder aussöhnen, und seinem schon erkaltenden Herzen diese beseelende Wärme wieder mittheilen werden, ohne welche die Tugend eine blosse Speculation ist, die zwar einen unerschöpflichen Stoff zu scharfsinnigen Betrachtungen giebt, aber unter den vielerley chymischen Processen, welche die allzuspizfündige Vernunft mit ihr vornimmt, endlich ein so abgezogenes, so feines, so delicates Ding wird, daß sich kein Gebrauch davon machen läßt.

So sehr sich auch die Einbildungs-Kraft unsers Helden abgekühlt hat, so unzuverläßig, übertrieben und grillenhaft er die Geister-Lehre und die metaphysische Politik seines Freundes Plato zu finden glaubt; so comisch ihm seine eigene Ausschweifungen in dem Stande der Bezauberung, worinn er sich ehemals befunden, vorkommen; so klein er überhaupt von den Menschen denkt, und so fest er entschlossen zu seyn vermeynt, von dem schönen Phantom, wie er es izo nennt, von dem Gedanken, sich Verdienste um seine Gattung zu machen, in seinem Leben sich nicht wieder täuschen zu lassen; so ist es doch bey weitem noch nicht an dem, daß er diese zarte Empfindlichkeit der Seele, und diesen eingewurzelten Hang zu dem idealischen Schönen verlohren haben sollte, der das geheime Principium seiner ehemaligen Begeisterung, und aller der manchfaltigen Schwärmereyen, Bezauberungen und Entzükungen, in deren magischem Labyrinthe sie ihn, nach Maßgabe der Umstände, herumgeführt, gewesen ist. Die verstohlnen Blike, die er noch so gerne in

die

die Scenen seiner glüklichen Jugend wirft; das Bild der liebenswürdigen Psyche, welches durch alle Veränderungen, die in seiner Seele vorgegangen, nichts von seinem Glanze verlohren hat; die Erinnerung dieser reinen, unbeschreiblichen, fast vergötternden Wolluft, in welcher sein Herz zerfloß, als er es noch in seiner Gewalt hatte, Glükliche zu machen; und als die Reinigkeit dieser göttlichen Lust noch durch keine Erfahrungen von der Undankbarkeit und Boßheit der Menschen verdüstert und trübe gemacht wurde -- diese Bilder, denen er sich noch so gerne überläßt -- welche sich selbst in seinen Träumen seiner gerührten Seele so oft und so lebhaft darstellen -- die Seufzer, die Wünsche, die er diesen geliebten verschwindenden Schatten nachschikt -- alle diese Symptomen sind uns Bürge dafür, daß er noch Agathon ist; daß die Veränderung in seinen Begriffen und Urtheilen, die neue Theorie von allem dem, was würklich ein Gegenstand unsrer Nachforschung zu seyn verdient, oder von Eitelkeit und Vorwiz dazu gemacht worden, welche sich in seiner Seele zu entwikeln angefangen, die edlern Theile seines Herzens nicht angegriffen habe; kurz, daß wir uns Hofnung machen können, aus dem Streit der beyden widerwärtigen und feindlichen Geister, wodurch seine ganze innerliche Verfassung seit einiger Zeit erschüttert, verwirrt und in Gährung gesezt worden, zulezt eine eben so schöne Harmonie von Weisheit und Tugend hervorkommen zu sehen, wie nach dem System der alten Morgenländischen Weisen, aus dem Streit der Finsterniß und des Lichts, diese schöne Welt hervorgegangen seyn soll.

Agathon.

Eilftes Buch.

Erstes Capitel.

Apologie des griechischen Autors.

Bis hieher scheint die Geschichte unsers Helden, wenigstens in den hauptsächlichsten Stüken, dem ordentlichen Lauf der Natur, und den strengesten Gesezen der Wahrscheinlichkeit so gemäß zu seyn, daß wir keinen Grund sehen, an der Wahrheit derselben zu zweifeln. Aber in diesem eilften Buch, wir müssen es gestehen, scheint der Autor aus dieser unsrer Welt, welche, unpartheyisch von der Sache reden, zu allen Zeiten nichts bessers als eine Werkel-Tags-Welt (wie Shakespear sie irgendwo nennt) gewesen ist, ein wenig in das Land der Ideen, der Wunder, der Begebenheiten, welche gerade so ausfallen, wie man sie hätte wünschen können, und um alles auf einmal zu sagen, in das Land der schönen Seelen, und der utopischen Republiken verirret

Eilftes Buch, erstes Capitel.

verirret zu seyn. Es stehet bey den Lesern, ihm hierinn soviel Glauben beyzumessen, als sie gerne wollen; wir an unserm Theil nehmen uns der Sache weiter nichts an; unsere Absichten sind bereits erreicht, und die glüklichen oder unglüklichen Umstände, welche dem Agathon noch bevorstehen mögen, haben nichts damit zu thun. Indessen glauben wir doch, daß der Autor allen den gutherzigen Leuten, welche sich für den Helden einer solchen Geschichte nach und nach interessiren, und gerne haben, wenn sich am Ende alles zu allerseitigem Vergnügen, mit Entdekungen, Erkennungen, glüklichem Wiederfinden der verlohrnen Freunde, und etlichen Hochzeiten endet, einen Gefallen gethan habe, seinen Helden, nachdem er eine hinlängliche Anzahl guter und schlimmer Abentheuer bestanden hat, endlich für seine ganze übrige Lebens-Zeit glüklich zu machen. Es mag seyn, daß der Verfasser der griechischen Handschrift hierinn seinem guten Naturell den Lauf gelassen hat; denn in der That, scheint es ein Zeichen eines harten und grausamen Herzens zu seyn, welches ein Vergnügen an der Quaal und den Thränen seiner unschuldigen Leser findet, wenn man alles anwendet, uns für den Helden und die Heldin einer wundervollen Geschichte einzunehmen, bloß um uns zulezt durch einen so jämmerlichen Ausgang, als eine schwermüthige, menschenfeindliche Imagination nur immer erdenken kan, in einen desto empfindlichern und unleidlichern Schmerz zu versenken, da es lediglich bey dem guten Willen des Autors stuhnd, uns desselben zu überheben. Gleichwol aber

aber scheint uns unser edler gesinnte Verfasser noch eine
andre Absicht dabey gehabt zu haben, welche er, ohne
sich einer noch grössern Unwahrscheinlichkeit schuldig zu
machen, nicht wol anders als durch diese nicht allzu-
wahrscheinliche Verbindung glüklicher Umstände, worein
er seinen Helden in diesem Buche sezt, erreichen konnte --
Und was für eine Absicht mag das wol seyn? -- Ich
will es ihnen unverblümt und ohne Umschweiffe sagen,
meine Herren und Damen, ob ich gleich besorgen muß,
daß die ungewöhnliche Offenherzigkeit, welche ich ihnen
in dem ganzen Lauffe dieses Werkes habe sehen lassen,
mir von einem oder dem andern aus ihrem Mittel übel
aufgenommen werden möchte -- Unser Verfasser wollte
dem Vorwurf ausweichen, welchen Horaz gleichnißweise
in dem bekannten Verse --

Amphora cœpit
Institui -- currente rotâ cur urceus exit? --

denjenigen Dichtern macht, in deren Werken das Ende
sich nicht zu dem Anfang schikt. Er wollte in seinem
Helden, dessen Jugend und erste Auftritte in der Welt
so grosse Hofnungen erwekt hatten, nachdem er ihn
durch so viele verschiedene Umstände geführt, als er für
nöthig hielt seine Tugend zu prüfen, zu läutern und
zu der gehörigen Consistenz zu bringen, am Ende einen
so weisen und tugendhaften Mann darstellen, als man
nur immer unter der Sonne zu sehen wünschen, oder
nach Gestalt der Sachen, erwarten könnte. Der Enthusiasmus, der die eigentliche Anlage seines Helden zu

einem

einem mehr als gewöhnlichen Grade moralischer Vollkommenheit enthielt, verhinderte ihn zu eben der Zeit da er seine Tugend erhöhte, so weise zu seyn, als man seyn muß, um nicht mit den erhabensten Begriffen, und den edelsten Gesinnungen, von sich selbst und von andern betrogen zu werden. Eine Art zu denken, welche ihn zu einer höhern Classe von Wesen als die gewöhnlichen Menschen sind, zu erheben schien, sezte ihn dem Neid, der verkehrten Beurtheilung, den Nachstellungen und Verfolgungen dieser Menschen aus; und machte ihn, welches für seine Tugend das Schlimmste war, unvermerkt vergessen, daß er im Grunde doch immer weder mehr noch weniger sey, als ein Mensch. Die Erfahrungen, die er endlich hierüber bekam, öfneten ihm die Augen, und zerstreuten einen Theil der Bezauberung; er lernte sich selbst besser kennen; aber er kannte die Welt noch nicht genug. Ein neues und grosses Theater, auf welches er versezt wurde, half diesem Mangel ab; eine immer weiter ausgebreitete und vervielfältigte Erfahrung stimmte seine allzuidealische Denk-Art herab, und überführte ihn, daß er, wie der großmüthige, tugendhafte und tapfre Ritter von Mancha (dieses lehrreiche Bild der Schwachheiten und Verirrungen des menschlichen Geistes!) Windmühlen für Riesen, Wirthshäuser für bezauberte Schlösser, und Dorf-Nymphen für göttliche Dulcineen angesehen hatte. Er wurde weiser, aber auf Unkosten seiner Tugend. So wie die Bezauberung seiner Einbildungs-Kraft vorgieng, hörte auch die Begierde auf, grosse Thaten zu

thun, allem Unrecht in der Welt zu steuern, mit den Feinden der allgemeinen Glükseligkeit sich herumzuschlagen, und die Menschen, wider ihren Dank und Willen, glüklich machen zu wollen. Nun sage man mir, nachdem es mit unserm Helden dazu gekommen war, (und, alles wol erwogen, mußte es auf eine oder andere Art endlich dazu kommen; denn die edelste, die liebenswürdigste Schwärmerey, wenn sie gar zu lange dauert, und sich so gar durch die Maul-Esel-Treiber von Jangois nicht austreiben lassen will, wird endlich zu Narrheit,) was sollte, was konnte unser Autor nun weiter mit ihm anfangen? Einen misanthropischen Einsiedler aus ihm machen? -- Dazu war sein Kopf zu heiter und sein Herz zu schwach — oder zu zärtlich -- oder zu gut; was ihr wollt; und zudem mochte unser Autor, der ein Grieche war, und wenigstens in die Zeiten des Alciphrons gesezt werden muß, (wie die Gelehrten ohne unser Erinnern bemerkt haben) vermuthlich von der Vortreflichkeit einer einsiedlerischen Tugend die erhabenen Begriffe nicht haben, welche man sich in den wundervollen Zeiten des dreyzehnten und vierzehnten Jahrhunderts bis zu unsern philosophischen Zeiten davon gemacht hat, und (allem Ansehen nach) in einigen Ländern noch lange machen wird. Ihn wieder in die weite Welt zurükzuführen, wäre nichts anders gewesen, als ihn der augenscheinlichsten Gefahr aussezen, in seiner antiplatonischen Denk-Art durch immer neue Erfahrungen bestärkt, und durch die Gesellschaft wiziger und liebenswürdiger Leute,
welche

welche entweder gar keine Grundsäze, oder nicht viel bessere als der weise Hippias, gehabt hätten, nach und nach auch um diesen kostbaren Ueberrest seine ehemalige Tugend gebracht zu werden, den er glüklicher Weise aus der verpesteten Luft der grossen Welt noch davon gebracht hat. Vielleicht hätte er in solchen Umständen noch immer eine Art von Mittel zwischen Weisheit und Thorheit, eine mehr lächerliche als hassenswürdige Composition von kühnem Wiz und unschlüssiger Vernunft, von wahren und willkührlichen Begriffen, von Aberglauben und Unglauben, von guten und bösen Leidenschaften, Gewohnheiten und Launen, von gleich betrüglichen Tugenden und Lastern; kurz, eine so vortrefliche Art von Geschöpfen werden können, wie ungefehr die meisten von uns andern sind, wir mögen es nun einsehen — und wenn wir's einsehen, eingestehen -- oder nicht. Bey so bewandten Umständen, und da es (wie gesagt) nun einmal die Absicht des Autors war, aus seinem Helden einen tugendhaften Weisen zu machen, und zwar solchergestalt, daß man ganz deutlich möchte begreiffen können, wie ein solcher Mann — so gebohren — so erzogen -- mit solchen Fähigkeiten und Dispositionen -- mit einer solchen besondern Bestimmung derselben — nach einer solchen Reihe von Erfahrungen, Entwiklungen und Veränderungen - in solchen Glüks-Umständen -- an einem solchen Ort und in einer solchen Zeit — in einer solchen Gesellschaft -- unter einem solchen Himmels-Strich -- bey solchen Nahrungs-Mitteln (denn auch diese haben einen stärkern Einfluß auf Weisheit und Tugend, als sich manche Moralisten einbilden) — bey einer solchen Diät — kurz, unter solchen gegebenen Bedingungen, wie alle diejenigen Umstände sind, in welche er den Agathon bisher gesezt hat, und noch sezen wird -- ein so weiser und tugendhafter Mann habe seyn können, und (diejenigen, welche nicht gewohnt sind zu denken, mögen es nun glauben oder nicht,) unter den nemlichen, oder doch sehr ähnlichen Umständen, es auch noch heutzutage werden könnte: Da, sage ich, dieses seine Absicht war, so blieb ihm freylich kein andrer Weg übrig, als seinen Helden in diesen Zusammenhang glüklicher Umstände zu sezen, in welchen er sich nun bald, zu seinem eigenen Erstaunen, befinden wird. Freylich ist ein solcher Zusammenfluß glüklicher Umstände allzuselten, um wahrscheinlich zu seyn. Aber wie soll sich ein armer Autor helfen, der (alles wol überlegt) nur ein einziges Mittel vor sich sieht, aus der Sache zu kommen, und dieses ein gewagtes? Man hilft sich wie man kann, und wenn es auch durch einen Sprung aus dem Fenster seyn sollte. Der kleine Held der Königin von Golconde ist nicht der erste, der sich durch dieses Mittel helfen mußte: Julius Cäsar würde ohne einen solchen Sprung das Vergnügen nicht gehabt haben, als Herr der Welt (wie man, zwar lächerlich genug, zu sprechen gewohnt ist,) durch die Strassen Roms ins Capitolium einzuziehen.

Und

Und soviel mag dann zur Rechtfertigung unsers Autors gesagt seyn; wenn es anders zu seiner Rechtfertigung dienen kan, welches wir den Kunstrichtern überlassen müssen. Das Urtheil mag indessen ausfallen wie es will, so beladet sich der Herausgeber, wie er schon erklärt hat, dessen im geringsten nicht. Die Absichten, warum er die alte Urkunde, welche zufälliger Weise in seine Hände gekommen ist, in einen Auszug von derjenigen Form und Beschaffenheit, wie die vorhergehenden zehen Bücher weisen, gebracht hat, sind bereits erreicht. Es ist verhoffentlich unnöthig, sich hierüber näher zu erklären. Doch soviel können wir wol sagen, daß er niemalen daran gedacht hat, einen Roman zu schreiben, wie sich vielleicht manche, ungeachtet des Titels und der Vorrede, zu glauben in den Kopf gesezt haben mögen -- und da dieses Buch, in so fern der Herausgeber Theil daran hat, kein Roman ist, noch einer seyn soll; so hat er sich auch um die so genannte Schürzung des Knotens, und ob der Verfasser der Urkunde seinen Knoten geschikt oder ungeschikt entwikelt oder zerschnitten hat, wenig zu bekümmern.

Zweytes

Zweytes Capitel.

Die Tarentiner. Character eines liebenswürdigen alten Mannes.

Archytas, durch dessen nachdrükliche Verwendung Agathon der Hände seiner Feinde zu Syracus entrissen worden, war ein vertrauter Freund seines Vaters Stratonicus gewesen; ihre beyden Familien waren durch die Bande des Gastrechts (welches bekannter massen den Griechen sehr heilig war) von uralten Zeiten her verbunden; der ausgebreitete Ruhm, welchen sich der Philosoph von Tarent, als der Würdigste unter den Nachfolgern des Pythagoras, als ein tiefer Kenner der Geheimnisse der Natur und der mechanischen Künste, als ein weiser Staatsmann, als ein geschikter und allezeit glüklicher Feldherr, und was allen diesen Vorzügen die Crone aufsezt, als ein rechtschaffener Mann, in der vollkommensten Bedeutung dieses Worts erworben, hatte den Namen des Archytas unserm Helden schon lange ehrwürdig gemacht; und hiezu kam noch, daß dessen jüngerer Sohn, Critolaus, in den Zeiten des höchsten Wolstandes Agathons zu Athen zwey Jahre in seinem Hause zugebracht, und mit allen ersinnlichen Freundschafts-Erweisungen überhäuft, eine Zuneigung von derjenigen Art für ihn gefaßt hatte, welche in schönen Seelen (denn damals gab es noch schöne Seelen) sich nur mit dem Leben endet. Diese Freundschaft war zwar durch zufällige Ursachen, und den

Aufenthalt

Aufenthalt Agathons zu Smyrna eine Zeitlang unterbrochen, aber sogleich nach seinem Entschluß, bey dem Dionys zu leben, wieder erneuert, und seither sorgfältig unterhalten worden. Agathon hatte während seiner Staats-Verwaltung sich öfters bey der weisen Erfahrenheit des Archytas Raths erholt; und die verschiedenen Verhältnisse, worinn die Tarentiner und Syracusaner, besonders in Absicht der Handelschaft, mit einander stuhnden, hatten ihm öfters Gelegenheit gegeben, sich um die ersten verdient zu machen. Bey allen diesen Umständen ist leicht zu ermessen, daß er den zärtlichen und dringenden Einladungen seines Freundes Critolaus um so weniger widerstehen konnte, als die Pflichten der Erkenntlichkeit gegen seine Erretter ihm keine Freyheit zu lassen schienen, andere Beweggründe bey der Wahl seines Aufenthalts in Betrachtung zu ziehen.

In der That hätte er sich auch keinen zu seinen nunmehrigen Absichten bequemern Ort erwählen können als Tarent. Diese Republik war damals gerade in dem Zustande, worinn ein jeder patriotischer Republicaner die seinige zu sehen wünschen soll -- zu klein, um ehrgeizige Projecte zu machen, und zu groß, um dem Ehrgeiz und die Vergrößrungs-Sucht ihrer Nachbarn fürchten zu müssen; zu schwach, um in andern Unternehmungen, als in den Künsten des Friedens, ihren Vortheil zu finden; stark genug, sich gegen einen jeden nicht allzuübermächtigen Feind (und solche Feinde hat eine kleine Republik

publik selten) in ihrer Verfassung zu erhalten. Archytas hatte sie, in einer Zeit von mehr als dreissig Jahren, in welcher er sieben mal die Stelle des obersten Befehlhabers in der Republik bekleidete, an die weisen Geseze, die er ihnen gegeben hatte, so gut angewöhnt, daß sie mehr durch die Macht der Sitten als durch das Ansehen der Geseze regiert zu werden schienen. Der grösseste Theil der Tarentiner bestuhnd aus Fabricanten und Handelsleuten. Die Wissenschaften und schönen Künste stuhnden in keiner besondern Hochachtung bey ihnen; aber sie waren auch nicht verachtet. Diese Gleichgültigkeit bewahrte die Tarentiner vor den Fehlern und Ausschweiffungen der Athenienser, bey denen jedermann, bis auf die Gerber und Schuster, ein Philosoph und Redner, ein wiziger Kopf und ein Kenner seyn wollte. Sie waren eine gute Art von Leuten, einfältig von Sitten, emsig, arbeitsam, regelmässig, Feinde der Pracht und Verschwendung, (*) leutselig und gastfrey gegen die Fremden, Hässer des Gezwungnen, Spizfündigen und Uebertriebenen in allen Sachen, und aus eben diesem Grunde, Liebhaber des Natürlichen und Gründlichen, welche bey allem mehr auf die Materie als auf die Form sahen, und nicht begreiffen konnten, daß

(*) Der Character, der hier den Tarentinern gegeben wird, macht einen starken Absaz mit demjenigen, den sie zu den Zeiten des Königs Pyrrhus hatten, und bis zum Untergang ihrer Freyheit behielten; allein es ist zu bemerken, daß Archytas und Pyrrhus wenigstens 80. Jahre von einander entfernt sind.

Eilftes Buch, zweytes Capitel.

daß eine fein gearbeitete Schüssel aus corinthischem Erzt besser seyn könne, als eine schlechte aus Silber, oder daß ein Narr liebenswürdig seyn könne, weil er artig sey. Sie liebten ihre Freyheit, wie eine Gattin, nicht wie eine Beyschläferin, ohne Leidenschaft, und ohne Eifersucht; sie sezten ein billiges Vertrauen in diejenige, denen sie die Vormundschaft über den Staat anvertrauten; aber sie forderten auch, daß man dieses Vertrauen verdiene. Der Geist der Emsigkeit, der dieses achtungswürdige und glükliche Volk beseelte -- der unschuldigste und wolthätigste unter allen sublunarischen Geistern, die uns bekannt sind -- machte, daß man sich zu Tarent weniger, als in den meisten mittelmässigen Städten zu geschehen pflegt, um andre bekümmerte; in so fern man sie durch keine gesezwidrige That, oder durch einen beleidigenden Contrast mit ihren Sitten ärgerte, konnte jeder leben wie er wollte. Alles dieses zusammengenommen, machte, wie uns däucht, eine sehr gute Art von republicanischem Character; und Agathon hätte schwerlich einen Freystaat finden können, welcher geschikter gewesen wäre, seinen gegen dieselbe gefaßten Widerwillen zu besänftigen. Ohne Zweifel hatte dieses Volk auch seine Fehler, wie alle andre; aber der weise Archytas, unter welchem der National-Character der Tarentiner erst eine gesezte und feste Gestalt gewonnen hatte, wußte diejenige Art derselben, welche man die Temperaments-Fehler eines Volks nennen kan, so klüglich zu behandeln, daß sie durch die Vermischung mit ihren Tugenden, beynahe aufhörten,

Fehler

Fehler zu seyn — eine nothwendige und vielleicht die grösseste Kunst eines Gesezgebers, deren genauere Untersuchung und Analyse wir, beyläuffig, denenjenigen empfohlen haben wollen, welche zu der schweren, und vermuthlich spätern Zeiten aufbehaltnen, aber möglichen Auflösung eines Problems, welches nur von Lilliputtischen Seelen für schimärisch gehalten wird, der Aufgabe, welche Gesezgebung unter gegebenen Bedingungen, die beste sey? etwas beyzutragen sich beruffen fühlen.

Agathon entdekte beym ersten Blik an die Italischen Ufer, seinen Freund Critolaus, der mit einem Gefolge der edelsten Jünglinge von Tarent ihm entgegen geflogen war, um ihn in einer Art von freundschaftlichem Triumph in eine Stadt einzuführen, welche sich's zur Ehre rechnete, von einem Manne wie Agathon, vor andern, zu seinem Aufenthalt erwählt zu werden. Die angenehme Luft dieser von einem günstigen Himmel umflossenen Ufer, der Anblik eines der schönsten Länder unter der Sonne, und der noch süssere Anblik eines Freundes, von dem er bis zur Schwärmerey geliebt wurde, machten unsern Helden in einem einzigen Augenblik alles Ungemach vergessen, das er in Sicilien und in seinem ganzen Leben ausgestanden hatte. Ein frohes ahnendes Erwarten der Glükseligkeit, die in diesem zum erstenmal betretenen Lande auf ihn wartete, verbreitete eine Art von angenehmer Empfindung durch sein ganzes Wesen, welche sich nicht beschreiben läßt. Die unbestimmte Wollust, welche alle seine Sinnen zugleich ein-

einzunehmen schien, war nicht dieses seltsame zauberische Gefühl, womit ihn die Schönheiten der Natur und die Empfindung ihrer reinsten Triebe, in seiner Jugend durchdrungen hatte -- dieses Gefühl, diese Blüthe der Empfindlichkeit, diese zärtliche Sympathie mit allem was lebt oder zu leben scheint; dieser Geist der Freude, der uns aus allen Gegenständen entgegenathmet; dieser magische Firniß der sie überzieht, und uns über einem Anblik, von dem wir zehn Jahre später kaum noch flüchtig gerührt werden, in stillem Entzüken zerfliessen macht -- dieses beneidenswürdige Vorrecht der ersten Jugend verliehrt sich mit dem Anwachs unsrer Jahre unvermerkt, und kan nicht wieder gefunden werden; aber es war etwas, das ihm ähnlich war; seine Seele schien dadurch wie von allen verdüsternden Flekken seines unmittelbar vorhergehenden Zustandes ausgewaschen, und zu den zärtlichen Eindrüken vorbereitet zu werden, welche sie in dieser neuen Periode seines Lebens bekommen sollte.

Eine seiner glükseligsten Stunden, (wie er in der Folge öfters zu versichern pflegte) war diejenige, worinn er die persönliche Bekanntschaft des Archytas machte. Dieser ehrwürdige Greis hatte der Natur und der Mäßigung, welche von seiner Jugend an ein unterscheidender Zug seines Characters gewesen war, den Vortheil einer Lebhaftigkeit aller Kräfte zu danken, welche in seinem Alter etwas seltnes ist, aber bey den alten Griechen lange nicht so selten war, als bey den meisten

Europäischen Völkern unsrer Zeit, bey denen es zur
Gewohnheit zu werden angefangen hat, die erste Hälfte
des Lebens so unbesonnen zu verschwenden, daß man
in der andern die geheimsten Kräfte der Arzney-Kunst
zu Hülfe ruffen muß, um einen schmachtenden Mittelstand von Seyn und Nichtseyn, von einem Tag zum
andern erbettelter Weise fortschleppen zu können. So
erkaltet als die Einbildungs-Kraft unsers Helden war,
so konnte er doch nicht anders als etwas idealisches in
dem Gemische von Majestät und Anmuth, welches über
die ganze Person dieses liebenswürdigen Alten ausgebreitet war, zu empfinden -- und es desto stärker zu
empfinden, je stärker der Absaz war, den dieser Anblik
mit allem demjenigen machte, woran sich seine Augen
seit geraumer Zeit hatten gewöhnen müssen -- Und
warum konnte er nicht anders? Die Ursache ist ganz
simpel; weil dieses idealische nicht in seinem Gehirne,
sondern in dem Gegenstande selbst war. Stellet euch
einen grossen stattlichen Mann vor, dessen Ansehen beym
ersten Blik ankündiget, daß er dazu gemacht ist, andre
zu regieren, und dem ihr ungeachtet seiner silbernen
Haare noch ganz wol ansehen könnet, daß er vor fünf-
zig Jahren ein schöner Mann gewesen ist -- Ihr erinnert euch ohne Zweifel dergleichen gesehen zu haben;
aber das ist es noch nicht -- Stellet euch vor, daß dieser Mann in dem ganzen Lauffe seines Lebens ein tugendhafter Mann gewesen ist; daß eine lange Reyhe
von Jahren seine Tugend zu Weisheit gereist hat; daß
die unbewölkte Heiterkeit seiner Seele, die Ruhe seines
Herzens,

Herzens, die allgemeine Güte wovon es beseelt ist, das stille Bewußtseyn eines unschuldigen und mit guten Thaten erfüllten Lebens, sich in seinen Augen und in seiner ganzen Gesichts-Bildung mit einer Wahrheit, mit einem Ausdruk von stiller Grösse und Würdigkeit abmahlt, dessen Macht man fühlen muß, man wolle oder nicht — das ist, was ihr vielleicht noch nicht gesehen habt -- das ist das idealische, das ich meynte; und das war es was Agathon sah — Ihr erinnert euch doch der guten alten Frau Shirley? — welche ich, für meinen Theil, so reizend und selbst idealisch auch immer die Henrietten Byrons, und ihre Rivalinnen sind, dennoch in gewissen Stunden einem ganzen Serail von Henrietten, Clementinen und Emilien, (die Charlotten, Olivien und alle andern Göttinnen von dieser Art, zusamt der schönen Magellone, mit eingerechnet,) vorziehen wollte — Gut; ein Gemählde von dieser nemlichen alten Frau, von der Hand eines van Dyk, (wenn es noch einen van Dyk gäbe) würde ein Cabinetstük machen, um welches ich alle Liebes-Göttinnen und Grazien der Vanloos und Bouchers, so wenig ich sonst ein Feind von ihnen wäre, mit Freuden geben würde. Archytas, von der Hand eines Apelles (wenn zu seiner Zeit ein Apelles gewesen wäre) würde das Gegenbild davon seyn. Agathon hatte nichts nöthig, als ihn anzusehen, um überzeugt zu seyn, daß er endlich gefunden habe, was er so oft gewünscht, aber noch nie gefunden zu haben geglaubt hatte, ohne daß er in der Folge auf eine oder die andere Art seines Irrthums überführt worden wäre -- einen wahrhaftig weisen Mann, einen Mann, der nichts zu seyn scheinen wollte, als was er würklich war, und an welchem das scharfsichtigste Auge nichts entdeken konnte, das man anders hätte wünschen mögen. Die Natur schien sich vorgesezt zu haben, durch ihn zu beweisen, daß die Weisheit nicht weniger ein Geschenke von ihr sey, als der Genie; und daß, wofern es gleich der Kunst nicht unmöglich ist, ein schlimmes Naturell zu verbessern, und aus einem Silen, so der Himmel will, einen Socrates zu machen, (ein Triumph, den die Kunst gleichwol sehr selten davon trägt,) es dennoch der Natur allein zukomme, diese glükliche Temperatur der Elemente, woraus der Mensch zusammengesezt ist, hervorzubringen, welche, unter einem Zusammenfluß eben so glüklicher Umstände, endlich zu dieser vollkommnen Harmonie aller Kräfte und Bewegungen des Menschen, worinn Weisheit und Tugend in Einem Punct zusammenfliessen, erhöht werden kann. Archytas hatte niemalen weder eine glühende Einbildungs-Kraft, noch heftige Leidenschaften gehabt; eine gewisse Stärke, welche den Mechanismus seines Kopfs und seines Herzens characterisierte, hatte von seiner Jugend an die Würkung der Gegenstände auf seine Seele gemässiget; die Eindrüke, die er von ihnen bekam, waren deutlich und nett genug, um seinen Verstand mit wahren Bildern zu erfüllen, und die Verwirrung zu verhindern, welche in dem Gehirne derjenigen zu herrschen pflegt, deren allzuschlaffe Fibern nur schwache und matte Ein-

drüke

Eilftes Buch, zweytes Capitel.

drüke von den Gegenständen empfangen; aber sie waren nicht so lebhaft und von keiner so starken Erschütterung begleitet, wie bey denjenigen, welche, durch zärtlichere Werkzeuge und reizbarere Sinnen zu den enthusiastischen Künsten der Musen bestimmet, den zweydeutigen Vorzug einer zauberischen Einbildungs-Kraft und eines unendlich empfindlichen Herzens durch die Tyrannie der Leidenschaften, der sie, mehr oder weniger, unterworfen sind, theuer genug bezahlen müssen. Archytas hatte es dem Mangel dieses eben so schimmernden, als wenig beneidenswerthen Vorzugs zu danken, daß er wenig Mühe hatte, Ruhe und Ordnung in seiner innerlichen Verfassung zu erhalten; daß er anstatt von seinen Ideen und Empfindungen beherrscht zu werden, allezeit Meister von ihnen blieb, und die Verirrungen des Geistes und des Herzens nur aus der Erfahrung andrer kannte, von denen das schwärmerische Volk der Helden, Dichter und Virtuosen aller Arten aus seiner eigenen sprechen kann. Und daher kam es auch, daß die Pythagoräische Philosophie, in deren Grundsäzen er erzogen worden war — eben diese Philosophie, welche in dem Gehirne so vieler andrer zu einem seltsamen Gemische von Wahrheit und Träumerey wurde, — sich durch Nachdenken und Erfahrung in dem seinigen zu einem System von eben so simpeln, als fruchtbaren und practischen Begriffen ausbildete; zu einem System, welches der Wahrheit näher zu kommen scheint, als irgend ein anders; welches die menschliche Natur veredelt, ohne sie aufzublähen, und ihr Aussichten in bessere Welten eröfnet, ohne sie fremd nd unbrauchbar in der gegenwärtigen zu machen; welches durch das Erhabenste und Beste, was unsre Seele von Gott, von dem Welt-System, und von ihrer eigenen Natur und Bestimmung zu denken fähig ist, ihre Leidenschaften reiniget und mässiget, ihre Gesinnungen verschönert, und (was kein so kleiner Vortheil ist, als neunhundert und neun und neunzig Menschen unter tausenden sich einbilden,) sie von der tyrannischen Herrschaft dieser pöbelhaften Begriffe befreyet, welche die Seele verunstalten, sie klein, niederträchtig, furchtsam, falsch und sclavenmässig machen; jede edle Neigung, jeden grossen Gedanken abschreken und ersticken, und doch darum nicht weniger von politischen und religiösen Dämagogen unter dem grössten Theile des menschlichen Geschlechts, aus Absichten, woraus diese Herren billig ein Geheimnis machen, eifrigst unterhalten werden.

Die zuverlässigste Probe über die Güte der Philosophie des weisen Archytas ist, wie uns däucht, der moralische Character, den ihm das einstimmige Zeugnis der Alten beylegt. Diese Probe, es ist wahr, geht bey einem System von metaphysischen Speculationen nicht an; aber die Philosophie des Archytas war ganz practisch. Das Exempel so vieler grossen Geister, welche in der Bestrebung, über die Grenzen des menschlichen Verstandes hinauszugehen, verunglükt waren, hätte ihn in diesem Stüke vielleicht nicht weiser gemacht,

macht, wenn er mehr Eitelkeit und weniger kaltes Blut gehabt hätte; aber so wie er war, überließ er diese Art von Speculationen seinem Freunde Plato, und schränkte seine Nachforschungen über die blos intellectualischen Gegenstände lediglich auf diese einfältigen Wahrheiten ein, welche das allgemeine Gefühl erreichen kann, welche die Vernunft bekräftiget, und deren wolthätiger Einfluß auf den Wolstand unsers Privat-Systems so wol als auf das allgemeine Beste allein schon genugsam ist, ihren Werth zu beweisen. Es läßt sich also ganz sicher von dem Leben eines solchen Mannes auf die Güte seiner Denkens-Art schliessen. Archytas verband alle häuslichen und bürgerlichen Tugenden, mit dieser schönsten und göttlichsten unter allen, welche sich auf keine andre Beziehung gründet, als das allgemeine Band, womit die Natur alle Wesen verknüpft. Er hatte das seltene Glük, daß die untadeliche Unschuld seines öffentlichen und Privat-Lebens, die Bescheidenheit, wodurch er den Glanz so vieler Verdienste zu mildern wußte, und die Mäßigung, womit er sich seines Ansehens bediente, endlich so gar den Neid entwafnete, und ihm die Herzen seiner Mitbürger so gänzlich gewanne, daß er (ungeachtet er sich seines hohen Alters wegen von den Geschäften zurükgezogen hatte) bis an sein Ende als die Seele des Staats und der Vater des Vaterlands angesehen wurde, und in dieser Qualität eine Autorität beybehielt, welcher nur die äusserlichen Zeichen der königlichen Würde fehlten. Niemals hat ein Despot unumschränkter über die

die Leiber seiner Sclaven geherrschet, als dieser ehrwürdige Greis über die Herzen eines freyen Volkes; niemals ist der beste Vater von seinen Kindern zärtlicher geliebt worden. Glükliches Volk! welches von einem Archytas geregiert wurde, und den ganzen Werth dieses Glüks so wol zu schäzen wußte! — Und glüklicher Agathon, der in einem solchen Mann einen Beschüzer, einen Freund, und einen zweyten Vater fand.

Drittes Capitel.

Eine unverhofte Entdekung.

Archytas hatte zwey Söhne, deren wetteifernde Tugend die seltene und verdiente Glükseligkeit seines Alters vollkommen machte. Diese liebenswürdige Familie lebte in einer Harmonie beysammen, deren Anblik unsern Helden in die selige Einfalt und Unschuld des goldnen Alters versezte. Niemals hatte er eine so schöne Ordnung, eine so vollkommne Eintracht, ein so regelmäßiges und schönes Ganzes gesehen, als das Haus des weisen Archytas darstellte. Alle Hausgenossen, bis auf die unterste Classe der Bedienten, waren eines solchen Hausvaters würdig. Jedes schien für den Plaz, den es einnahm, ausdrüklich gemacht zu seyn. Archytas hatte keine Sclaven; der freye, aber sittsame Anstand seiner Bedienten, die Munterkeit, die Genauigkeit, der Wetteifer, womit sie ihre Pflichten erfüllten, das Vertrauen,

trauen, welches man auf sie sezte, bewies, daß er Mittel gefunden hatte, selbst diesen rohen und mechanischen Seelen ein Gefühl von Ehre und Tugend einzuflößen; die Art wie sie dienten, und die Art, wie ihnen begegnet wurde, schien das unedle und demüthigende ihres Standes auszulöschen; sie waren stolz darauf, einem so vortreflichen Herrn zu dienen, und es war nicht einer, der die Freyheit auch unter den vortheilhaftesten Bedingungen angenommen hätte, wenn er der Glükseligkeit hätte entsagen müssen, ein Hausgenosse des Archytas zu seyn. Das Vergnügen mit seinem Zustande leuchtete aus jedem Gesicht hervor; aber keine Spur dieses üppigen Uebermuths, der gemeiniglich den müssiggängerischen Hauffen der Bedienten in grossen Häusern bezeichnet; alles war in Bewegung; aber ohne dieses lärmende Geräusch, welches den schweren Gang der Maschine ankündiget; das Haus des Archytas glich dem innwendigen Mechanismus des animalischen Körpers, in welchem alles in rastloser Arbeit begriffen ist, ohne daß man eine Bewegung wahrnimmt, wenn die äussern Theile ruhen.

Agathon befand sich noch in diesem angenehmen Erstaunen, welches in den ersten Stunden, die er in einem so sonderbaren Hause zubrachte, sich mit jedem Augenblik vermehren mußte; als er auf einmal, und ohne daß ihn die mindeste innerliche Ahnung dazu vorbereitet hätte, durch eine Entdekung überrascht wurde, welche ihn beynahe dahin gebracht hätte, alles was er sah, für einen Traum zu halten.

Das Gynäceum war, wie man weiß, bey den Griechen den Fremden, welche in einem Hause aufgenommen wurden, ordentlicher Weise, eben so unzugangbar als der Harem bey den Morgenländern. Aber Agathon wurde in dem Hause des Archytas nicht wie ein Fremder behandelt. Dieser liebenswürdige Alte führte ihn also, nachdem sie sich ein paar Stunden, welche unserm Helden sehr kurz wurden, mit einander besprochen hatten, in Begleitung seiner beyden Söhne in das Innerste des Hauses, welches von dem weiblichen Theil der Familie bewohnt wurde; um, wie er sagte, seinen Töchtern ein Vergnügen, worauf sie sich schon so lange gefreuet hätten, nicht länger vorzuenthalten. Stellet euch vor, was für eine süsse Bestürzung ihn befiel, da die erste Person, die ihm beym Eintritt in die Augen fiel, seine Psyche war! — Augenblike von dieser Art lassen sich besser mahlen, als beschreiben — diese Erscheinung war so unerwartet, daß sein erster Gedanke war, sich durch eine zufällige Aehnlichkeit dieser jungen Dame mit seiner geliebten Psyche betrogen zu glauben. Er stuzte; er betrachtete sie von neuem; und wenn er nunmehr auch seinen Augen nicht hätte trauen wollen, so ließ ihm das, was in seinem Herzen vorgieng, keinen Zweifel übrig. Und doch kam es ihm so wenig glaublich vor, daß er glüklich genug seyn sollte, nach einer so langen Abwesenheit und bey so wenigem Anschein, sie jemals wieder zu sehen, sie in dem Gynäceo seiner Freunde zu Tarent wieder zu finden! Ein andrer Gedanke, der in diesen Umständen sehr natürlich war, vermehrte

Eilftes Buch, drittes Capitel.

seine Verwirrung, und hielt ihn zurük, sich der Freude zu überlassen, welche ein eben so erwünschter als wenig verhoffter Anblik über seine Seele ergoß. Psyche sah nicht so aus, als ob sie eine Sklavin in diesem Hause vorstelle; was konnte er also anders denken, als daß sie die Gemahlin eines von den Söhnen des Archytas seyn müßte? Es ist wahr, er hätte eben so wol denken können, daß sie seine wiedergefundene Tochter seyn könnte; aber in solchen Umständen bildet man sich immer das ein, was man am meisten fürchtet. In der That errieth er die Sache aufs erstemal; Psyche war seit einigen Monaten die Gemahlin des Critolaus.

Unsere Leser sehen nun auf den ersten Blik, was für schöne Gelegenheit zu pathetischen Beschreibungen und tragischen Auftritten uns dieser kleine Umstand giebt -- was für eine Situation! Den Gegenstand der zärtlichsten Neigung seines Herzens, seine erste Liebe, nach einer langen schmerzlichen Trennung unverhoft wieder finden, aber nur dazu wieder finden, um sie in den Armen eines andern, und was uns nicht einmal das Recht zu klagen, zu wüthen und Rache zu schnauben übrig läßt, in den Armen unsers liebsten Freundes zu sehen! -- Zu gutem Glük für unsern Helden -- und für den Autor -- waren diejenigen, welche in diesem Augenblik Zeugen von seiner Bestürzung waren, keine so passionierte Liebhaber pathetischer Auftritte, daß sie hätten fähig seyn können, an seiner Quaal Vergnügen zu finden. Sie wollten sich ein Vergnügen daraus machen,

chen, ihn zu überraschen; aber es würde grausam gewesen seyn, eine Tragödie mit ihm zu spielen, so glüklich auch am Ende die Entwiklung immer hätte seyn mögen. Die zärtliche Psyche sah etliche Augenblike seiner Verwirrung zu; aber länger konnte sie sich nicht zurükhalten. Sie flog ihm mit ofnen Armen entgegen, und indem ihre Freuden-Thränen seine glühende Wangen bethauten, hörte er sich mit einem Namen benennen, der ihre zärtlichste Liebkosungen selbst in Gegenwart eines Gemahls rechtfertigte.

Wäre die Liebe, welche sie ihm in dem Hayn zu Delphi eingeflößt hatte, weniger platonisch gewesen, so würde die Entdekung einer Schwester in der Geliebten seines Herzens nicht so erfreulich gewesen seyn, als sie ihm war. Aber man erinnert sich noch, daß ihre Liebe, so ausnehmend zärtlich sie auch gewesen war, doch mehr der Liebe, welche die Natur zwischen Geschwistern von übereinstimmender Gemüths-Art stiftet, als derjenigen geglichen hatte, welche sich auf die Zauberey eines andern Instincts gründet, von dessen fiebrischen Symptomen die ihrige allezeit frey geblieben war. Sie hatten damals schon ein sonderbares Vergnügen daran gefunden, sich einzubilden, daß ihre Seelen wenigstens einander verschwistert seyen, da sie nicht Grund genug hatten, so sehr sie es auch wünschten, die unschuldige Anmuthung, welche sie für einander fühlten, der Würkung der Sympathie des Blutes zu zuschreiben. Agathon befand sich also über alles was er hätte wünschen

können,

können, glüklich, da er, nach den Erläuterungen, welche ihm gegeben wurden, nicht mehr zweifeln konnte, in Psyche eine Schwester, welche er nach der ehmaligen Erzählung seines Vaters für todt gehalten hatte, wieder zu finden, und durch sie ein Theil einer Familie zu werden, für welche sein Herz bereits so eingenommen war, daß der Gedanke sich jemals wieder von ihr zu trennen, ihm unerträglich gewesen seyn würde. Nun meine zärtlichen Leserinnen, mangelte ihm, um so glükselig zu seyn, als es Sterbliche seyn können, nichts als daß Archytas -- nicht irgend eine liebenswürdige Tochter oder Nichte hatte, mit der wir ihn vermählen könnten. Aber unglüklicher Weise für ihn hatte Archytas keine Tochter; und wofern er Nichten hatte, welches wir nicht für gewiß sagen können, so waren sie entweder schon verheyrathet, oder nicht dazu gemacht, das Bild der schönen Danae, und die Erinnerungen seiner ehmaligen Glükseligkeit, welche von Tag zu Tag wieder lebhafter in seinem Gemüthe wurden, auszulöschen.

Diese Erinnernngen hatten schon zu Syracus in melancholischen Stunden wieder angefangen einige Gewalt über sein Herz zu bekommen; der Gram, wovon seine Seele in der lezten Periode seines Hof-Lebens, ganz verdüstert und niedergeschlagen wurde, veranlaßte ihn, Vergleichungen zwischen seinem vormaligen und nunmehrigen Zustande anzustellen, welche unmöglich anders als zum Vortheil des ersten ausfallen konnten. Er machte sich selbst Vorwürfe, daß er das liebenswürdigſte unter allen Geſchöpfen, in einem Anſtoß von ſchwärmeriſchem Heldenthum, aus ſo ſchlechten Urſachen, auf die bloſſe Anklage eines ſo verächtlichen Menſchen als Hippias, über welche ſie ſich vielleicht, wenn er ſie gehört hätte, vollkommen hätte rechtfertigen können, verlaſſen habe. Dieſe That, auf welche er ſich damals, da er ſie für einen herrlichen Sieg über die unedlere Hälfte ſeiner ſelbſt, für ein groſſes Verſöhn-Opfer, welches er der beleidigten Tugend brachte, anſah, ſo viel zu gut gethan hatte, ſchien ihm izt undankbar und niederträchtig; es ſchmerzte ihn, wenn er dachte, wie glüklich er durch die Verbindung ſeines Schikſals mit dem ihrigen hätte werden können; und der Enthuſiaſmus gewann nichts dabey, wenn er zugleich dachte, durch was für ſchimäriſche Vorſtellungen und Hofnungen er ihn um ſeine Privat-Glükſeligkeit gebracht habe. Aber der Gedanke, daß er durch ein ſo ſchnödes Verfahren die ſchöne Danae gezwungen habe, ihn zu verachten, zu haſſen, ſich der Zärtlichkeit, die er ihr eingeflößt, niemals anders als wie einer unglüklichen Schwachheit zu erinnern, deren Andenken ſie mit Gram und Reue erfüllen mußte -- dieſer Gedanke war ihm ganz unerträglich; Danae, ſo ſehr ſie auch beleidigt war, konnte ihn unmöglich ſo ſehr verabſcheuen, als er in den Stunden, da dieſe Vorſtellungen ſeine Vernunft überwältigten, ſich ſelbſt verabſcheucte. Allein dieſe Stunden giengen endlich vorüber, und das ungeduldige Gefühl der gegenwärtigen Uebel trug nicht wenig dazu bey, ihm die Urſachen und Umſtände ſeiner Entfernung von

Smyrna

Smyrna in einem so splenetischen Lichte vorzustellen. Die glükliche Veränderung, welche die Versezung in den Schoos der liebenswürdigsten Familie, die vielleicht jemals gewesen ist, in seinen Umständen hervorbrachte, veränderte nothwendiger Weise auch die Farbe seiner Einbildungs-Kraft. Hätte er Danae nicht verlassen, so würde er weder seine Schwester gefunden, noch mit dem weisen Archytas persönlich bekannt worden seyn. Diese Folgen seiner tugendhaften Untreue machten den Wunsch, sie nicht begangen zu haben, unmöglich; aber sie beförderten dagegen einen andern, der in den Umständen, worinn er zu Tarent lebte, sehr natürlich war. Die heitre Stille, welche in seinem ohnehin zur Freude aufgelegten Gemüth in kurzem wieder hergestellt wurde; die Freyheit von allen Geschäften und Sorgen; der Genuß alles dessen, womit die Freundschaft ein gefühlvolles Herz beseligen kan; der Anblik der Glükseligkeit seines Freundes Critolaus, welche im Besiz der liebenswürdigen Psyche alle Tage zu zunehmen schien; der Mangel an Zerstreuungen, wodurch die Seele verhindert wird, sich in die Sphäre ihrer angenehmsten Ideen und Empfindungen zu concentriren; die natürliche Folge hievon, daß diese Ideen und Empfindungen desto lebhafter werden müssen — alles dieses vereinigte sich, ihn nach und nach wieder in Dispositionen zu sezen, welche die zärtlichste Erinnerungen an die einst so sehr geliebte Danae erwekten, und ihn von Zeit zu Zeit in eine Art von sanfter wollüstiger Melancholie sezten, worinn sein Herz sich ohne Widerstand in diese zauberischen Scenen von Liebe und Wonne zurükführen ließ, welche -- aus Ursachen, die wir den Moralisten zu entwikeln überlassen wollen -- durch die in seiner Seele vorgegangene Revolution ungleich weniger von ihrem Reiz verlohren hatten, als die abstractern und bloß intellectualischen Gegenstände seines ehmaligen Enthusiasmus. Können wir ihn verdenken, daß er in solchen Stunden die schöne Danae unschuldig zu finden wünschte – daß er dieses so oft und so lebhaft wünschte, bis er sich endlich überredete, sie für unschuldig zu halten -- und daß die Unmöglichkeit, ein Gut wieder zu erlangen, dessen er sich selbst so leichtgläubig und auf eine so verhaßte Art beraubt hatte, ihn zuweilen in eine Traurigkeit versenkte, die ihm den Geschmak seiner gegenwärtigen Glükseligkeit verbitterte, und sich nur desto tieffer in sein Gemüth eingrub, weil er sich nicht entschliessen konnte, sein Anliegen denjenigen anzuvertrauen, denen er, diesen einzigen Winkel ausgenommen, das Innerste seiner Seele aufzuschliessen pflegte -- Wohin uns diese Vorbereitung wol führen soll? -- werden vielleicht einige von unsern scharfsinnigen Lesern denken -- ohne Zweifel wird man uns nun auch die Dame Danae von irgend einem dienstwilligen Sturmwind herbeyführen lassen, nachdem uns, ohne zu wissen, wie? das gute Mädchen Psyche, durch einen wahren Schlag mit der Zauberruthe, aus dem Gynáceo des alten Archytas entgegengesprungen ist -- „Und warum nicht? -- nachdem wir nun einmal wissen, wie glüklich wir unsern Freund Agathon dadurch machen könnten„ Aber wo bleibt alsdann das Vergnügen

Eilftes Buch, drittes Capitel.

gnügen der Ueberraschung, welches andre Autoren ihren Lesern mit so vieler Mühe und Kunst zu zuwenden pflegen. Es bleibt aus, meine Herren; und Diderot kan Ihnen, wenn Sie wollen, sagen, warum Sie wenig oder nichts dabey verliehren werden. Inzwischen ist uns lieb, erinnert worden zu seyn, daß wir Ihnen einige Nachricht schuldig sind, wie Psyche (welche wir, in einen Ganymed verkleidet, in den Händen eines Seeräubers verlassen hatten;) dazu gekommen sey, die Gemahlin des Critolaus und die Schwester Agathons zu werden. Ein kurzer Auszug aus der Erzählung, welche dem Agathon theils von seiner Schwester selbst, theils von ihrer Amme gemacht wurde, (und die lezte hatte den Fehler, ein wenig weitläufiger in ihren Erzählungen zu seyn, als wir selbst,) wird hinlänglich seyn, dero gerechte Wissens-Begierde über diesen Punct zu befriedigen.

Ein heftiger Sturm ist ein sehr unglüklicher Zufall für Leute, die sich mitten auf der offenen See, nur durch die Dike eines Brettes von einem feuchten Tode geschieden finden; aber für die Geschichtschreiber der Helden und Heldinnen ist es beynahe der glüklichste unter allen Zufällen, welche man herbeybringen kan, um sich aus einer Schwierigkeit herauszuhelfen. Es war also ein Sturm, (und Sie haben sich nicht darüber zu beschweren, meine Herren, denn es ist, unsers Wissens, der erste in dieser Geschichte,) der die liebenswürdige Psyche aus der fürchterlichen Gewalt eines verliebten Seeräubers rettete. Das Schif scheiterte an der Italiänischen Küste, einige Meilen von Capua; und Psyche, von den Nereiden oder Liebes-Göttern beschirmt, war die einzige Person auf dem Schiffe, welche auf einem Brette glüklich von den Zephyrn ans Land getragen wurde. Die Zephyrn allein wären hiezu vielleicht nicht hinreichend gewesen; aber mit Hülfe einiger Fischer, welche glüklicher Weise bey der Hand waren, hatte die Sache keine Schwierigkeit. Das war nun alles sehr glüklich; aber es ist nichts in Vergleichung mit dem, was nun folgen wird. Einer von den Fischern (der mitleidigste ohne Zweifel) führte die verkleidete Psyche, welche sehr vonnöthen hatte, sich zu troknen, und von dem ausgestandenen Ungemach zu erholen, zu seinem Weib in seine Hütte. Die Fischerin, (eine hübsche, dike Frau von drey oder vier und vierzig Jahren) welche die Mine hatte, in ihrer Jugend kein unempfindliches Herz gehabt zu haben, bezeugte ungemeines Mitleiden mit dem Unglük eines so liebenswürdigen jungen Herrn, als die schöne Psyche zu seyn schien; sie pflegte seiner, so gut es nur immer möglich war, und konnte sich nicht satt an ihm sehen. Es war ihr immer, sagte sie, als ob sie schon einmal ein solches Gesicht gesehen hätte, wie das seinige; und sie konnte es kaum erwarten, bis der schöne Fremdling im Stande war, nach eingeführter Gewohnheit, seine Geschichte zu erzählen. Aber Psyche hatte der Ruhe vonnöthen; sie wurde also zu Bethe gebracht; und bey dieser Gelegenheit entdekte die Fischerin, welche auf die kleinsten Umstände aufmerksam war, daß der vermeynte Jüngling

ein

ein überaus schönes Mädchen — aber doch nicht mehr so schön war, als sie in ihren Manns-Kleidern ausgesehen hatte. Es war natürlich, über diese Verwandlung im ersten Augenblik ein wenig mißvergnügt zu seyn; aber dieser kleine vorübergehende Unmuth verwandelte sich bald in die lebhafteste und zärtlichste Freude — kurz, es entdekte sich, daß die Fischerin Clonarion, die Amme der schönen Psyche war, welche, mit Hülfe dieses Namens, ihrer geliebten Amme sich wieder eben so gut zu erinnern glaubte, als diese aus den Gesichts-Zügen der Psyche, aus ihrer Aehnlichkeit mit ihrer Mutter, Musarion, und besonders aus einem kleinen Mahl, welches sie unter der linken Brust hatte, ihre allerliebste Pflegtochter erkannte. Clonarion war die vertrauteste Sclavin der Mutter unsrer Heldin gewesen, und ihrer Pflege wurde nach dem Tode derselben die kleine Psyche, oder Philoclea, wie sie eigentlich hieß, anvertraut; denn Psyche war nur ein Liebkosungs-Name, den ihr ihre Amme aus Zärtlichkeit gab, und welchen die kleine Philoclea, weil sie sich niemals anders als Psyche oder Psycharion nennen gehört hatte, in der Folge als ihren würklichen Namen angab. Stratonicus hatte der Clonarion mit der noch unmündigen Psyche eine hinlängliche Summe Gelds übergeben, und befohlen, sie in der Nähe von Corinth zu erziehen, weil er dort die beste Gelegenheit hatte, sie von Zeit zu Zeit unerkannt zu sehen. Die junge Psyche, die Freude und der Stolz ihrer zärtlichen Amme, von der sie wie ihr eigenes Kind geliebet wurde, wuchs so schön heran, daß man

T 2

nichts

nichts liebenswürdigers sehen konnte. Die Hofnung des Gewinnsts reizte endlich einige Bösewichter, sie, da sie ungefehr fünf bis sechs Jahre alt war, heimlich wegzustehlen, und an die Priesterin zu Delphi zu verkaufen. Ein Halsgeschmeide, woran ein kleines Bildnis ihrer Mutter hieng, und womit die junge Psyche allezeit geschmükt zu seyn pflegte, wurde zugleich mit ihr verkauft, und diente in der Folge zur Bestätigung, daß sie würklich die Tochter des Stratonicus sey. Clonarion raufte sich einen guten Theil ihrer Haare aus, da sie ihre Psyche vermißte; und nachdem sie eine ziemliche Zeit zugebracht hatte, sie allenthalben (ausser da, wo sie würklich war,) zu suchen, wußte sie kein ander Mittel, sich bey ihrem Herrn von der Schuld einer strafbarn Nachläßigkeit entledigen zu können, als vorzugeben, daß sie gestorben sey; und Stratonicus konnte desto leichter hintergangen werden, weil er damals eben in Geschäfte verwikelt war, welche ihn lange Zeit hinderten, nach Corinth zu kommen. Inzwischen hatte die allenthalben herumirrende Clonarion eine Menge Abentheuer, welche sich endlich damit endigten, daß sie die Gattin eines schon ziemlich bejahrten Fischers aus der Gegend von Capua wurde, in dessen Augen sie damals wenigstens so schön als Thetis und Galathea war. Sie hatte ihre geliebte Pflegtochter in so zärtlichem Andenken behalten, daß sie einer Tochter, von der sie selbst entbunden wurde, den Namen Psyche gab, blos um sich derselben beständig zu erinnern. Der Tod dieses Kindes, der beynahe in eben

dem

Eilftes Buch, drittes Capitel.

dem Alter erfolgte, worinn Psyche geraubt worden war, riß die alte Wunde wieder auf; und da ihr durch diese Umstände das Bild der jungen Psyche immer gegenwärtig blieb, so hatte sie desto weniger Mühe, sie wieder zu erkennen, ungeachtet vierzehn oder fünfzehn Jahre einige Veränderung in ihren Gesichts-Zügen gemacht haben mußten. Unsre Heldin vermehrte also nunmehr die kleine Familie des alten Fischers, welcher seinen Aufenthalt veränderte, und in die Gegend von Tarent zog, wo er sie, weil sie alle unbekannt waren, für seine Tochter ausgeben konnte. Psyche bequemte sich so gut in die schlechten Umstände, worinn sie bey ihrer Pflegmutter leben mußte, als ob sie niemals in bessern gelebt hätte, und ließ sich nichts angelegner seyn, als ihr durch emsiges Arbeiten die Last ihres Unterhalts zu erleichtern. Endlich fügte es sich zufälliger Weise, daß der junge Critolaus unsre Heldin zu Gesicht bekam, welche in ihrem bäurischen, aber reinlichen Anzug, und mit frischen Blumen geschmükt, demjenigen, dem sie in einem Hayne begegnete, eher eine von den Gespielen der Diana, als die Tochter eines armen Fischers scheinen mußte. Critolaus faßte die heftigste Leidenschaft für sie; weil seine Liebe eben so tugendhaft, als zärtlich war, so brachte er bald die mitleidige Clonarion auf seine Seite; und da Psyche selbst nunmehr wußte, daß Agathon ihr Bruder sey, so war kein Grund, warum sie gegen die Zuneigung eines so liebenswürdigen jungen Menschen unempfindlich hätte seyn sollen. In der That war Critolaus in mehrern Ab-

sichten

sichten der zweyte Agathon; allein die Umstände liessen so wenig Hofnung zu, daß eine rechtmäßige Verbindung zwischen ihnen möglich seyn könnte, daß Psyche sich verbunden hielt, ihm dasjenige, was zu seinem Vortheil in ihrem Herzen vorgieng, desto sorgfältiger zu verbergen, je entschlossener er war, seiner Liebe alle andre Betrachtungen aufzuopfern. Endlich wußte er sich nicht anders zu helfen, als daß er das Geheimnis seines Herzens demjenigen entdekte, dessen Beyfall er am wenigsten zu erhalten hoffen konnte. Die ganze Beredsamkeit der begeisterten Liebe würde über einen Weisen, wie Archytas war, wenig vermocht haben; aber Critolaus sagte so viel ausserordentliches von dem Geist und der Tugend seiner Geliebten, daß sein Vater endlich aufmerksam zu werden anfieng. Archytas hatte die Macht des Dämons der Liebe nie erfahren; aber er war menschlich, gütig, und über die gemeine Vorurtheile und Absichten erhaben. Ein schönes und tugendhaftes Mädchen war in seinen Augen ein sehr edles Geschöpfe, dessen Werth durch den Schatten der Niedrigkeit und Armuth nur desto mehr erhaben wurde. Kaum wurde der junge Critolaus gewahr, daß sein Vater zu wanken anfieng; so wagte er's, ihm das Geheimniß der Geburt seiner Geliebten zu entdeken, welches ihm Clonarion, in Hofnung, daß es gute Folgen haben könnte, ohne Wissen der schönen Psyche vertraut hatte. Archytas, welchem Stratonicus ehmals seine heimliche Verbindung mit Musarion entdekt hatte, war über diesen Zufall nicht wenig erfreut; er wünschte nichts

mehr,

mehr, als daß diejenige, für welche sein Sohn so heftig eingenommen war, die Tochter seines liebsten Freundes seyn möchte; aber er wollte gewiß seyn, daß sie es sey; und hiezu schien ihm das bloße Zeugnis eines Fischer-Weibs zu wenig. Er veranstaltete es, daß er Psychen und ihre angebliche Amme selbst zu sehen bekam; er glaubte, in der Gesichtsbildung der ersten einige Züge von ihrem Vater zu entdeken; und die Unterredung, die er mit ihr hatte, bestätigte den günstigen Eindruk, den ihr Anblik auf sein Gemüth gemacht hatte. Er ließ sich ihre Geschichte mit allen Umständen erzählen, und fand nun immer weniger Ursache, an der Wahrheit dessen zu zweifeln, was sein Sohn auf die bloße Aussage der Amme, ohne die mindeste Untersuchung, für die ausgemachteste Wahrheit hielt. Das Halsgeschmeide, welches Psyche in den Händen der Pythia hatte zurüklassen müssen, schien ihm allein noch abzugehen, um ihn gänzlich zu überzeugen. Er schikte deswegen einen seiner Vertrauten nach Delphi ab; und die Pythia, da sie sah, daß ein Mann von solcher Wichtigkeit sich des Schiksals ihrer ehemaligen Sclavin annahm, machte keine Schwierigkeiten, dieses Merkzeichen der Abkunft derselben auszuliefern. Nunmehr glaubte Archytas berechtigt zu seyn, Psyche als die Tochter eines Freundes, dessen Andenken ihm theuer war, anzusehen; und nun hatte er selbst nichts angelegners, als sie je eher je lieber in seine Familie zu verpflanzen. Sie wurde also die Gemahlin des glüklichen Critolaus; und diese Verbindung gab natürlicher Weise neue Beweggründe, sich der Be-

X 4   freyung

freyung Agathons mit so lebhaftem Eifer anzunehmen,
als es, obenerzählter maßen, geschehen war.

Viertes Capitel.

Etwas, das man ohne Divination vorhersehen konnte.

Agathon hatte zwar viel früher zu leben angefangen,
als es gemeiniglich geschieht; aber er war doch noch
lange nicht alt genug, um sich von der Welt gänzlich
zurükzuziehen. Indessen hielt er sich, nachdem er
schon zu zweyen malen eine nicht unansehnliche Rolle
auf dem Schauplaz des öffentlichen Lebens gespielt, und
sie für einen jungen Mann gut genug gespielt hatte, berechtiget, so lange er keinen besondern Beruf erhalten
würde, seiner Nation zu dienen, oder so lange sie seiner Dienste nicht schlechterdings vonnöthen hätte, sich in
den Cirkel des Privat-Lebens zurükzuziehen; und hierinn
stimmten die Grundsäze des weisen Archytas völlig mit
seiner Art zu denken überein. Ein Mann von mehr als
gewöhnlicher Fähigkeit, sagte Archytas, hat zu thun
genug, an seiner eigenen Besserung und Vervollkom-
nung zu arbeiten; er ist am geschiktesten zu dieser Beschäftigung, nachdem er durch eine Reihe beträchtlicher
Erfahrungen sich selbst und die Welt kennen zu lernen
angefangen hat; und indem er solchergestalt an sich
selbst arbeitet, arbeitet er würklich für die Welt, indem

dem er dadurch um soviel geschikter wird, seinen Freunden, seinem Vaterland, und den Menschen überhaupt, nüzlich zu seyn, und es sey nun mit vielem oder wenigem Gepränge, in einem grössern oder kleinern Cirkel, auf eine öffentliche oder nicht so merkliche Art, zum allgemeinen Besten des Systems mitzuwürken.

Dieser Maxime zufolge beschäftigte sich Agathon, nachdem er zu Tarent einheimisch zu seyn angefangen hatte, hauptsächlich mit den mathematischen Wissenschaften, mit Erforschung der Kräfte und Eigenschaften der natürlichen Dinge, mit der Astronomie, kurz mit demjenigen Theil der speculativen Philosophie, welche uns, mit Hülfe unsrer Sinnen und behutsamer Vernunft-Schlüsse zu einer zwar mangelhaften, aber doch zuverlässigen Erkenntniß der Natur und ihrer majestätisch-einfältigen, weisen und wolthätigen Geseze führt. Er verband mit diesen erhabenen Studien, worinn ihm die Anleitung des Archytas vorzüglich zu statten kam, das Lesen der besten Schriftsteller von allen Classen, insonderheit der Geschichtschreiber, und das Studium des Alterthums, welches er, so wie die Verbal-Critik, für eine der edelsten und nüzlichsten, oder für eine der nichtswürdigsten Speculationen hielt, je nachdem es auf eine philosophische oder bloß mechanische Art getrieben werde. Nicht selten sezte er diese anstrengenden Beschäftigungen bey Seite, um, wie er sagte, mit den Musen zu scherzen; und der natürliche Schwung seines Genie machte ihm diese Art von Gemüths-Ergözung so angenehm,

nehm, daß er Mühe hatte sich wieder von ihr loszureissen. Auch die Mahlerey und die Musik, die Schwestern der Dichtkunst, deren höhere Theorie sich in den geheimnißvollesten Tieffen der Philosophie verliehrt, hatten einen Antheil an seinen Stunden, und halfen ihm, das allzueinförmige in den Beschäftigungen seines Geistes, und die schädlichen Folgen, die aus der Einschränkung desselben auf eine einzige Art von Gegenständen entspringen, zu vermeiden.

Die häuffigen Unterredungen, welche er mit dem weisen Archytas hatte, trugen viel und vielleicht das Meiste bey, seinen Geist in den tiefsinnigern Speculationen über die metaphysischen Gegenstände, von Abwegen zurükzuhalten. Agathon, welcher ehmals, da alles in seiner Seele zur Empfindung wurde, seinen Beyfall zu leicht überraschen ließ; fand izt, seitdem er mit kälterm Blute philosophierte, beynahe alles zweifelhaft; die Zahl der menschlichen Begriffe und Meynungen, welche die Probe einer ruhigen, gleichgültigen und genauen Prüfung aushielten, wurde alle Tage kleiner für ihn; die Systeme der dogmatischen Weisen verschwanden nach und nach, und zerfloßen vor den Stralen der prüfenden Vernunft, wie die Luft-Schlösser und Zauber-Gärten, welche wir zuweilen an Sommer-Morgen im düftigen Gewölke zu sehen glauben, vor der aufgehenden Sonne. Der weise Archytas billigte den bescheidnen Scepticismus seines Freundes; aber indem er ihn von allzukühnen Reisen im Lande der Ideen zu den wenigen einfäl-

einfältigen, aber desto schäzbarern Wahrheiten zurükführte, welche der Leitfaden zu seyn scheinen, an welchem uns der allgemeine Vater der Wesen durch diesen Labyrinth des Lebens sicher hindurchführen will — verwahrte er ihn vor dieser gänzlichen Ungewißheit des Geistes, welche eine eben so grosse Unentschlossenheit und Muthlosigkeit des Willens nach sich zieht, und dadurch eine Quelle so vieler schädlicher Folgen für die Tugend und Religion, und also für die Ruhe und Glükseligkeit unsers Lebens wird, daß der Zustand des bezaubertesten Enthusiasten dem Zustand eines solchen Weisen vorzuziehen ist, der aus immerwährender Furcht zu irren, sich endlich gar nichts mehr zu bejahen oder zu verneinen getraut. In der That gleicht die Vernunft in diesem Stük ein wenig dem Doctor Peter Rezio von Aguero; sie hat gegen alles, womit unsre Seele genährt werden soll, soviel einzuwenden, daß diese endlich eben sowol aus Inanition verschmachten müßte, wie die unglüklichen Statthalter der Insel Barataria bey der Diät, wozu sie das verwünschte Stäbchen ihres allzuscrupulosen Leibarztes verurtheilte. Das beste ist in diesem Falle, sich wie Sancho zu helfen. Der Instinct und dieses am wenigsten betrügliche Gefühl des Wahren und Guten, welches die Natur allen Menschen zugetheilt hat, können uns am besten sagen, woran wir uns halten sollen; und dahin müssen, früher oder später, die grössesten Geister zurükkommen, wenn sie nicht das Schiksal haben wollen, wie die Taube des Altvaters Noah allenthalben herumzuflattern und nirgends Ruhe zu finden.

Bey

Bey allen diesen manchfaltigen Beschäftigungen, womit unser ehmaliger Held seine Musse zu seinem eigenen Vortheil erfüllte, blieben ihm doch viele Stunden übrig, welche der Freundschaft und dem geselligen Vergnügen gewiedmet waren — und für seine Ruhe nur allzuviele, in denen eine Art von zärtlicher Schwermuth, deren er sich nicht erwehren konnte, seine Seele in die bezauberten Gegenden zurükführte, deren wir im vorigen Capitel schon Erwähnung gethan haben. In einer solchen Gemüths-Disposition liebt man vorzüglich den Aufenthalt auf dem Lande, wo man Gelegenheit hat, seinen Gedanken ungestörter nachzuhängen, als unter den Pflichten und Zerstreuungen des geselligern Stadt-Lebens. Agathon zog sich also öfters in ein Landgut zurük, welches sein Bruder Critolaus, ungefehr zwo Stunden von Tarent besaß, und wo er sich in seiner Gesellschaft zuweilen mit der Jagd belustigte. Hier geschah es einsmals, daß sie von einem Ungewitter überrascht wurden, welches wenigstens so heftig war, als dasjenige, wodurch, auf Veranstaltung zwoer Göttinnen, Aeneas und Dido in die nehmliche Höle zusammengescheucht wurden —

Aber da zeigte sich nirgends keine wirthschaftliche Höle, welche ihnen einigen Schirm angeboten hätte; und das schlimmste war, daß sie sich von ihren Leuten verlohren hatten, und eine geraume Zeit nicht wußten, wo sie waren; ein Zufall, der an sich selbst wenig ausserordentliches hat, aber wie man sehen wird, eines der

glük-

Eilftes Buch, viertes Capitel.

glüklichsten Abentheuer veranlassete, das unserm Helden jemals zugestossen ist. Nachdem sie sich endlich aus dem Walde herausgefunden hatten, erkannte Critolaus die Gegend wieder; aber er sah zugleich, daß sie etliche Stunden weit von Haus entfernt waren. Das Ungewitter wüthete noch immer fort, und es fand sich kein näherer Ort, wohin sie ihre Zuflucht nehmen konnten, als ein einsames Landhaus, welches seit mehr als einem Jahr von einer fremden Dame von sehr sonderbarem Character bewohnt wurde. Man vermuthete aus einigen Umständen, daß sie die Wittwe eines Mannes von Ansehen und Vermögen seyn müsse; aber es war bisher unmöglich gewesen, ihren Namen und vorigen Aufenthalt, oder was sie bewogen haben könnte, ihn zu verändern, und in einer gänzlichen Abgeschiedenheit von der Welt zu leben, auszuforschen. Das Gerüchte sagte Wunder von ihrer Schönheit; indessen war doch niemand der sich rühmen konnte, sie gesehen zu haben. Ueberhaupt hatte man eine Zeit lang vieles und desto mehr von ihr gesprochen, je weniger man wußte; allein da sie fest entschlossen schien, sich nichts darum zu bekümmern; so hatte man endlich auf einmal aufgehört von ihr zu reden, und es der Zeit überlassen, das Geheimniß, das unter dieser Person und ihrer sonderbaren Lebens-Art verborgen seyn möchte, zu entdeken. Vielleicht, sagte Critolaus, ist es eine zweyte Artemisia, die sich, ihrem Schmerz ungestört nachzuhängen, in dieser Einöde lebendig begraben will. Ich bin schon lange begierig gewesen sie zu sehen; dieser

Sturm

Sturm hof' ich, soll uns Gelegenheit dazu geben. Sie kan uns eine Zuflucht in ihrem Hause nicht versagen; und wenn wir nur einmal drinnen sind, so wollen wir wol Mittel finden, vor sie zu kommen, ob wir gleich die ersten in dieser Gegend wären, denen dieses Glük zu Theil würde. Man kann sich leicht vorstellen, daß Agathon, so gleichgültig er auch seit seiner Entfernung von der schönen Danae gegen die Damen war, dennoch begierig werden mußte, eine so ausserordentliche Person kennen zu lernen. Sie kamen vor dem äussersten Thor eines Hauses an, welches einem verwünschten Schlosse ähnlicher sah, als einem Landhause in Jonischem oder Corinthischem Geschmake. Das schlimme Wetter, ihr anhaltendes Bitten, und vielleicht auch ihre gute Mine brachte zuwegen, daß sie eingelassen wurden. Einige alte Sclaven führten sie in einen Saal, wo man sie mit vieler Freundlichkeit nöthigte, alle die kleinen Dienste anzunehmen, welche sie in dem Zustande, worinn sie waren, nöthig hatten. Die Figur dieser Fremden schien die Leute des Hauses in Verwundrung zu sezen, und die Meynung von ihnen zu erwecken, daß es Personen von Bedeutung seyn müßten; aber Agathon, dessen Aufmerksamkeit bald durch einige Gemählde angezogen wurde, womit der Saal ausgeziert war, wurde nicht gewahr, daß er von einer Sclavin mit noch weit grösserer Aufmerksamkeit betrachtet wurde. Diese Sclavin, (wie Critolaus in der Folge erzählte, denn anfangs hielt er's bloß für eine Würkung der Schönheit unsers Helden) schien einer Person gleich zu sehen, welche nicht weiß, ob sie ihren Augen trauen soll; und

nachdem

nachdem sie ihn einige Minuten mit verschlingenden Blicken angestarrt hatte, verlohr sie sich auf einmal aus dem Saal. Sie lief so hastig dem Zimmer ihrer Gebieterin zu, daß sie ganz ausser Athem kam. Und wer meynen sie wol, gnädige Frau, keuchte sie, daß unten im Saal ist? Hat es ihnen ihr Herz nicht schon gesagt? -- Diana sey mir gnädig! Was für ein Zufall das ist! Wer hätte sich das nur im Traum einbilden können? Ich weiß vor Erstaunen nicht wo ich bin -- In der That däucht mich, du bist nicht recht bey Sinnen, sagte die Dame ein wenig betroffen; und wer ist denn unten im Saal? -- O! bey den Göttinnen! ich hätte es bey nahe meinen eignen Augen nicht geglaubt -- aber ich erkannte ihn auf den ersten Blik, ob er gleich ein wenig stärker worden ist; es ist nichts gewisser -- er ist es, er ist es! -- Plage mich nicht länger mit deinem geheimnißvollen Galimathias, rief die Dame, immer mehr bestürzt; rede Närrin, wer ist es? -- Aber sie errathen doch auch gar nichts, gnädige Frau -- wer ist es? -- Ich sage ihnen, daß Agathon unten im Saal ist, ja Agathon, es kan nichts gewisser seyn -- er selbst, oder sein Geist, eines von beyden unfehlbar, denn die Mutter die ihn gebohren hat, kan ihn nicht besser kennen, als ich ihn erkannt habe, sobald er den Mantel von sich warf, worinn er anfangs eingewikelt war -- Das gute Mädchen würde noch länger in diesem Ton fortgeplaudert haben, denn ihr Herz überfloß von Freude -- wenn sie nicht auf einmal wahrgenommen hätte, daß ihre Gebieterin ohnmächtig auf ihren Sopha zurükgesunken war. Sie hatte einige Mühe sie wieder zu sich selbst zu bringen; endlich erhohlte sich die schöne Dame wieder, aber nur, um über sich selbst zu zörnen, daß sie sich so empfindlich fand. Sie machen einem ja ganz bange, Madam, rief die Sclavin – wenn sie schon bey seinem blossen Namen in Ohnmacht fallen, wie wird es ihnen erst werden, wenn sie ihn selbst sehen? -- Soll ich gehen, und ihn geschwinde heraufhohlen? -- Ihn heraufhohlen? versetzte die Dame; nein wahrhaftig; ich will ihn nicht sehen! -- Sie wollen ihn nicht sehen, Madam? Was für ein Einfall! Aber es kan nicht ihr Ernst seyn! O! wenn sie ihn nur sehen sollten -- er ist so schön -- so schön als er noch nie gewesen ist, däucht mich; ich hätte ihn mit den Augen aufessen mögen; sie müssen ihn sehen, Madam -- das wäre ja unverantwortlich, wenn sie ihn wieder fortgehen lassen wollten, ohne daß er sie gesehen hätte -- wofür hätten sie sich dann -- Schweige, nichts weiter, rief die Dame; verlaß mich -- aber untersteh dich nicht wieder in den Saal hinunter zu gehen; wenn er es ist, so will ich nicht, daß er dich erkennen soll; ich hoffe doch nicht, daß du mich schon verrathen haben solltest? -- Nein, Madam, erwiederte die Vertraute; er hat mich noch nicht wahrgenommen, denn er schien ganz in die Betrachtung der Gemählde vertieft, und mich däuchte, ich hörte ihn ein oder zweymal seufzen; vermuthlich -- Du bist nicht klug, fiel ihr die Dame ins Wort; verlaß mich -- ich will ihn nicht sehen, und er soll nicht wissen, in wessen Hause er ist; wenn er's erfährt, so hast du eine Freundin verlohren – die Sclavin entfernte sich also, in Hofnung, daß ihre

Gebieterin sich wol eines bessern besinnen würde, und die schöne Danae blieb allein.

Eine Erzählung alles dessen, was in ihrem Gemüthe vorgieng, würde etliche Bogen ausfüllen, ob es gleich weniger Zeit als sechs Minuten einnahm. — Was für ein Streit! Was für ein Getümmel von widerwärtigen Bewegungen! Sie hatte ihn bis auf diesen Augenblick so zärtlich geliebt — und glaubte itzt zu fühlen, daß sie ihn hasse — Sie fürchtete sich vor seinem Anblik — und konnte ihn kaum erwarten. Was hätte sie vor einer Stunde gegeben, diesen Agathon zu sehen, der, auch undankbar, auch ungetreu, über ihre ganze Seele herrschte; dessen Verlust ihr alle Vorzüge ihres ehmaligen Zustandes, den Aufenthalt zu Smyrna, ihre Freunde, ihre Reichthümer, unerträglich gemacht hatte — dessen Bild, mit allen den zauberischen Erinnerungen ihrer ehmaligen Glükseligkeit, das einzige Gut, das einzige Vergnügen war, welches sie noch zu empfinden fähig war. Aber nun da sie wußte, daß es in ihrer Gewalt war, ihn wieder zu sehen, wachte auf einmal ihr ganzer Stolz auf, und schien etliche Augenblike sich nicht entschliessen zu können ihm zu vergeben. Und wenn auch einen Augenblick darauf die Liebe wieder die Oberhand erhielt; so stürzte sie die Furcht, ihn unempfindlich zu finden, sogleich wieder in die vorige Verlegenheit. Zu allem diesem kam noch eine andre Betrachtung, welche vielleicht bey der schönen Danae allzuspitzfündig scheinen könnte, wenn wir nicht zu ihrer Rechtfertigung sagen müßten, daß die Flucht unsers Helden,

[Agath. II. Th.]   Y   die

die Entdekung der Ursachen, welche ihn zu einem so gewaltsamen Entschluß getrieben, der Gedanke daß ihre eigene Fehltritte sie in den Augen des einzigen Mannes, den sie jemals geliebt hatte, verächtlich gemacht – eine Veränderung in ihrer ganzen Denkens-Art hervorgebracht hatte, wozu sie durch den Umgang mit Agathon und jene Seelen-Mischung, wovon wir bereits im fünften Buche gesprochen haben, vorbereitet worden war. Danaë ließ sich durch die Vorwürfe, welche sie sich selbst zu machen hatte, und von denen vielleicht ein guter Theil auf ihre Umstände fiel, nicht von dem edeln Vorsaz abschreken, sich in einem Alter, wo dieser Vorsaz noch ein Verdienst in sich schloß, der Tugend zu widmen. In der That hatte eine Art von verliebter Verzweiflung den grössesten Antheil an dem ausserordentlichen Schritt, sich aus einer Welt, worinn sie angebetet wurde, freywillig in eine Einöde zu verbannen, wo die Freyheit, sich mit ihren Empfindungen zu unterhalten, das einzige Vergnügen war, welches sie für den Verlust alles dessen, was sie aufopferte, entschädigen mußte. Aber es gehörte doch eine grosse, und zur Tugend gebildete Seele dazu, um in den glänzenden Umständen, worinn sie lebte, einer solchen Verzweiflung fähig zu seyn, und in einem Vorsaz auszuhalten, unter welchem eine jede schwächere Seele gar bald hätte erliegen müssen. Wäre Danaë nur wollüstig gewesen, so würde sie zu Smyrna, und allenthalben Gelegenheit genug gefunden haben, sich wegen des Verlusts ihres Liebhabers zu trösten. Aber ihre Liebe war,

wie

wie man sich vielleicht noch erinnern wird, von einer edlern Art, und so nahe mit der Liebe der Tugend selbst verwandt, daß wir Ursache haben, zu vermuthen, daß in der gänzlichen Abgeschiedenheit, worinn unsre Heldin lebte, jene sich endlich gänzlich in dieser verlohren haben würde. Allein eben darum, weil ihre Liebe zur Tugend aufrichtig war, machte sie sich ein gerechtes Bedenken, bey dem Bewußtseyn der unfreywilligen Schwachheit ihres Herzens für den allzuliebenswürdigen Agathon, sich der Gefahr auszusezen, durch eine nur allzumögliche Wiederkehr seiner ehmaligen Empfindungen mit dahin gerissen zu werden; ein Gedanke, der ohne eine übertriebne Meynung von ihren Reizungen zu haben, in ihr entstehen konnte, und durch das Mißtrauen in sich selbst, womit die wahre Tugend allezeit begleitet ist, kein geringes Gewicht erhalten mußte. Solchergestalt kämpften Liebe, Stolz und Tugend für und wider das Verlangen, den Agathon zu sehen, in ihrem unschlüssigen Herzen — mit welchem Erfolg läßt sich leicht errathen. Die Liebe müßte nicht Liebe seyn, wenn sie nicht Mittel fände, den Stolz und die Tugend selbst endlich auf ihre Seite zu bringen. Sie flößte jenem die Begierde ein, zu sehen wie sich Agathon halten würde, wenn er so plözlich und unerwartet der einst so sehr geliebten, und so grausam beleidigten Danae unter die Augen käme; und munterte diese auf, sich selbst Stärke genug zu zutrauen, von den Entzükungen, in welche er vielleicht bey diesem Anblik gerathen möchte, nicht zu sehr gerührt zu werden. Kurz; der Erfolg dieses

ſes innerlichen Streites war, daß ſie eben im Begrif war, ihre Vertraute (die einzige Perſon, welche ſie bey ihrer Entfernung von Smyrna mit ſich genommen hatte) hereinzuruffen, um ihr die nöthige Verhaltungs-Befehle zu geben; als dieſe Sclavin ſelbſt hereintrat, und ihrer Dame ſagte, daß die beyden Fremden durch einen von den Sclaven, von denen ſie bedient worden waren, auf eine ſehr dringende Art um die Erlaubniß anhalten lieſſen, vor die Frau des Hauſes gelaſſen zu werden -- Neue Unentſchloſſenheit, über welche ſich niemand wundern wird, der das weibliche Herz kennt. In der That klopfte der guten Danae das ihrige in dieſem Augenblik ſo ſtark, daß ſie nöthig hatte, ſich vorher in eine ruhigere Verfaſſung zu ſezen, ehe ſie es einer ſo ſchweren Probe auszuſtellen ſich getrauen durfte.

Unterdeſſen, bis dieſe ſchöne Dame mit ſich ſelbſt einig wird, wozu ſie ſich entſchlieſſen, und wie ſie ſich bey einer ſo erwünſchten, und ſo gefürchteten Zuſammenkunft verhalten wolle, kehren wir einen Augenblik zu unſerm Helden in den Saal zurük. Je mehr Agathon die Gemählde betrachtete, womit die Wände deſſelben behänget waren, je lebhafter wurde die Einbildung, daß er ſie in dem Landhauſe der Danae zu Smyrna geſehen habe. Allein er konnte ſich ſo wenig vorſtellen, wie ſie von dem Orte, wo er ſie vor zweyen Jahren geſehen hätte, hieher gekommen ſeyn ſollten, daß er für weniger unmöglich hielt, von ſeiner Einbildung betrogen zu werden. Zudem konnte ja der

nehm-

Eilftes Buch, viertes Capitel.

nehmliche Meister unterschiedliche Copien von seinen Stüken gemacht haben. Aber wenn er wieder die Augen auf ein Stük heftete, welches die Göttin Luna vorstellte, wie sie mit Augen der Liebe den schlafenden Endymion betrachtet -- so glaubte er es so gewiß für das nehmliche zu erkennen, vor welchem er in einem Garten-Saal der Danae zu Smyrna oft Viertelstunden lang in bewundernder Entzükung gestanden, daß es ihm unmöglich war, seiner Ueberzeugung zu widerstehen. Die Verwirrung, in die er dadurch gesezt wurde, ist unbeschreiblich -- Sollte Danae -- aber wie könnte das möglich seyn? -- Und doch schien alles das Sonderbare, was ihm Critolaus von der Dame dieses Hauses gesagt hatte, den Gedanken zu bekräftigen, der in ihm aufstieg, und den er sich kaum auszudenken getrauete. Die schöne Danae hätte zufrieden seyn können, wenn sie gesehen hätte, was in seinem Herzen vorgieng. Er hätte nicht erschrokner seyn können, vor das Antliz einer beleidigten Gottheit zu treten, als er es vor dem Gedanken war, sich dieser Danae darzustellen, welche er seit geraumer Zeit gewohnt war, sich wieder so unschuldig vorzustellen, als sie ihm damals, da er sie verließ, verächtlich und hassenswürdig schien. Allein das Verlangen sie zu sehen, verschlang endlich alle andre Empfindungen, von denen sein Herz erschüttert wurde. Seine Unruhe war so sichtbar, daß Critolaus sie bemerken mußte. Agathon würde besser gethan haben, ihm die Ursache davon zu entdeken; aber er that es nicht, und behalf sich mit der allgemeinen Ausflucht, daß ihm nicht

wol sey. Dem ungeachtet bezeugte er ein so ungedul-
diges Verlangen, die Dame des Hauses zu sehen, daß
Critolaus aus allem was er an ihm wahrnahm, zu
muthmaſſen anfieng, daß irgend ein Geheimniß darunter verborgen seyn müſſe, deſſen Entwiklung er begierig
erwartete. Inzwischen kam der Sclave, den sie abge-
schikt hatten, sie bey seiner Gebieterin zu melden, mit
der Antwort zurük, daß er Befehl habe sie in ihr Zimmer zuführen. Und hier iſt es, wo wir mehr als
jemals zu wünschen versucht sind, daß dieses Buch von
niemand gelesen werden möchte, der keine schönen Seelen glaubt. Die Situation, worinn man unsern Helden in wenigen Augenbliken sehen wird, iſt vielleicht
eine von den delicateſten, in welche man in seinem
Leben kommen kan. Wäre hier die Rede von solchen
phantasierten Charactern, wie diejenige, welche aus dem
Gehirn der Verfaſſerin der geheimen Geschichte von
Burgund, und der Königin von Navarra hervorgegangen sind, so würden wir uns kaum in einer kleinern Verlegenheit befinden, als Agathon selbſt, da er
mit pochendem Herzen und schwerathmender Bruſt dem
Sclaven folgte, der ihn ins Vorgemach einer Unbekannten führte, von der er faſt mit gleicher Heftigkeit
wünschte und fürchtete, daß es Danae seyn möchte.
Allein da Agathon und Danae so gut hiſtorische Personen sind als Brutus, Portia, und hundert andre,
welche darum nicht weniger exiſtiert haben, weil sie
nicht gerade so dachten, und handelten wie gewöhnliche
Leute: So bekümmern wir uns wenig, wie dieser Agathon

Eilftes Buch, viertes Capitel.

thon und diese Danae, vermöge der moralischen Begriffe des einen oder andern, der über dieses Buch gut oder übel urtheilen wird, hätten handeln sollen, oder gehandelt haben würden, wenn sie nicht gewesen wären, was sie waren. Das Recht zu urtheilen kann und soll niemandem streitig gemacht werden; unsre Pflicht ist zu erzählen, nicht zu dichten; und wir können nichts dafür, wenn Agathon bey dieser Gelegenheit sich nicht weise und heldenmässig genug, um die Hochachtung strenger Sittenrichter zu verdienen, verhalten; oder wenn Danae die Rechte des weiblichen Stolzes nicht so gut behaupten sollte, als viele andre, welche dem Himmel danken, daß sie keine Danaen sind, an ihrem Plaze gethan haben würden.

Die schöne Danae erwartete, auf ihrem Sopha sizend, den Besuch, den sie bekommen sollte, mit so vieler Stärke als eine weibliche Seele nur immer zu haben fähig seyn mag, welche zugleich so zärtlich und lebhaft ist, als eine solche Seele seyn kann –. Ob es wol weibliche Seelen giebt? — O mein Herr, ich sagte ihnen ja, daß der lezte Theil dieses Capitels nicht für sie geschrieben sey — Sie mögen vielleicht überall in Zweifel ziehen, ob die Weiber Seelen haben; denn wenn sie Seelen haben, so sind es weibliche Seelen, der Himmel bewahre uns vor den Penthesileen und Männinnen, an denen nichts als die Figur weiblich ist! — Doch darüber wollen wir izt nicht streiten. Danae erwartete also den Anblik ihres Flüchtlings mit ziemlicher Standhaftigkeit;

haftigkeit; aber was in ihrem Herzen vorgieng, mögen unsre zärtlichen Leserinnen, welche fähig sind, sich an ihre Stelle zu sezen, in ihrem eigenen Herzen lesen. Sie wußte, daß Agathon einen Gefährten hatte, und dieser Umstand kam ihr zu statten; aber Agathon befand sich wenig dadurch erleichtert. Die Thüre des Vorzimmers wurde ihnen von der Sclavin eröfnet -- er erkannte beym ersten Anblik die Vertraute seiner Geliebten, und nun konnte er nicht mehr zweifeln, daß die Dame, die er in einigen Augenbliken sehen würde, Danae sey. Er rafte seinen ganzen Muth zusammen, indem er zitternd hinter seinem Freunde Critolaus fortwankte -- Er sah sie, wollte auf sie zugehen, konnte nicht, heftete seine Augen auf sie, und sank, vom Uebermaß seiner Empfindlichkeit überwältiget, in die Arme seines Freundes zurük. Auf einmal vergaß die schöne Danae alle die grossen Entschliessungen von Gelassenheit und Zurükhaltung, welche sie mit so vieler Mühe gefaßt hatte. Sie lief in zärtlicher Bestürzung auf ihn zu, nahm ihn in ihre Arme, ließ dem ganzen Strom ihrer Empfindung den Lauf, und dachte nicht daran, daß sie einen Zeugen davon hatte, der über alles was er sah und hörte, erstaunt seyn mußte. Allein die Güte seines Herzens, und diese Sympathie, welche schöne Seelen in wenigen Augenbliken vertraut mit einander macht, gab ihm in einer Situation, auf die er sich so wenig hatte gefaßt machen können, gerade die nehmliche Art des Betragens ein, die er hätte haben können, wenn er schon von Jahren her ihr Vertrauter gewesen

wesen wäre. Er trug seinen Freund auf den Sopha, auf welchen sich Danae neben ihn hinwarf, und da er nun schon genug wußte, um zu sehen, daß er hier weiter nichts helfen konnte, so entfernte er sich unvermerkt weit genug, um unsre Liebenden von dem Zwang einer Zurükhaltung zu entledigen, welche in so sonderbaren Augenbliken ein grösseres Uebel ist, als die unempfindlichen Leute sich vorstellen können. Allmählich bekam Agathon, an der Seite der gefühlvollen Danae, und von einem ihrer schönen Arme umschlungen, das Vermögen zu athmen wieder; sein Gesicht ruhte an ihrem Busen, und die Thränen, welche ihn zu benezen anfiengen, waren das erste, was ihr seine wiederkehrende Empfindung anzeigte. Ihre erste Bewegung war, sich von ihm zurükzuziehen; aber ihr Herz versagte ihr die Kraft dazu; es sagte ihr, was in dem seinigen vorgieng, und sie hatte den Muth nicht, ihm eine Linderung zu entziehen, welche er so nöthig zu haben schien, und in der That nöthig hatte. Allein in wenigen Augenbliken machte er sich selbst den Vorwurf, daß er einer so grossen Gütigkeit unwürdig sey -- er rafte sich auf, warf sich zu ihren Füssen, umfaßte ihre Knie mit einer Empfindung, welche mit Worten nicht ausgedrükt werden kann, versuchte es sie anzusehen, und sank, weil er ihren Anblik nicht auszuhalten vermochte, mit Thränen beschwemmtem Gesicht, auf ihren Schooß nieder. Danae konnte nun nicht zweifeln, daß sie geliebt werde, und es kostete sie, die Entzükung zurükzuhalten, worinn sie durch diese Gewißheit gesezt wurde; aber es war nothwendig

wendig, dieser allzuzärtlichen Scene ein Ende zu machen. Agathon konnte noch nicht reden — und was hätte er reden sollen? — Ich bin zufrieden, Agathon, sagte sie mit einer Stimme, welche wider ihren Willen verrieth, wie schwer es ihr wurde, ihre Thränen zurükzuhalten — Ich bin zufrieden — du findest eine Freundin wieder — und ich hoffe du werdest sie künftig deiner Hochachtung weniger unwürdig finden, als jemals — Keine Entschuldigungen mein Freund, (denn Agathon wollte etwas sagen, das einer Entschuldigung gleich sah, und woraus er sich in der heftigen Bewegung, worinn er war, schwerlich zu seinem Vortheil gezogen hätte) du wirst keine Vorwürfe von mir hören — wir wollen uns des Vergangenen nur erinnern, um das Vergnügen eines so unverhoften Wiedersehens desto vollkommer zu geniessen — Großmüthige, göttliche Danae! rief Agathon in einer Entzükung von Dankbarkeit und Liebe — Keine Beywörter, Agathon, unterbrach ihn Danae, keine Schwärmerey! Du bist zu sehr gerührt; beruhige dich — wir werden Zeit genug haben, uns von allem, was seitdem wir uns zum lezten mal gesehen haben, vorgegangen ist, Rechenschaft zu geben — Laß mich das Vergnügen dich wieder gefunden zu haben unvermischt geniessen; es ist das erste, das mir seit zweyen Jahren zu Theil wird.

Mit diesen Worten (und in der That hätte sie die leztern für sich selbst behalten können, wenn es möglich wäre, immer Meister von seinem Herzen zu seyn)

stuhnd

Eilftes Buch, viertes Capitel.

stuhnd sie auf, näherte sich dem Critolaus, und ließ dem mehr als jemals bezauberten Agathon Zeit, sich in eine ruhigere Gemüthsfassung zu sezen.

Cœtera intus agentur -- Unsere schönen Leserinnen wissen nun schon genug, um sich vorstellen zu können, was diese zärtliche Scene für Folgen haben mußte. Danae und Critolaus wurden gar bald gute Freunde. Dieser junge Mann gestuhnd, seine Psyche ausgenommen, nichts vollkommners gesehen zu haben, als Danae; und Danae erfuhr mit vielem Vergnügen, daß Critolaus der Gemahl der schönen Psyche, und Psyche die wiedergefundene Schwester Agathons sey. Sie hatte nicht viel Mühe ihre Gäste zu bereden, das Nachtlager in ihrem Hause anzunehmen; unsre Liebenden hätten also die Schuld sich selbst beymessen müssen, wenn sie keine Gelegenheit gefunden hätten, sich umständlich zu besprechen, und gegen einander zu erklären. Die schöne Danae meldete ihrem Freunde, daß sie die Verrätherey des Hippias, und die Ursache der heimlichen Entweichung Agathons, bey ihrer Zurückkunft nach Smyrna bald entdekt habe. Sie verbarg ihm nicht, daß der Schmerz ihn verlohren zu haben, sie zu dem seltsamen Entschluß gebracht, der Welt zu entsagen, und in irgend einer entlegenen Einöde sich selbst für die Schwachheiten und Fehltritte ihres vergangenen Lebens zu bestraffen; jedoch sezte sie hinzu, hoffe sie, daß wenn sie einmal Gelegenheit haben würde, ihm eine ganz aufrichtige und umständliche Erzählung der Geschichte ihres Herzens bis auf

auf die Zeit, da sein Umgang und die Begeistrung, worein sie durch ihn allein zum ersten mal in ihrem Leben gesezt worden, ihrer Seele wie ein neues Wesen gegeben, zu machen -- er Ursache finden würde sie, wo nicht immer zu entschuldigen, doch mehr zu bedauren als zu verdammen. Die Furcht, den Gedanken in ihr zu veranlassen, als ob sie durch das was ehmals zwischen ihnen vorgegangen war, von seiner Hochachtung verlohren hätte, zwang unsern Helden eine geraume Zeit, die Lebhaftigkeit seiner Empfindungen in seinem Herzen zu verschliessen. Danae wurde indessen mit der Familie des Archytas bekannt, man mußte sie lieben, sobald man sie sah; und sie gewann desto mehr dabey, je besser man sie kennen lernte. Es war überdieß eine von ihren Gaben, daß sie sich sehr leicht und mit der besten Art in alle Personen, Umstände und Lebens-Arten schiken konnte. Wie konnte es also anders seyn, als daß sie in kurzem durch die zärtlichste Freundschaft mit dieser liebenswürdigen Familie verbunden werden mußte? Selbst der weise Archytas liebte ihre Gesellschaft, und sie machte sich ein Vergnügen daraus, einem alten Manne von so seltnen Verdiensten die Beschwerden des hohen Alters durch die Annehmlichkeiten ihres Umgangs erleichtern zu helfen. Aber nichts war der Liebe zu vergleichen, welche Psyche und Danae einander einflößten. Niemalen hat vielleicht unter zwo Frauenzimmern, welche so geschikt waren, Rivalinnen zu seyn, eine so zärtliche, und vollkommne Freundschaft geherrschet. Man kann sich einbilden, ob Agathon dabey verlohr.

Eilftes Buch, viertes Capitel.

verlohr. Er sah die schöne Danae alle Tage; er hatte alle Vorrechte eines Bruders bey ihr — aber wie sollte es möglich gewesen seyn, daß er sich immer daran begnügt hätte? — Es gab Augenblike, wo er, von den Erinnerungen seiner ehmaligen Glükseligkeit berauscht, sich die Rechte eines begünstigten Liebhabers herausnehmen wollte. Aber Danae wurde durch den vertrauten Umgang mit so tugendhaften Personen, als diejenigen waren, mit denen sie nunmehr lebte, in ihrer neuen Denkungs-Art so sehr bestärkt, daß die zärtlichsten Verführungen der Liebe nichts über sie erhielten. In diesem Stüke wollte sie nicht mehr Danae für ihn seyn. Das ist unwahrscheinlich, werden die Kenner sagen; unwahrscheinlich, antworte ich, aber möglich. Mit einem Worte, Danae bewies durch ihr Exempel, daß es einer Danae möglich sey; und Agathon erfuhr es so sehr, daß Psyche endlich selbst Mitleiden mit ihm zu haben anfieng. Sie wußte die geheime Geschichte ihrer Freundin; Danae hatte Tugend genug gehabt, ihr eine aufrichtige Erzählung davon zu machen. Die Bedenklichkeiten sind leicht zu errathen, welche der Glükseligkeit dieser Liebenden, welche so ganz für einander geschaffen zu seyn schienen, im Wege stuhnd. Aber waren sie wichtig genug, um ihrentwillen unglüklich zu seyn? — Hatte er nicht das Beyspiel des grossen Perikles vor sich? Verdiente Danae nicht in allen Betrachtungen das Schiksal der Aspasia? — Es wäre uns leicht, unsern Lesern hierüber aus dem Wunder zu helfen; aber wir überlassen es ihnen zu errathen, was er that — oder auszumachen, was er hätte thun sollen.

Fünftes

Fünftes Capitel.

Abdankung.

Und nun, nachdem wir in diesem lezten Buche zu Gunsten unsers Helden alles gethan zu haben glauben, was die zärtlichsten Freunde, die er sich erworben haben kann, (und wir hoffen, daß er einige haben werde,) nur immer zu seinem Besten wünschen konnten — Nachdem er so glüklich ist, als es vielleicht noch kein Sterblicher gewesen ist — oder es doch in seiner Gewalt hat, glüklich zu seyn — Nun bleibt uns nichts übrig, als unsern Lesern und Leserinnen, welche Geduld genug gehabt haben, bis zu diesem Blatte fortzulesen — dafür zu danken — und sie zu versichern, daß es uns sehr angenehm seyn sollte, wenn sie soviel Geschmak an dieser Geschichte gefunden hätten, um sie noch einmal zu lesen — und noch angenehmer, wenn sie weiser oder besser dadurch geworden seyn sollten. Indessen ist das ihre Sache. Der Herausgeber dieser Geschichte schmeichelt sich wenigstens, (und wer schmeichelt sich nicht?) daß er ihnen viele Gelegenheit zu dem einen und zu dem andern gegeben habe; und wofern der Erfolg seiner Erwartung nicht entsprechen sollte, so wird er sich durch das tägliche Beyspiel so vieler tausend Anstalten und Bemühungen, welche ihren Zwek verfehlen, beruhigen, und mit Horaz, sich in die Tugend seiner Absicht einwikeln.

Uebrigens

Eilftes Buch, fünftes Capitel.

Uebrigens kann er nicht umhin, seinen Freunden im Vertrauen zu entdeken, daß ihn das griechische Manuscript, welches er in Handen hat, in den Stand sezt, noch einige Nachträge oder Zugaben zu der Geschichte des Agathon zu liefern, welche ihrer Neugier vielleicht nicht unwürdig seyn möchten. Es ist zum Exempel nicht unmöglich, daß sie begierig seyn könnten, das System des weisen Archytas genauer zu kennen; oder zu wissen, wie Agathon in seinem fünfzigsten Jahre über alles was im Himmel und auf Erden ein Gegenstand unsers Nachforschens, unsrer Gedanken — Neigungen — Wünsche — oder Träume zu seyn verdient, gedacht habe. Vielleicht möchte es ihnen auch nicht unangenehm seyn, die Geschichte der schönen Danae (so wie sie den Muth gehabt, sie dem Agathon zu einer Zeit zu erzählen, da er nicht mehr so enthusiastisch, aber desto billiger dachte) in einer ausführlichen Erzählung zu lesen? — Mit allem diesem könnten wir dem Verlangen unsrer Freunde ein Genüge thun — wenn wir erst gewiß davon wären, daß sie ein solches Verlangen hätten — und wenn wir einige Ursache finden sollten zu hoffen, daß dem Publico durch diese Nachträge nur ein halb so grosser Dienst geleistet würde, als der französische Verfasser des Tractats von den Nachtigallen (dessen Helvetius erwähnt) dem menschlichen Geschlechte durch sein Buch geleistet zu haben glaubte.

E N D E.

Verzeichnis der Druckfehler.

Im ersten Theil.

Seite 7. Linie 8. leset erwähnet, statt ermähnet, und seid das Wort selbst unmittelbar nach Weisen.
S. 16. L. 19. Leiber, statt Liebe.
S. 17. L. 10. leset: verlohr —
S. 37. L. 7. leset: fähig sind,
S. 43. L. 4. leset: den Feen, statt der —
S. 45. L. 17. nach wußten ein; statt eines Puncts.
S. 50. L. 3. leset: Zeitvertreib.
S. 50. L. 16. — Sie, statt und.
S. 54. L. 6. Theilen der Erde, statt Vortheilen.
S. 55. L. 16. Stunden, statt Stunde.
S. 57. deleatur die sehr überflüssige Anmerkung.
S. 84. L. 22. bestünde, statt bestunde.
S. 94. L. 17. um, statt und.
S. 96. L. 19. mußte, statt müßte.
S. 103. L. 11. statt, daß er ein, leset, daß ein re.
S. 107. L. 15. von, statt vor.
S. 120. L. 7. den Thoren, statt die.
S. 121. L. 18. löschet und aus.
S. 122. L. 15. leset: es ist Zeit.
S. 123. Leset die nonsensicalische Periode Lin. 8. Capitel 6. also: Seine Erwartung wurde also nicht wenig betrogen, als Agathon, wie er sah, daß der weise Hippias zu reden aufgehört hatte, ihm diese kurze Antwort gab —
S. 129. L. 14. Zügen, statt Zeugen.
S. 135. L. 6. Positur, statt Postur.
S. 146. L. 27. Diana, statt Danae.
S. 164. L. 16. leset: in wenig Augenbliken.
S. 170. L. 1. nach giebt sezet so.
S. 170. L. 8. glich, statt gleich.
S. 186. L. 11. nach beseelt, sezet waren.
S. 188. L. 14. nach schienen, leset ihm einen rc.
L. 17. mußte, statt müßte.
S 193. L. 26. statt, und fiengen ein Andante an, leset: durch ein Andante.
S. 194. L. 2. leset unfreywillige, statt und freywillige.
S. 197. L. 16. leset: anpreist, statt angreift.
S. 198. L. 20. löschet sowol aus.
S. 200. L. 2. leset Liebhabern angefüllt,
S. 209. L. 27. Ein Sylvansatyr ist gar zu arg; leset (nach Belieben) einen Sylvan, oder einen Satyr.
S. 213. L. 16. Statue, statt Statur.

Seite 217. Linien 6. 7. leset Shaftesbury.
S. 221. L. 4. leset, Zeit fiel,
S. 223. L. 3. von, statt vor.
S. 240. L. 28. nun, statt nur.
S. 244. L. 19. Anblik, statt Anlaß.
S. 248. L. 4. würde, statt worden.
S. 249. L. 23. die Bilder, statt der.
S. 268 L. 25. leset: in die glüklichen ꝛc.
S. 269. L. 10. erschaft, statt verschaft.
S. 277. L. 4. Scenen, statt Namen.
S. 327. L. 20. leset: in Umständen zu sehen,
S. 340. L. 1. leset: erreaten,
S. 377. L. 15. leset: Hibernier,

Im zweyten Theil.

Seite 2. L. 2. leset noch, statt nach.
S. 6. L. 17. leset entgegenstünde.
S. 29. L. 3. leset: welche er sich izt schämte, in einer ꝛc. ꝛc. und nach Seele ein Comma.
S. 69. L. 5. löschet so viel aus.
S. 80. L. 20. leset Casse für Classe.
S. 86. L. 17. leset Cabalen, statt Cabbalen.
S. 88. L. 17. nach Betragens, leset sind.
S. 89. L. 6. würde, statt wurde.
S. 99. L. 20. auf, statt auch.
S. 104. L. 10. poetischen, statt Pontischen.
S. 105. L. 28. löschet so sehr aus, und sezet nach nachgelassen ein;
S. 106. L. 1. leset: er verfiel ꝛc. ꝛc.
S. 113. L. 16. könnte, statt konnte.
S. 126. L. 8. so viel, statt so.
S. 150. L. 20. deleatur die Grillen zu vertreiben
S. 161. L. 7. leset: Verhaltungs-Plan.
S. 174. L. 16. ihm statt ihn.
S. 188. 16. nach machen, sezet ein:
S. 192. L. 3. leset Jack Fallstaff.
S. 221. L. 19. löschet aus so hohen
S. 228. L. 2. leset einer statt der
S. 346. L. 15. 16. anstatt vollommer, leset vollkommner.